AF539057

# राहुल सांकृत्यायन

## जिन्हें सीमाएँ नहीं रोक सकीं

# राहुल सांकृत्यायन

## जिन्हें सीमाएँ नहीं रोक सकीं

जगदीश प्रसाद बरनवाल 'कुन्द'

लोकभारती प्रकाशन

**लोकभारती प्रकाशन**
पहली मंजिल, दरबारी बिल्डिंग, महात्मा गाँधी मार्ग
प्रयागराज-211 001
www.lokbhartiprakashan.com
info@lokbhartiprakashan.com
**शाखाएँ :** 1-बी, नेताजी सुभाष मार्ग, दरियागंज
नयी दिल्ली-110 002
अशोक राजपथ, साइंस कॉलेज के सामने
पटना-800 006 (बिहार)
36-ए, शेक्सपियर सरणी
कोलकाता - 700017 (प.बंगाल)

**प्रथम संस्करण** : 2019



**आस्था पेपर कन्वर्टर**
प्रयागराज द्वारा मुद्रित

RAHUL SANKRITYAYAN :
*JINHE SIMAYE NAHI ROAK SAKI*
BY Jagdish Prasad Barnawal

**ISBN : 978-93-89243-33-8**

**मूल्य : ₹** 300

जिनकी उपस्थिति मेरे लेखन को सदैव
प्रेरणा प्रदान करती रही
उन दिवंगता जीवन संगिनी
उषा बरनवाल
की पावन स्मृति को

# अनुक्रम

# अपनी बात

केदार पाण्डेय और बाबा रामउदार दास जैसे नामों को पीछे छोड़ते हुए वह महापण्डित राहुल सांकृत्यायन के रूप में अमर हो गये। सनातनधर्मी परिवार में उत्पन्न होकर आर्यसमाज की ओर झुके, फिर गौतम बुद्ध के सिद्धान्तों से प्रभावित होकर बौद्ध धर्म में दीक्षित हो गये। कांग्रेस की राजनीति में भाग लेते हुए साम्यवादी दल के प्रति समर्पण में रमे। पन्दहा से कनैला, कनैला से पन्दहा ही नहीं, बल्कि वाराणसी, अयोध्या, कलकत्ता की दूरी नापते हुए सम्पूर्ण भारतवर्ष के प्रमुख स्थानों की यात्रा कर ली। पैरों में तो पहिये लगे थे। वे कहाँ कहीं टिकनेवाले ? भारतेतर देशों, मुख्य रूप से एशियाई और यूरोपीय, श्रीलंका, नेपाल, तिब्बत, अफगानिस्तान, ईरान, मंगोलिया, चीन, जापान, फ्रान्स, इंग्लैण्ड, सोवियत संघ आदि अनेक देशों की यात्रा के बाद भी मन नहीं भरा। उन्होंने चरैवेति चरैवेति को अपना मूल मन्त्र बना लिया था।

जिन स्थानों पर पैर रखने का कभी कोई साहस नहीं कर सका था, जहाँ जाने में लोग भय खाते थे, वे स्थान भी उनकी पहुँच से दूर न हो सके। उन्होंने दुर्गम-से-दुर्गम स्थलों की साहसपूर्ण यात्राएँ कीं, जिनमें तिब्बत की यात्रा तो भारी जोखिम भरी थी। मुन्शी प्रेमचन्द ने मई, 1933 ई. में उनकी दिलेरी की प्रशंसा करते हुए लिखा कि, "राहुल जी कदाचित् वह पहले भारतीय बौद्ध संन्यासी हैं, जिन्होंने तीन वर्ष तिब्बत में रहकर पालि का ज्ञान प्राप्त किया और वहाँ से बौद्ध साहित्य की लगभग दस हजार प्राचीन पुस्तकें लेकर भारत लौटे। ऐसा साहस, ऐसी प्रतिभा, ऐसा अध्यवसाय बहुत कम किसी ने पाया होगा। यूरोप के किसी व्यक्ति ने यह तिब्बत-यात्रा की होती, तो सारी दुनिया में उसका प्रोपेगैण्डा होता, पर भारत में आज भी ऐसे धर्मवीर पड़े हुए हैं जो यथार्थ बुद्धि से बड़े काम करके भी उसका विज्ञापन नहीं करते।"

हिन्दी, संस्कृत, उर्दू, अंग्रेजी, पालि के तो वह बादशाह ही थे। दक्षिण भारतीय भाषाओं के भी वह जानकार थे। विदेशों में रहते हुए उन्होंने वहाँ की भाषाओं पर भी अधिकार प्राप्त कर लिया था किन्तु हिन्दी के प्रति अनन्य प्रेम होने के नाते उन्होंने अपना सारा लेखन कार्य हिन्दी में ही किया है।

अन्धविश्वासों, आडम्बरों, रूढ़ियों को मिटाने का संकल्प लिये हुए किसानों, मजदूरों, शोषितों, उत्पीड़ितों की लड़ाई लड़कर, दण्ड प्रहार और कठिन कारावास जैसी यातनाओं को भी सहन कर लेनेवाले वह अभूतपूर्व विषपायी थे। एक साथ साहित्यकार, इतिहासकार, पुरातत्त्ववेत्ता, भाषाशास्त्री अनेकानेक रूपों में उनकी समर्थ छवि समायी हुई थी। हिन्दी साहित्य की कोई विधा ऐसी नहीं थी जो उनसे अछूती हो। वह कवि, कहानीकार, उपन्यासकार, नाटककार, आलोचक की क्षमता से युक्त बहुमुखी प्रतिभा के एक धनी रचनाकार थे। इन विशेषताओं के आधार पर कहा जा सकता है कि प्रगतिशीलता उनके क्षण-क्षण में विद्यमान थी। विद्वानों में कतिपय बिन्दुओं पर उनके विचारों से कहीं-कहीं असहमति के स्वर भी उभरते रहे हैं किन्तु उनके प्रकाण्ड पाण्डित्य, उनकी विश्वकोषीय ज्ञानगरिमा, शोधपरक अध्ययन प्रवृत्ति, अद्‌भुत लेखन क्षमता का लोहा सबको स्वीकार करना ही पड़ता है।

कितना विराट् था उनका व्यक्तित्व। देश-विदेश के बड़े-से-बड़े राजनीतिज्ञों, चिन्तकों, विद्वानों जिनमें पं. जवाहरलाल नेहरू, डॉ. राजेन्द्र प्रसाद, आचार्य नरेन्द्रदेव, काका कालेलकर, डॉ. काशीप्रसाद जायसवाल, आचार्य सिल्बा लेबी, रूडोल्फ और श्चेरवात्स्की का नाम सम्मान के साथ लिया जा सकता है, ने उनके विविध क्षेत्रों में किये गये योगदान की भूरि-भूरि प्रशंसा की है।

विविध क्षेत्रों में राहुल जी के योगदान पर तमाम पुस्तकों, पत्र-पत्रिकाओं के विशेषांक, स्मारिकाओं आदि का प्रकाशन हुआ है। यदि कहीं जीवनी उपलब्ध करायी गयी है तो कहीं छिटपुट उनकी पुस्तकों पर चर्चा की गयी है, किन्तु मुझे कोई ऐसी कृति देखने को नहीं मिली, जिसमें एक स्थान पर उनके जीवन एवं उनकी समस्त कृतियों पर विचार किया गया हो। अतः मैंने यह एक छोटा प्रयास किया है, जिसमें उनके व्यक्तित्व और कृतित्व पर इस प्रकार प्रकाश डाला गया है कि पाठक को एक दृष्टि में आवश्यक जानकारी मिल जाय। पुस्तक को मैंने दो भागों जीवन-धारा और रचना-धारा में विभक्त किया है। जीवन-धारा भाग के लिए मैंने राहुल जी की आत्मकथा 'मेरी जीवन-यात्रा' पाँचों भाग को तथा अप्रैल, 1956 ई. के बाद के भाग को पत्र-पत्रिकाओं में बिखरी जानकारियों एवं विशेष रूप से गुणाकर मुले की पुस्तक महापण्डित राहुल सांकृत्यायन को आधार बनाया है।

रचना-धर्म में मेरे द्वारा जिन पुस्तकों पर प्रकाश डाला गया है, उनकी सूची तो कई स्थानों पर उपलब्ध है किन्तु प्रत्येक पुस्तक की विवरणात्मक उपस्थिति एक स्थान पर मुझे देखने को नहीं मिली है। अलग-अलग पुस्तकों, पत्रिकाओं में इक्का-दुक्का जानकारियाँ जरूर मिली हैं। रचना-धारा में वर्णित राहुल जी की अधिकांश पुस्तकें मेरी आँखों के सामने से गुजरी हैं, उनके बारे में कुछ अधिकृत रूप से लिखा जा सकता है

किन्तु बहुत-सी ऐसी पुस्तकें हैं जिन्हें आउट ऑफ प्रिण्ट होने या अनुपलब्ध होने से उन्हें मैं नहीं देख सका हूँ। अतः उनके बारे में पुस्तकों में, पत्र-पत्रिकाओं में प्रकाशित विवरणों के आधार पर संक्षेप में मात्र सूचनात्मक चर्चा की गयी है।

पुस्तक के अन्त में पाठकों की सुविधा की दृष्टि से, तिथिक्रम के अनुसार राहुल जी की जीवन झाँकी और उनकी पुस्तकों के नाम, प्रकाशन स्थल एवं प्रकाशन तिथि सहित उपलब्ध कराये गये हैं। ये समस्त जानकारियाँ भी मैंने भिन्न-भिन्न पुस्तकों, पत्र-पत्रिकाओं से प्राप्त की हैं। जिन पुस्तकों का मैंने उपयोग किया है, उनका नाम सन्दर्भ-सूची में अंकित है। मैं विशेष रूप से आभारी हूँ जया पडहाक जी (पुत्री महापण्डित राहुल सांकृत्यायन) का जिन्होंने मुझे मेरे अनुरोध पर रूसी भारतविद्‌ों द्वारा राहुल के प्रति व्यक्त किये गये सम्मान से अवगत कराया है। अन्त में उन सभी के प्रति मैं अपनी श्रद्धा निवेदित करता हूँ जिनकी पुस्तकों, जिनके लेखों ने मेरी इस पुस्तक 'राहुल सांकृत्यायन : जिन्हें सीमायें नहीं रोक सकीं' को पूर्ण करने में सहयोग दिया है।

**जगदीश प्रसाद बरनवाल**

# जीवन-धारा

कौन जानता था कि बार-बार घर छोड़कर भागनेवाला वह उद्दण्ड बालक एक दिन अन्तरराष्ट्रीय ख्याति का प्रमुख व्यक्ति बनेगा, बहुविध लेखन पर उसका आधिपत्य होगा तथा दुर्गम यात्राओं के झंझावातों से टकराकर भी न टूटनेवाला वह ध्येयनिष्ठ कर्मयोगी होगा। प्रारम्भ से ही हर विषय एवं घटना के प्रति जिज्ञासु वह कोई और नहीं अपितु महापण्डित राहुल सांकृत्यायन का अतीत था। राहुल जी हिन्दी विश्व के एक अद्वितीय रत्न थे। हिन्दी-विकास के प्रति किया गया उनका योगदान अविस्मरणीय है। वह चाहते थे कि हिन्दी समस्त ज्ञान-सम्पदा से परिपूर्ण हो और इसके लिए वह सतत प्रयत्नशील भी थे। उनकी लेखनी ने रुकना नहीं सीखा, विश्राम करना नहीं जाना। अविरत निर्झरिणी की तरह भिन्न-भिन्न रूपों में वह प्रवहमान् होती रही। कितने बड़े चिन्तक थे वह? कितना बड़ा मस्तिष्क था उनका? कोई विषय अछूता नहीं रहा उनसे। उनकी ज्ञानपिपासा कभी शान्त नहीं हुई। जिस भाषा, बोली के सम्पर्क में आये, उसकी गहराई में पैठकर ही चैन लिया। वह एक चलते-फिरते विश्वकोश थे। रामधारी सिंह 'दिनकर' के अनुसार ''राहुल जी का ध्यान एक ऐसी आत्मा का ध्यान है जो युग-युगान्तर से अन्धकार के बीच आलोक खोजती आ रही है, एक के बाद दूसरी प्राप्तियाँ उनके पक्ष में आती हैं, किन्तु वह उन्हें पीछे छोड़कर 'नेति नेति' इतना ही नहीं, इतना ही नहीं कहते हुए आगे बढ़ जाती हैं, मानो जो सिद्धि मिली है, वह उसे तृप्ति नहीं दे सकती, मानो जो कुछ वह खोज रही है, वह अभी और आगे है।'' उनकी अथक जागरूक जिज्ञासा ने उन्हें, एक सफल साहित्यकार, इतिहासकार, पुरातत्त्ववेत्ता, पर्यटक, भाषाशास्त्री, शब्दशिल्पी, व्याकरणकार, चिन्तक, वैज्ञानिक, भूगोलविद्, दार्शनिक, समाजसुधारक, राजनेता या इसके अतिरिक्त और भी जो कुछ है, के सभी रूपों में ढाला।

उनका जन्म साहित्यिक क्षेत्र में अति विशिष्ट स्थान रखनेवाले जनपद आजमगढ़ (उ.प्र.) के एक ग्राम्यांचल पन्दहा में दिनांक 9 अप्रैल, 1893 ई. को हुआ था। पन्दहा उनकी ननिहाल है जबकि पैतृक ग्राम का नाम कनैला है। उनका मूल नाम केदारनाथ पाण्डेय था। पिता गोवर्धन पाण्डेय एवं माता कुलवन्ती देवी के चार पुत्रों एवं एक पुत्री

में वह सबसे बड़े थे। चूँकि माँ कुलवन्ती देवी अपने माता-पिता की इकलौती सन्तान थीं, अतः माँ-बाप के अतिशय लाड़-प्यार के कारण विवाह के बाद भी वह प्रायः मायके में ही रहती थीं। केदार के बचपन के अधिक दिन नाना-नानी की छत्रछाया में पन्दहा में ही बीते और वहीं रहकर उन्होंने रानी की सराय पाठशाला से कक्षा चार तक की प्रारम्भिक शिक्षा प्राप्त की। वर्ष 1902 ई. में घर से बाहर की उनकी पहली यात्रा बनारस होते हुए विन्ध्याचल की थी, जहाँ पर उनका जनेऊ संस्कार हुआ था। 1903 ई. में वह कक्षा तीन के विद्यार्थी थे। इसी साल की पाठ्यपुस्तक (मो. इस्माइल की उर्दू की चौथी किताब) में उन्होंने नवाजिन्दा वाजिन्दा (खुदराई का नतीजा) पढ़ी थी। उसमें वाजिन्दा के मुँह से निकले, "सैर कर दुनिया की गाफिल, जिन्दगानी फिर कहाँ? जिन्दगानी गर रही तो नौजवानी फिर कहाँ?" शेर ने उनके मन और भविष्य के जीवन पर गहरा असर डाला। वर्ष 1904 ई. में ग्यारह वर्ष की उम्र में उनका विवाह हो गया।

इस विवाह के प्रति उनकी अरुचि बनी रही। इस सम्बन्ध में उन्होंने स्वयं लिखा है कि, "उस वक्त ग्यारह वर्ष की अवस्था में मेरे लिये यह तमाशा था। जब मैं सारे जीवन पर विचारता हूँ, तो मालूम होता है, समाज के प्रति विद्रोह का प्रथम अंकुर पैदा करने में इसने ही पहला काम किया। 1908 ई. में जब मैं 15 साल का था, तभी से मैं उसे शंका की नजर से देखने लगा था, 1909 ई. के बाद से तो मैं गृहत्याग का बाकायदा अभ्यास करने लगा, जिसमें भी इस तमाशे का थोड़ा-बहुत हाथ जरूर था। 1910-11 ई. से निश्चित तौर से मैं इसे अपना ब्याह नहीं कहता था। ग्यारह वर्ष की अबोध अवस्था में मेरी जिन्दगी को बेचने का घरवालों को अधिकार नहीं, यह उत्तर उस वक्त भी मैं अपने बुजुर्गों को दिया करता, जो कि ब्याह के प्रति अपना कर्त्तव्य मुझे समझाते। मेरा उस वक्त का ज्ञान बहुत परिमित था, तो भी मैं इसे घर और समाजवालों का अन्याय समझता था, और उसे बर्दाश्त करने के लिए तैयार न था। 1909 ई. के बाद घर शायद ही कभी जाता था, 1913 के बाद को तो वह भी खत्म-सा हो गया, और 1917 की प्रतिज्ञा के बाद तो आजमगढ़ जिले की भूमि पर पैर तक नहीं रखा (1943 से पहले)। किसी बाकायदा तिलाक़ से मेरा वह तिलाक़ – जो वस्तुतः अस्वीकृत अबोध विवाह के लिए जरूरी भी न था – कहीं बढ़कर था और मैंने उसी रूप में लिया था, इसलिए मैं समझता हूँ उक्त घटना ब्याह के लिए समाज की जगह मुझे जिम्मेदार ठहराना गलत होगा। मैंने उसे कभी न ब्याह समझा, न उसकी जिम्मेवारी अपने ऊपर मानी।"

रानी की सराय पाठशाला की पढ़ाई समाप्त करने के पश्चात् उनका नाम 1906 ई. में निजामाबाद के मिडिल स्कूल में लिखाया गया। जहाँ से उन्होंने 1908 ई. में उर्दू मिडिल और 1909 ई. में हिन्दी मिडिल की परीक्षा उत्तीर्ण की। इस मिडिल की

पढ़ाई के दौरान ही माँ, नानी की मृत्यु के बाद बैल की बिक्री से मिले बाईस रुपये के साथ वह घर से भागकर एक बार वर्ष 1907 ई. में और दुबारा वर्ष 1909 ई. में कलकत्ता चले गये थे। कुछ दिनों तक वहाँ एक ब्राह्मण की सहायता से मार्कामैनी यानी कलकत्ता के रेल के डिब्बे से जो माल बाहर जाता था, उस पर निशान लगाने का कार्य एवं अन्य कार्य करके जीविकोपार्जन करते रहे, बाद में बनारस के सुँघनी साहु के परिवार की कलकत्ता स्थित दुकान में मुनीमी किया। कलकत्ता में मन ऊबने पर घर कनैला तो आ गये लेकिन मन स्थिर नहीं था। अब उनके सिर पर वैराग्य का भूत सवार था।

उनकी उम्र सत्रह साल की हो गयी थी। कनैला के निकट ही उमरपुर ग्राम में स्थित परमहंस बाबा की कुटी पर उनका आने-जाने का क्रम शुरू हो गया था। वहाँ उन्हें विचार सागर, विचार-चन्द्रोदय, अष्टावक्र गीता आदि ग्रन्थ पढ़ने को मिले तथा परमहंस बाबा के शिष्य हरिकरण बाबा की प्रेरणा से उनके मन में बनारस जाकर संस्कृत पढ़ने के प्रति प्रेम जागृत होने लगा था। घर के लोग उन्हें आजमगढ़ में अंग्रेजी पढ़ाना चाहते थे। लेकिन उन्होंने इस योजना से दूरी बना ली थी। इस बार कुटीवाले हरिकरण बाबा ने उनको बदरीनाथ यात्रा का संस्मरण सुनाया तो उनकी पर्यटन भावना जागृत हो गयी और थोड़े दिनों बाद वह वर्ष 1910 ई. में अयोध्या होते हुए हरिद्वार की यात्रा पर चल पड़े। हरिद्वार, यमुनोत्तरी, गंगोत्तरी, केदारनाथ, बदरीनाथ आदि स्थानों पर घूम-घामकर इन स्थानों से अनेक प्रकार के अनुभवों का संग्रह कर, वह वर्ष 1911-12 में संस्कृत ज्ञानार्जन के लिए बनारस आ गये। वहाँ उनकी भेंट परसा के महन्त से हुई। उनकी प्रतिभा से प्रभावित होकर महन्त जी उन्हें अपने साथ परसा (बिहार) लेते गये। वहाँ मठ का उत्तराधिकारी घोषित करके उन्हें बाबा रामउदार साधु का नाम दे दिया गया। वर्ष 1913 ई. के आरम्भ में एक दिन उनके पिता जी और फूफा उन्हें ढूँढ़ते हुए परसा पहुँच गये और महन्त जी से वार्त्ता कर वापस कनैला ले आये।

कुछ दिन घर पर रहकर वह पुनः परसा तो चले गये लेकिन वहाँ मन न लगने के कारण यात्रा पर निकल पड़े। पुरी, मद्रास, तिरुमलाई, तिरुमिशी, तिरुपति बाला जी, कांचीपुरम्, रामेश्वरम्, बंगलोर, विजयनगर, पण्ढरपुर, नासिक, त्र्यम्बक, कपिलधारा, ओंकारनाथ, उज्जैन, अहमदाबाद आदि जो उड़ीसा, तमिलनाडु, महाराष्ट्र, मध्यप्रदेश, गुजरात प्रान्तों के भाग हैं, में 1914 ई. के प्रारम्भ तक खूब घूमे-फिरे, उन स्थानों की संस्कृतियों, धार्मिकताओं, रीति-रिवाजों को जाना-बूझा। इस पूरी यात्रा में संस्कृत, उर्दू, अंग्रेजी आदि भाषाओं के ज्ञान से तथा अपने प्रभावशाली कद काठी, व्यक्तित्व के कारण उन्हें कोई कठिनाई नहीं हुई।

परसा मठ से तार द्वारा बुलावा आने पर वह पुनः परसा आकर मठ की व्यवस्था में संलग्न हो गये। चूँकि तीर्थयात्रा के रूप में पर्यटन उनका शौक बन गया था, अतः वह अयोध्या की ओर रवाना हो गये और वहाँ उनका जुलाई से सितम्बर, 1914 तक का तीन मास का समय बीता। इस अवधि में उनका परिचय आर्यसमाज के सिद्धान्तों एवं सत्यार्थप्रकाश जैसे ग्रन्थों से हुआ। अयोध्या का वातावरण रास न आने पर अपने पिता के साथ घर पर कनैला आ गये। कुछ दिन ग्राम्यजीवन का आनन्द लेकर माघमेला देखने प्रयाग चले गये। उस मेले में ही उन्होंने सर्वप्रथम पण्डित मदनमोहन मालवीय का भाषण सुना था। वहाँ आर्यसमाज के कार्यक्रमों में विशेष रूप से सम्मिलित होकर उनकी खण्डन-मण्डन-सम्बन्धी पुस्तकों को पढ़ते रहे। जैसे-जैसे उनके यात्राक्रम में विस्तार होता गया, उनकी ज्ञानपिपासा गहराती गयी। सरस्वती पत्रिका से पूर्व परिचित होने के कारण उसके प्रकाशन स्थल इण्डियन प्रेस तक भी घूम आये। पढ़ाई के प्रति उनकी रुचि को देखते हुए हाईकोर्ट के एक कर्मचारी जो अलीगढ़ के थे, ने उन्हें बताया कि आगरा के पण्डित भोजदत्त के विद्यालय में यदि वह चले जायँ तो वहाँ खाने और पढ़ने का प्रबन्ध हो जायेगा। उस विद्यालय में व्याख्यान कला भी सिखायी जाती है। यह सुनकर वह वहाँ न रुक सके और जनवरी, 1915 ई. में सीधे आगरा पहुँच गये। वहाँ आर्य मुसाफिर विद्यालय में प्रवेश लेकर संस्कृत के साथ ही अरबी की भी शिक्षा प्रमुख विद्वान् मौलवी महेश प्रसाद से प्राप्त की। विद्यालय परिसर में ही एक साप्ताहिक पत्र 'मुसाफिर' का भी कार्यालय था। समय मिलने पर वह वहाँ चले जाते थे तथा वहाँ आयी हुई अन्य अनेक पत्र-पत्रिकाओं, लीडर, आर्यगजट, प्रकाश, हिन्दुस्तान, देश, सद्धर्मप्रचारक, आर्यमित्र आदि एवं समीक्षार्थ आयी हुई पुस्तकों और ईसाई मुसलमान लेखकों द्वारा लिखे गये ग्रन्थों का अवलोकन, अध्ययन भी करते थे।

वहाँ रहते हुए केदारनाथ वैदिक धर्म, आर्यसमाज के सिद्धान्तों तथा ऋषि दयानन्द के सन्देशों से पूर्ण परिचित हो गये थे और यदा-कदा भिन्न-भिन्न स्थानों पर आर्यसमाज के प्रचार, प्रसार, शास्त्रार्थ हेतु व्याख्यान के लिए जाने भी लगे थे। जुलाई, अगस्त, 1915 का महीना आते-आते उनके ऊपर आर्यसमाजी होने की पक्की मुहर लग चुकी थी। उन्होंने लिखा है कि, "एक समय था जब मैं वैष्णव रहते हुए भी शंकराचार्य के वेदान्त का जबर्दस्त भक्त था किन्तु अब मैं पक्का आर्यसमाजी था, सिर्फ ऊपर-ऊपर की बातों में ही नहीं, दर्शन में भी आर्यसमाजी द्वैतवाद के सामने वेदान्त के अद्वैतवाद को बिलकुल कमजोर समझा था। मेरा मतलब आर्यसमाज और स्वामी दयानन्द के मान्य वैदिक धर्म से था। बाकी धर्मों, ईसाई, इस्लाम, यहूदी, बौद्ध ही नहीं हिन्दू धर्म के अनेक सम्प्रदायों को भी मैं झूठे धर्म तथा वेद और विज्ञान के

प्रकाश में शीघ्र ही लुप्त हो जानेवाले धर्म समझता था। तर्क और दलील द्वारा प्रतिद्वन्द्वी को अपने रास्ते पर लाने का मैं पक्षपाती था।''

वर्ष 1915 ई. में आगरा प्रवास के समय ही उन्होंने सबसे पहला हिन्दी लेख लिखा था जो आधा कहानी, आधा यात्रा के रूप में था तथा अयोध्या में साधु लोगों के पास गृहस्थ लोग कैसे मन्त्र लेने जाते हैं ? इस विषय पर आधारित था। उनके लेख मेरठ से निकलनेवाले मासिक पत्र भास्कर के दो अंकों में केदारनाथ विद्यार्थी के नाम से छपे थे। इस छपे हुए लेख को देखकर तरुण केदारनाथ विद्यार्थी को अत्यधिक प्रसन्नता हुई थी। वर्ष 1916 ई. में संस्कृत की और अधिक शिक्षा प्राप्त करने के लिए वह आगरा छोड़कर लाहौर पहुँच गये। यहाँ उन्होंने डी.ए.वी. कॉलेज के संस्कृत विभाग में विशारद में नाम लिखाया। गर्मी की छुट्टी बिताने के लिए वह विरालसी, मुजफ्फरनगर आदि स्थानों पर गये। उसी समय मुजफ्फरनगर में उन्हें अरबी भाषा और आर्यसमाज के विद्वान् मौलवी महेश प्रसाद, जो भाई साहब के नाम से सम्बोधित होते थे, का आगरा से भेजा हुआ पत्र मिला, जिसमें उन्होंने लिखा था कि अब समय आ गया है कि हम वैदिक मिशनरी तैयार करने के लिए कोई गम्भीर कदम बढ़ायें। अतः भाई साहब के निर्देश पर उस उद्देश्य की पूर्ति हेतु वह आगरा से यशवन्त नगर, इटावा के आर्यसमाजों में होते हुए कानपुर पहुँचे और वहाँ से फिर लखनऊ आर्यसमाज गये। यहाँ रुककर उन्होंने आर्यसमाज एवं वैदिक धर्म के प्रचार हेतु कई स्थानों पर व्याख्यान दिया तथा वैदिक मिशनरी स्थापित करने के लिए प्रयासरत हुए।

लखनऊ में ही उन्हें ज्ञात हुआ कि यहाँ एक बौद्ध विहार है और उसमें एक बौद्धभिक्षु रहते हैं। वह वहाँ जाकर उनसे मिले और पालि एवं बौद्ध साहित्य के बारे में जानकारी प्राप्त की। बौद्धभिक्षु से हुआ यह साक्षात्कार भविष्य में उनका मार्गदर्शक बना। लखनऊ से रायबरेली, अमेठी, प्रतापगढ़, अहरौरा होते हुए वह वाराणसी आये। यहाँ पर उन्हें ढूँढ़ते हुए उनके पिता जी घर वापस ले जाने के लिए आ गये थे। केदार घर जाने के लिए तैयार नहीं थे। उन्होंने अपने पिता से कहा, ''मैं आपके भावों को, आपकी बेकरारी को समझता हूँ, किन्तु साथ ही मेरा जीवन भी किसी भविष्य की लालसा रखता है, जिसकी जो अस्फुट झाँकी मुझे मिल रहा है, उसके कारण जबर्दस्त-से-जबर्दस्त खतरे, मृत्यु के साक्षात् दर्शन तक भी अब मुझको अपने पथ से विचलित नहीं कर सकते। मैं कनैला के अयोग्य हूँ, मैं आपके काम का नहीं रहा। यदि ऐसा ही करना था, तो मुझे गाय-भैंस की चरवाही में लगा दिये होते, मेरी दुनिया कनैला की सीमा में परिसीमित हो जाती। अब जोर देने का भयंकर परिणाम होगा, आपको मेरे जीवन से हाथ धोना पड़ेगा।''

केदार के इस कथन का पिता के ऊपर असर तो पड़ा, लेकिन पिता-पुत्र दोनों की दो प्रतिज्ञाओं के साथ। जहाँ पिता ने कहा कि अब मैं तुम्हारे मार्ग में बाधक नहीं बनूँगा और यहीं काशी में अपना जीवन बिता दूँगा, वहीं केदार ने भी प्रतिज्ञा कर ली कि, "अब से पचास वर्ष की उम्र खत्म होने तक आजमगढ़ जिले की सीमा के भीतर भी कदम नहीं रखूँगा।" दोनों की प्रतिज्ञाएँ पूरी हुईं। केदार ने पिता का यह अन्तिम दर्शन किया था। पिता की प्रतिज्ञा ने यदि पुत्र के भविष्य का मार्ग प्रशस्त किया तो पुत्र पिता के उस अन्तिम दिन को विस्मृत न कर सका। इस समय केदार की उम्र चौबीस वर्ष थी। ख्याति-प्राप्ति के पश्चात् 1930 ई. में लिखी गयी पुस्तक 'बुद्धचर्या' का समर्पण उन्होंने पिता गोवर्धन पाण्डेय को इन शब्दों में किया है – "मेरे गृहत्याग से जिसके अबार्धक्य जीवन के अन्तिम वर्ष दुखमय बन गये, उन्हीं संकृत गोत्र, मलाव पाण्डेय, स्वर्गीय पिता श्री गोवर्धन की स्मृति में।" पिता से मुक्ति पाकर जनवरी, 1917 ई. में वह ग्वालियर रियासत की सीमा से सटे दस्युग्रस्त ग्राम महेशपुरा पहुँचे। वहाँ पर आर्यसमाज के अनुयायी स्वामी ब्रह्मानन्द के सहयोग एवं चन्दे की धनराशि से उन्होंने एक वैदिक विद्यालय की स्थापना किया। यहाँ पर अखबारों के माध्यम से उन्हें रूसी क्रान्ति की जानकारी होने लगी थी और यह भी मालूम हुआ कि रूस में एक ऐसी पार्टी है जो मजदूरों, किसानों के अधिकार की लड़ाई लड़ती है तथा उनके भोग एवं श्रम के समान वितरण की पक्षपाती है। महेशपुरा में विद्यालय की अनुकूल प्रगति न होने के कारण उन्होंने विद्यालय को कालपी स्थानान्तरित कर दिया। वहाँ रोगियों के उपचार एवं राष्ट्रीयता के प्रसार में आर्यसमाजियों की सेवा भावना की कई घटनाएँ उन्होंने सुन रखी थीं। फलस्वरूप वह स्वयं भी असहाय, अशक्त एवं रोगग्रस्तों की सेवा में जुट गये थे तथा आर्यसमाज की ओर से प्रायः भिन्न-भिन्न स्थानों पर जाने लगे थे।

## 2

वर्ष 1917 के अन्तिम दिनों में परसा मठ के महन्त का तार मिलने और आर्यसमाज के विद्वान् स्वामी ब्रह्मानन्द के निर्देश पर वह परसा तो गये लेकिन उनके मन में आर्यसमाज से पुनः वैरागीमठ में जाने की हिचकिचाहट जरूर थी। मठ पर पहुँचकर उन्होंने मठ की जमींदारी पर ध्यान देना शुरू किया और मठ के कारिन्दों, सरकारी कर्मचारियों एवं असामियों द्वारा की जानेवाली अनेक अनियमितताओं पर नियन्त्रण करने की कोशिश की। अपनी जिन्दगी के अन्तिम दिन समझकर और महन्ती का सफल उत्तराधिकारी मानकर महन्त जी उन्हें अधिकृत रूप से उत्तराधिकारी घोषित कर देना चाह रहे थे। लेकिन बाबा रामउदारदास को यह स्वीकार नहीं था।

मठ से सम्बन्धित बमरौली में सर्वे का कार्य पूर्ण होने पर उन्होंने महन्त जी से जाने की आज्ञा माँगी। चूँकि वह कलकत्ता वेद मध्यमा परीक्षा का फार्म कालपी से भर चुके थे और महन्त जी को इसकी जानकारी हो गयी थी, अतः वह पढ़ाई में बाधा नहीं डालना चाहते थे। बाबा रामउदारदास ने जबलपुर केन्द्र से परीक्षा दी और प्रथम श्रेणी में उत्तीर्ण हो गये। परसा अब उनके दिमाग से उतर चुका था और वह कालपी में पढ़ने-पढ़ाने में लीन हो गये थे। वहाँ उन्हें अखबारों के माध्यम से रूस सम्बन्धित समाचारों की जानकारी हो जाती थी और धीरे-धीरे उनके मन में साम्यवादी विचार उभरने लगे थे। अपनी सोच के आधार पर उन्होंने 1918 के प्रारम्भिक दिनों में एक पुस्तक लिखने की योजना बना ली थी किन्तु जिस नोटबुक पर यह लिपिबद्ध किया गया था, वह नोटबुक ही खो गयी। पुनः उन्होंने दूसरे ढंग से संस्कृत पद्यों में 1922 ई. में लिखना चाहा किन्तु कुछ सर्गों तक लिखे जाने के बाद यह भी पूरा न हो सका। अन्त में यह पूरी योजना 'बाईसवीं सदी' पुस्तक के रूप में 1923-24 ई. में हजारीबाग जेल में सफल हो सकी। कालपी निवास के समय उन्होंने ईसाई पादरियों एवं सनातनधर्मी विद्वानों से शास्त्रार्थ हेतु आर्यसमाज की ओर से भाग भी लिया था।

शास्त्री की परीक्षा देने के उद्देश्य से उन्होंने कालपी छोड़कर अयोध्या की राह पकड़ ली थी। यहाँ वह आर्यसमाज से हटकर वैरागी बाने में आ गये थे और न्याय, वात्स्यायन भाष्य, निरुक्त, ऋग्वेद सायण भाष्य की भूमिका, नैषध और सिद्धान्त कौमुदी के कुछ अंशों को पढ़ने में लग गये थे। परसा के महन्त को रामउदारदास के अयोध्या में होने की जानकारी मिलने पर उन्होंने पुनः उन्हें पत्र लिखकर मठ की व्यवस्था के काम के लिए बुला भेजा। वहाँ पहुँचकर उन्होंने पुनः सर्वे एवं मठ की समस्याओं का समाधान किया। महन्त जी ने पुनः उन्हें महन्ती सौंपने का आग्रह किया किन्तु वह इन्कार करते रहे। एक दिन मौका पाकर वहाँ से भाग निकले और लाहौर चले गये। 1919 ई. के प्रारम्भ में यहाँ आकर वह पुनः आर्यसमाज के रंग में रंग गये और डी.ए.वी. कॉलेज से शास्त्री की परीक्षा का फार्म भर दिये। प्रवेश की तैयारी के साथ ही वह देश-विदेश की राजनीतिक खबरों, रूसी क्रान्ति और साम्यवादी विचारों पर भी ध्यान देते रहते थे। अब उनकी इच्छा बन गयी थी कि अच्छी तरह से पढ़ाई करके वैदिक धर्म के प्रचार के लिए पूर्वी देशों चीन या जापान की यात्रा की जाय। शास्त्री की परीक्षा 5 अप्रैल, 1919 को समाप्त हुई किन्तु उस परीक्षा में कोई छात्र उत्तीर्ण न हुआ। 7 अप्रैल को वह लाहौर से निकलकर हरिद्वार, तिलहर, हमीरपुर होते हुए कानपुर पहुँचे। कानपुर में उन्हें मालूम हुआ कि पंजाब में मार्शल ला लागू हो गया है। अतः वह वहाँ की मुश्किलों से परिचित होने के लिए जालन्धर के लिए रवाना हो गये। बीच में उन्हें लाहौर में गोलीकाण्ड, जलियाँवाला बाग में रोमांचक नर संहार की भी खबरें

मिलने लगी थीं। जालन्धर में वह अधिक दिन न रहकर लाहौर चले गये। वहाँ मार्शल ला के दौरान पंजाब के लेफ्टीनेण्ट गवर्नर ओडायर की हृदयहीनता की घटनाएँ सुन-सुनकर उनका मन भी आक्रोशित हो जाया करता था। अंग्रेज अदालतों की न्यायहीनता के बारे में वह सोचते थे कि इन अदालतों पर बिजली क्यों नहीं गिरती? पहले गोले गोलियों, हवाई जहाजों से नन्हें-नन्हें बच्चों के खून से हाथ रँगकर, पीछे फाँसी डामिल का हुक्म सुनानेवाले इन आततायियों की जीभ कट हजार टुकड़े हो क्यों नहीं गिरतीं? ऐसी अन्यायी कौम का बेड़ा महायुद्ध में क्यों नहीं हमेशा के लिए गर्त हो गया।

मार्शल ला के आतंक से आम जनजीवन भयभीत था किन्तु उन केदारनाथ उर्फ रामउदार दास पर इसका कोई प्रभाव नहीं था। जासूसों का जाल बिछा होने के बाद भी वह अंग्रेजी शासन के खिलाफ टिप्पणियाँ करने से नहीं चूकते थे। अंग्रेजी शासन के विरुद्ध मन बनाये हुए वह लाहौर की गर्मी बिताकर बरसात के प्रारम्भ में कर्वी और चित्रकूट आ गये। वहाँ के प्राकृतिक दृश्यों, धार्मिक स्थानों का अवलोकन एवं वहाँ की कतिपय गतिविधियों में भाग लेते हुए वह वर्ष 1920 ई. में पुनः अगली यात्राओं पर निकल पड़े। इस दौरान उन्होंने सारनाथ, कुशीनगर, गोरखपुर, लुम्बिनी, कपिलवस्तु, जनकपुर, नालन्दा, राजगीर, बोधगया, नदिया, जगन्नाथपुरी, तिरुपति आदि स्थानों की यात्रा की तथा हिन्दू एवं बौद्ध धर्मस्थलों को देखा। सितम्बर, 1920 ई. में उन्होंने पुनः तिरुमिशी की ओर मुँह किया जहाँ वह सात वर्ष पहले भी आ चुके थे। यहाँ उन्होंने हरिप्रपन्नाचार्य के मठ में लगभग छह माह तक रहकर वेदान्त और मीमांसा ग्रन्थों के साथ ही कुछ तमिल रीडरों का भी अध्ययन किया। तिरुमिशी छोड़ने के बाद उन्होंने वर्ष 1921 ई. के चार महीने मद्रास के कुर्ग में बिताये। कुर्ग निवास के समय ही उन्हें पिता के देहान्त की सूचना मिली किन्तु इस सूचना के बाद भी उनकी आँखों में आँसू नहीं आये। इस पर उनके एक सहयोगी मिस्टर पुवैया ने फटकारा कि कैसा हृदय है तुम्हारा? बाप की मृत्यु के लिए दो आँसू भी नहीं है? पिता की मृत्यु से उन्हें छुट्टी लेने का बहाना मिल गया और उन्होंने राजनीतिक जीवन में प्रवेश करने का निश्चय किया।

उस समय तक असहयोग आन्दोलन के प्रति जनभावनाएँ उभार पर आ चुकी थीं। राजनीति में प्रवेश का मार्ग उन्होंने छपरा को चुना और वहाँ से जुड़ने के लिए छपरा जिला कांग्रेस कमेटी के मन्त्री को पत्र भी भेज दिया। छपरा जाते समय बीच में वह शोलापुर खँडवा, कोच, बनारस आदि स्थानों पर रुके तथा खँडवा के बाजार चौक पर एक राजनीतिक भाषण भी दिया। यह उनका पहला राजनीतिक भाषण था। छपरा पहुँचकर एकमा, परसा को उन्होंने अपना कार्यक्षेत्र बनाया। परसा में अपनी अध्यक्षता में हुई सभा में दिये गये भाषण (अपने बाबा रामउदार दास का भाषण) को

वहाँ के निवासियों ने पहली बार सुना। वहाँ सेवा भाव से कार्य करते समय उन्हें यह पता चला कि छपरा में भीषण बाढ़ आयी हुई है। यह सितम्बर, 1921 का महीना था। बाढ़ क्षेत्र में पहुँचकर उन्होंने क्षेत्रीय नागरिकों के सहयोग से बाढ़ पीड़ितों की हर सम्भव सहायता की। 31 जनवरी, 1922 ई. को छपरा में उनके सभापतित्व में जिला कांग्रेस कमेटी की बैठक हो रही थी, उसी समय राजनीतिक गतिविधियों में भाग लेने के कारण उन्हें गिरफ्तार कर लिया गया। 11 फरवरी, 1922 ई. को सम्बन्धित मुकदमें में फैसला देते हुए मजिस्ट्रेट मिस्टर लुई ने छह महीने की सादी सजा सुनायी थी। इसके बाद उन्हें बक्सर जेल भेज दिया गया। यहाँ वह 13 फरवरी से 9 अगस्त, 1922 ई. तक रहे।

जेल से छूटने पर वह छपरा की राजनीतिक गतिविधियों में पुनः सक्रिय हो गये थे और नया चुनाव होने पर 29 अक्टूबर, 1922 ई. को जिला कांग्रेस कमेटी के मन्त्री चुन लिये गये थे। प्रान्तीय कांग्रेस कमेटी की गया में हुई बैठक में भी वह सम्मिलित हुए तथा 16 दिसम्बर, 1922 को उस बैठक में प्रस्ताव रखा कि बोधगया का महाबोधि मन्दिर बौद्धों का है तथा उन्हें वापस मिलना चाहिए। बहुत बहस के बाद यह प्रस्ताव पास करके गया कांग्रेस के पास भेज दिया गया। इस घटना से उनके मन में बौद्ध धर्म के प्रति और अधिक सहानुभूति पैदा होने लगी थी। कुछ राजनीतिक मतभेद होने के कारण उन्होंने माह जनवरी, 1923 ई. में जिला कांग्रेस कमेटी के मन्त्री पद से इस्तीफा दे दिया था और स्वतन्त्र मन हो करके नेपाल की यात्रा पर निकल पड़े। फरवरी, मार्च, 1923 में डेढ़ माह उन्होंने नेपाल में पशुपतिनाथ, काठमाण्डू, पाटन, शिखरनारायण आदि स्थानों एवं जंगलों, झरनों आदि को देखने में व्यतीत किया। भारत से बाहर की उनकी यह पहली यात्रा थी। यहाँ कई बौद्ध विद्वानों, लामाओं आदि से मिलकर धार्मिक चर्चाएँ कीं।

22 मार्च, 1923 ई. को वह नेपाल से छपरा लौट आये। यहाँ आने पर पता चला कि पटना में दिये भाषण के सम्बन्ध में उनके ऊपर वारण्ट जारी है। अतः वह गिरफ्तार कर बाँकीपुर जेल के तनहाई सेल में पहुँचा दिये गये। उनके ऊपर भारतीय दण्ड विधान की धारा 124 ए के अनुसार राजद्रोह का मुकदमा चला और इसमें उन्हें दो साल सादी कैद की सजा सुनायी गयी। सजा काटने के लिए वह बक्सर जेल भेज दिये गये। यहीं उन्होंने पिछली जेल-यात्रा में संस्कृत में लिखे कुरान सार का हिन्दी में अनुवाद भी पूरा कर लिया। मुँगेर में राजनीतिक भाषण देने के आरोप में एक वर्ष की सजा प्राप्त कर शंकराचार्य स्वामी भारती कृष्णतीर्थ भी इसी जेल में बन्द थे। लगभग एक हफ्ता बाद स्वामी शंकराचार्य, उनको और दो अन्य सहयोगियों को हजारीबाग जेल में स्थानान्तरित कर दिया गया। उनके साथ कई पुस्तकें थीं जिनमें एक सिंहली

अक्षर में पालि मज्झिम निकाय भी था। इसका वह नियमित एक घण्टा पाठ करते थे। जेल में प्रवेश के पूर्व तलाशी लेने पर जेलर द्वारा उक्त पुस्तक, लिपि, भाषा न समझ पाने के कारण, ले ली गयी जिसके विरुद्ध उन्होंने एक या दो दिन तक अनशन किया। स्वामी शंकराचार्य के कहने पर कि बौद्ध धर्म के प्रति उनकी आस्था है और यह उनका धार्मिक ग्रन्थ है, पुस्तक उन्हें पुनः वापस प्राप्त हुई। जेल में ही उन्हें स्वामी शंकराचार्य जो संस्कृत, भाषा, साहित्य, दर्शन के प्रौढ़ विद्वान् थे तथा अंग्रेजी और गणित के भी चतुर पण्डित थे, से गणित, बीजगणित, त्रिकोणमिति, कोआर्डिनेट ज्यामिति आदि सीखने का अवसर मिला। हजारीबाग जेल से दो वर्ष की सजा काटकर वह 18 अप्रैल, 1925 ई. को रिहा हुए।

जेल से छूटकर जब वह छपरा पहुँचे तो वहाँ उन्होंने देखा कि राजनीतिक गतिविधियाँ शिथिल पड़ गयी हैं, आपसी मनमुटाव बढ़ गये हैं, साम्प्रदायिकता पुनः पनपने लगी थी, अतः उन्होंने फिर से अपने सहयोगियों को तैयार कर सामाजिक समरसता लाने का प्रयास किया। इसके बाद वह कानपुर कांग्रेस में भाग लेकर मेरठ चले गये जहाँ उनकी भेंट सर्वप्रथम हरिनामदास से हुई। यही हरिनामदास बाद में भिक्षु आनन्द कौसल्यायन के नाम से जाने गये तथा उनके आजीवन घनिष्ठ मित्र बन गये। यहाँ से वह जनवरी, 1926 के अन्त में दिल्ली चले गये। यहाँ लाल किला, जामा मस्जिद, कुतुबमीनार आदि स्थानों को देखा। दिल्ली से लाहौर गये। यहाँ 'बाईसवीं सदी' के कुछ अध्याय उर्दू में अनुवाद कर 'मिलाप' को दिये जो उसमें कई दिनों तक छपते रहे। यहाँ से हिमालय की यात्रा का रुख कर वह खैबर में लेडी कोटन तक गये। लद्दाख जाने का परमिट प्राप्त कर वह श्रीनगर, कारगिल होते हुए लद्दाख और होलिस तक गये। बीच-बीच में उन्हें कठिन पहाड़ी चढ़ाई, उतराई, दुर्गम नदियों, झीलों, घाटियों का सामना करना पड़ा। लद्दाख में उन्होंने राजप्रासाद शंकरगुम्पा, पितोकगुम्बा, सेह प्रासाद आदि लेह के समीपवर्ती स्थानों को भी देखा। घूमते-फिरते, बीच-बीच में रोमांच का अनुभव करते हुए वह तिब्बत और बुशहर रियासत में पहुँच गये थे। कुछ दिन यहाँ रहकर अनेक नयी जानकारियों को प्राप्त किया तथा पुनः वहाँ से वह शिमला पहुँचे, जहाँ से मेरठ के लिए रवाना हो गये।

मेरठ से छपरा आकर उन्होंने काउन्सिल चुनाव में काफी रुचि ली। यह 1926 ई. का वर्ष था। यहाँ की राजनीतिक सभाओं में उन्होंने अपनी भाषा भोजपुरी मल्ली में भाषण दिये। इनके अतिरिक्त और भी कई स्थानों दरभंगा, समस्तीपुर आदि में भी कांग्रेस के उम्मीदवारों के पक्ष में उनके व्याख्यान हुए। प्रान्तीय काउन्सिल के इस चुनाव में कांग्रेस सबसे बड़ी पार्टी के रूप में उभरी। इसी समय गौहाटी में कांग्रेस का अधिवेशन होनेवाला था। वह उसमें भी सम्मिलित हुए तथा वहाँ के कामरूप, कमच्छा

आदि स्थानों से परिचित हुए। यहाँ से वह पुनः छपरा आ गये। 1927 ई. के फरवरी माह के प्रारम्भ में वह ब्रह्मचारी विश्वनाथ (भदन्त आनन्द कौसल्यायन) के साथ बुद्ध निर्वाण स्थल देखने कसया गये। इन निकटवर्ती क्षेत्रों में घूम-घूमकर वह ऊब चुके थे, अतः 2 मई 1927 ई. को उन्होंने लंका जाने का मन बना लिया। लंका जाने की भावना उनके मन में पहले ही आ गयी थी जब वह 22 फरवरी को सारनाथ गये थे। वहाँ पर भिक्षु श्रीनिवास जी ने उन्हें बताया था कि लंका के विद्यालंकार विहार में एक संस्कृत अध्यापक की खोज है।

## 3

महाबोधि सोसाइटी कलकत्ता के भिक्षु श्रीनिवास एवं लंका के भिक्षु अषविला धर्मरत्न के सहयोग से वह 16 मई, 1927 ई. को लंका पहुँचे। यहाँ वह 1 दिसम्बर, 1928 तक लगभग उन्नीस मास रहे। इस बीच विद्यालंकार विहार में रहकर उन्होंने त्रिपिटिकों, रायल एशियाटिक सोसाइटी के पुराने जर्नलों और लंका, भारत के इतिहास, पुरातत्त्व आदि का भरपूर अध्ययन किया। 3 जनवरी, 1928 ई. को राजेन्द्र बाबू की लंका-यात्रा पर उन्हें वहाँ के महत्त्वपूर्ण स्थानों का दर्शन कराया। लंका निवास के समय उनकी लेखन गतिविधियों में तेजी आयी। लंका के सम्बन्ध में लिखे गये उनके कई लेख सरस्वती मासिक तथा दैनिक विश्वमित्र एवं मिलाप (रोज़ाना) के भी विभिन्न अंकों में छपे। लंका में रहते हुए ही उन्होंने तिब्बती भाषा सीख ली थी और तिब्बत जाने का मन बना लिया था। भारत लौटने के पूर्व ही उन्हें 3 सितम्बर, 1928 ई. को विद्यालंकार परिवेण द्वारा त्रिपिटिकाचार्य की उपाधि प्रदान की गयी। 1 दिसम्बर को वह भारत के लिए रवाना हुए। भारत आकर मदुरा, श्रीरंगम, पूना, कार्ले, एलौरा, खुल्दाबाद, देवगिरि (दौलताबाद) अजन्ता, साँची, कन्नौज, संकिसा, कौशाम्बी, बोधगया, श्रावस्ती आदि स्थानों पर घूमते-फिरते हुए वह नेपाल की ओर चल पड़े। और वहाँ से फिर तिब्बत जाकर वर्ष 1929-30 ई. में ल्हासा, समूये, गनदन आदि स्थानों की जानकारियों और अनुभवों को साझा करते रहे। इस पहली यात्रा में उन्होंने भारी संख्या में तिब्बती कंजूर/तंजूर तथा संस्कृत की एक ताल पोथी प्राप्त की थी जिन्हें वह भारत ले आये। इस यात्रा का विवरण उन्होंने 'तिब्वत में सवा वर्ष' पुस्तक में प्रस्तुत किया है।

तिब्बत का प्रवास बिताकर वह 7 जून, 1930 ई. को कलकत्ता पहुँचे। अब उनके मन में एक बार पुनः लंका प्रेम उमड़ा और 20 जून, 1930 ई. को लंका आ गये। यहाँ पुराने मित्र भिक्षु आनन्द कश्यप से मिलकर उन्हें बड़ी प्रसन्नता हुई। उपसम्पदा के

लिए काण्डी जाने से पहले विद्यालंकार विहार में नायकपाद के उपाध्यायत्य में 22 जून को उनकी प्रव्रज्या हुई। लंका निवास में वह रामउदार स्वामी के नाम से जाने जाते थे और लंका छोड़ने के पूर्व ही अपने गोत्र को जोड़कर वह रामोदार सांकृत्यायन बन चुके थे। प्रव्रज्या संस्कार शुरू होने के चन्द मिनट पहले ही नायकपाद की आज्ञा हुई कि नया नामकरण किया जाय। इस नये नामकरण को देखते हुए उन्होंने प्रस्ताव किया कि रामउदार के प्रथम अक्षर रा के आधार पर राहुल नाम रख दिया जाय तथा सांकृत्यायन जोड़कर नये नामकरण में राहुल सांकृत्यायन को मान्यता दे दी जाय। प्रव्रज्या में यही नाम स्वीकृत हुआ और अब वह राहुल सांकृत्यायन के नाम से जाने गये। भारत में सत्याग्रह आन्दोलन चरम पर था। इससे सम्बन्धित समाचार गाँधी जी के पत्र यंग इण्डिया में छपते थे। उक्त पत्र की कई प्रतियाँ लंका में भी जाती थीं, जिनसे राहुल सांकृत्यायन को भारत की राजनीतिक स्थिति का पता चलता रहता था। इस उथल-पुथल से राहुल का भी मन खिन्न रहने लगा और एक दिन नायकपाद से आज्ञा लेकर वह 15 दिसम्बर, 1930 ई. को भारत के लिए रवाना हो गये। लंका प्रवास में उन्होंने 7 अक्टूबर से 14 दिसम्बर, 1930 के मध्य 'बुद्धचर्या' का लिखना भी पूरा कर लिया था।

भारत आकर उन्होंने छपरा को पुनः अपनी राजनीति का केन्द्र बनाया और सत्याग्रहों में भाग लेने लगे। 29 से 31 मार्च, 1931 तक कराची में आयोजित कांग्रेस में वह सम्मिलित हुए। वहाँ पहुँचकर सिन्धु घाटी सभ्यता के अवशेषों, मोहनजोदड़ों हड़प्पा की खुदाई को देखने का लोभ वह संवरण न कर सके। 10 अप्रैल, 1931 तक उस क्षेत्र में रुककर वह पुनः छपरा चले गये। यहाँ वह सारन जिले के राजनीतिक संघर्ष का इतिहास लिखने में लगे रहे। 14 जून तक वह काफी लिख चुके थे किन्तु वह पाण्डुलिपि जिसके पास थी, वहाँ से खो गयी। 8 अगस्त को बनारस आकर बुद्धचर्या और अभिधर्म कोष के प्रकाशन के लिए वह प्रयत्नशील हो गये। इनका मुद्रण तारा प्रिण्टिग प्रेस से हो रहा था। वहीं पर उनकी भेंट पं. अयोध्यासिंह उपाध्याय 'हरिऔध' से भी हुई। इस प्रेस से ही उनकी भी पुस्तक चोखे चौपदे छप रही थी। 11 से 13 नवम्बर, 1931 तक सारनाथ में नये विहार मूलगन्ध कुटी का उद्घाटन समारोह आयोजित था। इस कार्यक्रम में भी वह उपस्थित हुए तथा वहाँ लंका से आये हुए प्रतिनिधियों के साथ ही और भी अनेक देशी-विदेशी विद्वानों से मिले। उत्सव के बाद लंका से आये प्रतिनिधियों नायकपाद और आनन्द जी ने आग्रह किया कि वह पुनः लंका चलें। अतः 14 नवम्बर, 1931 ई. को जेतवन (बलरामपुर) गये। वहाँ से लुम्बिनी, कसया, नालन्दा, राजगीर होते हुए कलकत्ता पहुँचे, जहाँ से 24 नवम्बर, 1931 को लंका के लिए प्रस्थान किया।

राहुल सांकृत्यायन की यह तीसरी लंका-यात्रा थी। 28 नवम्बर को वह विद्यालंकार विहार पहुँचे थे। कुछ दिन वहाँ रहकर पासपोर्ट प्राप्त हो जाने पर यूरोप-यात्रा की योजना बनी। 5 जुलाई, 1932 ई. को यूरोपीय देशों में जाने के लिए वह कोलम्बो बन्दरगाह पहुँच गये। यहाँ से समुद्री जहाज पर सवार होकर बीच में पड़नेवाले कुछ स्थानों का अवलोकन करते हुए उन्होंने 23 जुलाई को पारसेई के बन्दरगाह पर पैर रखा। वहाँ से ट्रेन द्वारा 24 जुलाई को पेरिस आ गये। पेरिस में उन्होंने राफेल टावर, प्रजातन्त्र भवन, नेपोलियन की समाधि, पुराने राजमहल, सोरवेन विश्वविद्यालय एवं अन्य दर्शनीय स्थानों को देखा। वहाँ के कई विद्वानों से भेंट की तथा प्रमुख प्रकाशक मेशियो फ्रेमान जो हेरमान कम्पनी के मालिक थे एवं एक डेढ़ बरस तक भारत में भी रह चुके थे, से मिले। मेशियो फ्रेमान ने भारत के प्रमुख गणितज्ञ डॉ. बदरीनाथ प्रसाद की काफी प्रशंसा की तथा उनके एक निबन्ध की एक प्रति उन्हें उपलब्ध करायी। यह निबन्ध डॉ. बदरीनाथ प्रसाद ने अपने बड़े भाई बैजनाथ प्रसाद को समर्पित किया था, फ्रेमान ने उन्हें इलाहाबाद का बताया था। बाद में उन्हें जानकारी हुई कि वे उनकी ही तहसील मुहम्मदाबाद के सुपरिचित बाबू बैजनाथ प्रसाद के अनुज हैं। कालान्तर में यही डॉ. बदरीनाथ प्रसाद उनके निकटतम मित्रों में हुए।

27 जुलाई, 1932 ई. को उन्होंने पेरिस छोड़ दिया और लन्दन के लिए रवाना हो गये। लन्दन में वह अनागरिक धर्मपाल द्वारा स्थापित महाबोधि सभा के, जो विलायत में बौद्धधर्म प्रचार का एक प्रमुख केन्द्र था, के भवन में रुके थे। 28 जुलाई को उनसे कुछ अंग्रेज पत्रकार मिले और उनसे वहाँ आने का कारण जानना चाहा। उनके द्वारा बौद्धधर्म के प्रचार का उद्‌देश्य एवं अन्य यात्रा विवरणों को बताने पर अंग्रेज पत्रकारों ने समाचार को तोड़-मरोड़कर प्रस्तुत किया जिससे इंग्लैण्ड के अखबारों के प्रति उनकी धारण अनुकूल न बन सकी। लन्दन में उन्होंने बर्किंघम पैलेस, हाइडपार्क, पार्लियामेण्ट भवन, वेस्ट मिनिस्टर, कौण्टी काउन्सिल, सेण्ट जेम्स प्रासाद, लन्दन टावर आदि स्थानों को देखा। इंग्लैण्ड के कैम्ब्रिज और ऑक्सफोर्ड विश्वविद्यालयों तथा अन्य कॉलेजों का भी परिचय प्राप्त किया।

14 नवम्बर, 1932 ई. को वह पुनः पेरिस आ गये। वहाँ उन्होंने भारतीय संस्कृति के प्रमुख विद्वान् आचार्य सिल्वा लेबी के घर जाकर उनसे मुलाकात की। उन्होंने देखा कि सत्तर वर्ष की उम्र में भी यह वृद्ध प्रतिदिन दस-बारह घण्टा अनुसन्धानात्मक कार्यों में बिताते हैं तथा दुनिया के किसी भी कोने में जाने के लिए तैयार रहते थे। 29 नवम्बर को वह पेरिस से जर्मनी के लिए रवाना हो गये। वहाँ 1 दिसम्बर, 1932 को वह प्रमुख जर्मन संस्कृतज्ञ डॉ. थोरो से उनके घर पर मिले तथा भिन्न-भिन्न शास्त्रीय विषयों पर वार्त्ता की। फ्रैंकफर्ट तथा बर्लिन आदि स्थानों के अन्य अनेक

विद्वानों से भी मिले और बर्लिन के विश्वविद्यालय एवं संग्रहालयों को भी देखा। 28 दिसम्बर, 1932 को उन्होंने जर्मनी छोड़ दिया। 16 जनवरी, 1933 ई. को वह फिर लंका आ गये। यहाँ कुछ दिन रहकर 30 जनवरी को हिन्दुस्तान वापसी के लिए रवाना हो गये। मद्रास, कलकत्ता, सुल्तानगंज होते हुए वह पटना आये जहाँ प्रसिद्ध विद्वान् डॉ. काशीप्रसाद जायसवाल के मेहमान बने। कुछ दिन यहाँ बिताकर वह 30 अप्रैल को सारनाथ आ गये। यहाँ आकर पुनः उन्होंने दूसरी बार लद्दाख जाने का मन बना लिया। पहले प्रयाग आये, पं. जयचन्द्र विद्यालंकार से मिले और तत्पश्चात् 15 मई को जम्मू पहुँचकर श्रीनगर और गिलगिट गये। इन स्थानों पर उपलब्ध हुई महत्त्वपूर्ण हस्तलिखित पोथियों की दुर्दशा देखकर उन्हें भारी क्षोभ हुआ और उन अधिकारियों के उपेक्षा भाव से दुःखी हुए जिन्होंने उन ग्रन्थों की संरक्षा में कोई रुचि न ली थी। श्रीनगर का समय उन्होंने पुराने स्थानों को देखने, दोस्तों से मिलने, लिखने-पढ़ने में बिताया। आगे जोजीला, कारगिल, सस्पोल आदि स्थानों से होते हुए वह लद्दाख और लेह आ गये। यहाँ उन्होंने 4 जुलाई से 16 सितम्बर, 1933 ई. तक का समय बिताया। इस अवधि में उन्होंने मज्झिम निकाय का पालि से हिन्दी में अनुवाद किया, 'तिब्बत में बौद्ध धर्म', पुस्तक की रचना की। लद्दाख-यात्रा में वह पादरी जोजेफ भार्गव से काफी प्रभावित हुए थे। इनसे उनकी पहले भी भेंट हो चुकी थी। उन्हें अपनी भाषा, संस्कृति और साहित्य पर बहुत अभिमान था। लद्दाख से लांहुल तक की जोखिमभरी यात्राओं को झेलते हुए वह कुल्लू आये। कुल्लू का दशहरा बड़ा मशहूर है, अतः 2 अक्टूबर, 1933 ई. को वह दशहरा देखने गये।

राहुल सांकृत्यायन लाहौर में पहले भी जा चुके थे। अब पुनः उन्होंने लाहौर का रुख किया। 7 से 11 अक्टूबर, 1933 ई. तक वह लाहौर में रहकर अपने पुराने परिचितों से मिले तथा कुछ स्थानों पर व्याख्यान भी दिये। लाहौर से वह बनारस आये तथा यहाँ 13 अक्टूबर को मौलवी महेश प्रसाद से मिलने उनके घर पर गये। 14 अक्टूबर को पटना में डॉ. काशीप्रसाद जायसवाल से मिले। 20 अक्टूबर को उनके साथ भागलपुर में होनेवाली बिहार हिन्दी साहित्य सम्मेलन में सम्मिलित होने के लिए रवाना हो गये। इस सम्मेलन के सभापति जायसवाल जी ही निर्वाचित हुए थे। भागलपुर के समीप स्थित सुल्तानगंज में अजगैबीनाथ के मन्दिर को भी देखने वह गये। यह मन्दिर गंगा नदी के भीतर एक बड़े शिलाखण्ड पर स्थित है। वहाँ से लौटकर वह सम्मेलन में भाग लिये। सम्मेलन के दूसरे दिन की बैठक में वह कचहरियों में रोमन लिपि के पक्ष में बोलना चाहते थे लेकिन यह कहकर कि वह सदस्य नहीं हैं, उन्हें बोलने से मना कर दिया गया। डॉ. जायसवाल के हस्तक्षेप पर लोग उनकी बात सुनने को सहमत हो गये। उस समय सरकार अंग्रेजों के इशारे पर उर्दू लिपि को भी बिहार

की कचहरियों में घुसेड़ना चाहती थी। उन्होंने कहा कि यदि रोमन अक्षर स्वीकार करते हैं तो उर्दू से पिण्ड छूटेगा नहीं तो उर्दू भी सबको अवश्य पढ़ना पड़ेगा। कचहरियों के बाहर हमारा सब काम-काज हिन्दी नागरी में ही होना चाहिए।

8 से 16 नवम्बर तक सारनाथ का वार्षिकोत्सव मनाया गया था। इस कार्यक्रम में वह वहाँ उपस्थित थे। 11 नवम्बर को बौद्धों की सभा आयोजित थी, जिसका सभापतित्व राहुल जी ने ही किया था। इसमें जापानी प्रोफेसर ब्यार्डों भी बोले थे। वक्ताओं में पं. जवाहरलाल नेहरू भी थे, उन्होंने बुद्ध के प्रति अपनी श्रद्धांजलि भेंट की थी। इस सम्मेलन में बाहर से भी अनेक विद्वान् आये हुए थे। सारनाथ से वह 19 नवम्बर को इलाहाबाद आ गये। 26 नवम्बर को वह म्यूनिसिपल म्यूजियम देखने गये जो पं. ब्रजमोहन व्यास के प्रयत्नों से स्थापित हुआ था। यहाँ 17 दिसम्बर तक रुककर मज्झिम निकाय के प्रूफ रीडिंग का काम देखते रहे। 18 दिसम्बर को मज्झिम निकाय की छपायी पूरी होने पर उन्होंने सन्तोष की साँस ली। 20 दिसम्बर को वह बड़ौदा के लिए रवाना हुए। यहाँ पर ओरियण्टल कान्फ्रेन्स का आयोजन होना था, जिसका सभापतित्व डॉ. काशीप्रसाद जायसवाल को करना था। इसमें हिन्दी विभाग के वह अध्यक्ष चुने गये थे।

यात्रा के मध्य पड़नेवाले स्थानों अजन्ता, एलोरा, एलीफेण्टा की गुफाओं का अवलोकन करते हुए वह 26 दिसम्बर को बड़ौदा पहुँच गये। बड़ौदा स्थित न्याय मन्दिर में प्राच्य सम्मेलन का शुभारम्भ हुआ जिसमें महाराज बड़ौदा के अतिरिक्त भारत के बड़े-बड़े इतिहासकार, पुरातत्त्ववेत्ता, मुद्राशास्त्री, पुरालिपिशास्त्री, भाषातत्त्वज्ञ उपस्थित थे। इसमें महाराजा बड़ौदा और सभापति पद से जायसवाल जी का बड़ा ही सुन्दर भाषण हुआ। इसके पश्चात् अलग-अलग विभागवार गोष्ठियाँ हुईं। 29 दिसम्बर को हिन्दी विभाग की गोष्ठी हुई जिसमें राहुल सांकृत्यायन ने भी अपने निबन्ध का पाठ किया, यद्यपि कार्यक्रम में अंग्रेजी के वर्चस्व पर क्षोभ भी हुआ। बड़ौदा से लौटते वक्त वह अहमदाबाद, आबू, अजमेर, चित्तौड़, उदयपुर, साँची और भिल्सा आदि स्थानों पर भी गये। अहमदाबाद में उन्होंने जैन मन्दिर, सैकड़ों स्तम्भोंवाली मस्जिदें, कपड़ा मिलें, रहस्यमय बावड़ी, साबरमती आश्रम, आबू में महासरोवर, दिलवाड़ा के जैन मन्दिर, अजमेर में ढाई दिन का झोंपड़ा, ख्वाजा साहब की दरगाह, उदयपुर का जय समुन्दर, चित्तौड़ के कीर्तिस्तम्भ, उज्जैन में महाकाल का मन्दिर और साँची के तोरण द्वारों को देखा।

इस प्रकार घूमते-घूमते वह जनवरी, 1934 के मध्य में प्रयाग आ गये थे। यहाँ उन्हें कुछ क्षण के लिए भूकम्प का आभास हुआ लेकिन दूसरे दिन अखबारों के माध्यम से बिहार में भूकम्प से हुई क्षति का विवरण पढ़कर वह बिहार के भूकम्प प्रभावित क्षेत्रों

मुजफ्फरपुर, सीतामढ़ी, मोतिहारी, गया, मुँगेर आदि स्थानों पर गये और वहाँ सेवाकार्य में जुट गये। इसके बाद वह मार्च, 1934 ई. में कुछ दिनों के लिए पटना आ गये।

## 4

20 मार्च, 1934 ई. को वह तिब्बत की दूसरी यात्रा के लिए रवाना हुए। बीच में अनेक कठिनाइयों को झेलते हुए तथा अनेक संस्मरणों को सँजोते हुए वह कलिम्पोङ, गन्तोक, फरिजोङ, ग्याची आदि स्थानों को पार कर 19 मई, 1934 ई. को ल्हासा पहुँचे। यहाँ वह 29 जुलाई तक रहकर संस्कृत ग्रन्थों की खोज, विनयपिटक का हिन्दी अनुवाद समाप्त करने, 'साम्यवाद ही क्यों?' ग्रन्थ को पूरा करने आदि योजनाओं में लगे रहे। यद्यपि इसके बाद भी वह उस क्षेत्र में 7 सितम्बर, 1934 ई. तक रहे। 4 सितम्बर की एक रोमांचक घटना का उल्लेख करते हुए उन्होंने लिखा है कि "4 सितम्बर को कोई मर गया था, उसकी लाश को लोग श्मशान ले जा रहे थे। मैं वहाँ नहीं जा सका, किन्तु पता लगा कि तबूची के पीछे एक पहाड़ी है, वहीं पर मुर्दों को ले जाया जाता है। ढोनेवाले शकोवा, एक खास जाति के लोग हैं। यहाँ ले जाकर वह मुर्दों को पत्थर पर औंधे मुँह नंगा लिटा देते हैं, फिर चार शकोवा भिड़ जाते हैं। उनके हाथ में गँड़ासी की तरह की तेज छुरी होती है। पहले पैर के तलवे की मांस की छोटी-छोटी बोटी को काटकर पत्थर के गड्ढे में रखते हैं, इसी तरह सारे शरीर के मांस को निकालकर जमा कर देते हैं। उधर धूप के धूएँ को देखकर सैकड़ों गृद्ध आसपास जमा हो जाते हैं। सारे मांस को काटकर गड्ढे में ढाँककर रख दिया जाता है, फिर पत्थर से हड्डियों को चूर-चूर करके सत्तू के साथ सान लिया जाता है – गिद्धों को हटाने के लिए एक आदमी लाठी लिये खड़ा रहता है। हड्डी मिले सत्तू की गोलियाँ पहले फेंकी जाती हैं, फिर मांस की बोटियाँ, डेढ़ घण्टे के भीतर ही सारा मुर्दा गिद्धों के पेट में चला जाता है, इस विधि को येकछेन (महायान) कहते हैं। शकोवा मुर्दा काटते-काटते भी चाय-सत्तू खाते-पीते रहते हैं, जाड़े के दिनों में बरफ बन जाने से पानी नहीं मिलता, तो वह अपने पेशाब से ही हाथ धो लेते हैं। शकोवा अपने इस काम के लिए बहुत घृणा की दृष्टि से देखे जाते हैं।"

8 सितम्बर को उन्होंने ल्हासावाला क्षेत्र छोड़ दिया और दुर्गम रास्तों से गुजरते हुए साम्या की ओर रवाना हुए। 10 अक्टूबर को वह साम्या पहुँचे। यहाँ सत्रह दिन तक वह रहे। इस बीच वहाँ के अनेक विहारों, मठों, मन्दिरों तथा उनमें उपलब्ध पोथियों, पुस्तकों आदि का अवलोकन किया। वहाँ उन्होंने चंगेज खाँ के पौत्र चीन सम्राट् कुबले खाँ के गुरु द्वारा 1234-80 ई. में बनवाये गये विहारों को भी देखा। 27 अक्टूबर को

वह नेपाल की दिशा में चले। कई दिनों की यात्रा के पश्चात् वह 17 नवम्बर को काठमाण्डू पहुँचे। वहाँ के सुनपक्षी विहार में सुरक्षित कई ताल पोथियों के बरसात के पानी में भींगकर खराब हो जाने की खबर से वह बड़े दुःखी हुए। वहाँ कुछ महत्त्वपूर्ण राणाशाही सदस्यों से भी उन्होंने भेंट की। जाड़े का मौसम आ चुका था। अतः वह जाड़ा बिताने का मन बनाये पुनः 5 दिसम्बर, 1934 ई. को भारत में पटना वापस आ गये। 2 अप्रैल, 1935 ई. तक का समय उन्होंने भारत में ही बिताया। अपने देश में उन्होंने नालन्दा, राजगीर, बनारस, इलाहाबाद, छपरा, सीवान, कुशीनगर, गोरखपुर, लुम्बिनी के स्थानों पर घूमने-फिरने, छपनेवाली पुस्तकों के प्रूफ देखने में बिताया। गोरखपुर में उन्होंने गीता प्रेस का भी अवलोकन किया। गीता प्रेस हिन्दू धर्मग्रन्थों के प्रकाशन की दृष्टि से एक महत्त्वपूर्ण स्थान है किन्तु राहुल सांकृत्यायन गीता प्रेस के हिन्दू पक्षवाले कार्य से सन्तुष्ट नहीं दिखे। उन्होंने लिखा है कि, "अगले दिन (1 मार्च) हम गोरखपुर गये। गेशे को हिन्दुस्तान की चीजें दिखलानी थीं। उन्हें हम गीता प्रेस में भी ले गये। छापाखाना तो वहाँ ला जरनल प्रेस जैसा देख आये थे। मैंने कहा, यह है चीन से भी सस्ती अफीम की दुकान। यहाँ मनुष्यता के कलंक, हिन्दुओं के पाखण्डों को मजबूत करने के लिए कागज स्याही के रूप में सस्ती-से-सस्ती अफीम बेची जाती है। तारीफ यह है कि पुराने जुग में राजाओं ने भी अफीम बेचने के लिए दूसरी जाति ब्राह्मण को ठेका दिया था लेकिन अब कलियुग में धन है बनियों के हाथ में, बनिये कपास खरीदने से देश-विदेश में उसे ढोने, सूत कातने, कपड़ा बुनने, फिर देश-विदेश पहुँचाने, बेचने, कागज के रूप में बदलने आदि सभी कामों और सभी नफों को अपने ही हाथों में जैसे रखते हैं, उसी तरह अब वह धर्म का भी सारा धन्धा अपने हाथ में रखना चाहते हैं। मैंने गेशे से कहा – तिब्बत के योगियों के नाम से अगर तुम भी बड़े-बड़े चमत्कारों को बतलाओ, तो उसे सच्चा बनाकर छापकर 30 करोड़ हिन्दुओं में पहुँचाने की जिम्मेदारी यह दुकान लेने को तैयार है।"

2 अप्रैल, 1935 ई. को वह जापान जाने के लिए कलकत्ता में गंगासागर जहाज में बैठे। 5 अप्रैल को रंगून पहुँचे। 10 अप्रैल को वहाँ की एक हिन्दी गोष्ठी में सम्मिलित हुए। 19 अप्रैल को सिंगापुर के दर्शनीय स्थानों को देखा। 21 अप्रैल को वहाँ से रवाना होकर हांगकांग, शंघाई होते हुए 3 मई को जापान की धरती पर पैर रखा। ओसाका, मोरो, याकोहामा आदि स्थानों से घूम-घामकर वह 10 मई को टोकियो में आ गये थे। टोकियो निवास के दिनों का उनका ज्यादा समय विद्वानों से मिलने, विद्या संस्थानों को देखने में लगा। वहाँ के रहन-सहन, शिष्टाचार की उन्होंने बड़ी प्रशंसा की है। जापानी लोगों के प्रकृति प्रेम को उन्होंने खुलकर सराहना की है। उन्होंने लिखा है कि, "जापानी लोगों को प्राकृतिक सौन्दर्य से बहुत प्रेम है, वह अपने बगीचों

को बहुत-कुछ प्राकृतिक वनों के नमूने पर बनाते हैं। देवदार के सौन्दर्य पर वह मुग्ध हैं और हिमालय के देवदार को तो सौन्दर्य शिखामणि मानते हैं। हिमालय से देवदार यहाँ लाये गये हैं, और उसके आठ-आठ, दस-दस हाथ के पौधे निकले दिखायी पड़ते हैं।''

जापान के भिन्न-भिन्न स्थानों के लोगों, उनके रीति-रिवाजों, वहाँ के बौद्ध विहारों आदि स्थानों को देखते हुए उन्होंने 8 अगस्त, 1935 ई. तक का समय बिताया। 9 अगस्त, 1935 ई. को वह कोरिया जाने के लिए तैयार हो गये थे। पानीवाले जहाज से वह 10 अगस्त को कोरिया के ही एक शहर फूसन पहुँचे और फिर 18 अगस्त तक भिन्न-भिन्न कोरियाई स्थानों के बौद्ध विहारों, पुस्तकालयों, संग्रहालयों, पर्वत श्रेणियों, सिंहासन भवन आदि को देखा। वहाँ के जापानी सिंहासन दरबार का विवरण प्रस्तुत करते हुए उन्होंने लिखा है कि, ''कोरिया के राजवंश का जापान ने उच्छेद नहीं किया। उसे राज के अधिकार से वंचित कर दिया और साथ ही जापानी सम्राट् के वंश में शादी-ब्याह कराके उसे कोरियन नहीं रहने दिया। जापानी सिंहासन दरबार किस तरह का है, उसे न मैंने देखा, न देखने की इच्छा ही थी। सूर्यदेव के पुत्र होने से जापान का सम्राट् मर्त्य नहीं देवता है। देवता के लिए आदमी जितनी बेवकूफियाँ करता है, सम्राट् भक्त सीधी-सादी जापानी प्रजा को वह सब करना पड़ता था। जापान के सम्राट् का महल काबा-काशी हैं। उधर पैर करके नहीं सोना चाहिए। सम्राट् की छाया के सामने भी साष्टांग दण्डवत् करनी चाहिए। उसका व्यक्तिगत नाम नहीं लेना चाहिए, इत्यादि, इत्यादि। जब बीसवीं सदी के मध्य में प्रजा को इस तरह नाटक करना पड़ता है तो कोरियन दरबार तो पुराने युग का अवशेष था। उसके राजा यदि दो अमात्यों के कन्धे के सहारे उतरें और अलग-अलग पाषाण फलकों के पास अपने दर्जे के अनुसार लोग घुटने टेककर बैठे रहें, तो इसके लिए आश्चर्य करने की जरूरत नहीं। वाइसराय के सभाभवन में खूब सजावट थी। सामने जापान सम्राट् का बड़ा चित्र टँगा था। यहीं कोरिया का राजसिंहासन पड़ा था। पुराने राजमहल भी श्रीहीन थे।''

19 अगस्त को उन्होंने कोरिया की सीमा पार करके मंचूरिया में प्रवेश किया। वहाँ भी बौद्ध विहारों को, राजप्रासादों को देखा, वहाँ के सरकारी विभागों की कार्यप्रणाली का अवलोकन किया। कुछ दिन मंचूरिया के विभिन्न स्थानों पर रुककर वह 29 अगस्त, 1935 ई. को मास्को के लिए रवाना हुए। सोवियत धरती से उन्हें प्रेम हो चुका था। इस यात्रा का कारण 1917 ई. में हुई वह जानकारी थी जिसके अधीन उन्हें पता था कि रूस में राजा और धनियों का भेद खत्म कर दिया गया है, अब वहाँ गरीबों का राज है। चार सितम्बर को वह मास्को पहुँच गये। क्रेमलिन में उन्होंने लेनिन की समाधि, लेनिन पुस्तकालय, विश्वविद्यालय आदि स्थानों को देखा। वहाँ से वह

9 सितम्बर को वाकू गये। वाकू में ज्वालामाई का पुराना मन्दिर है, जिसे हिन्दुओं का मन्दिर बताया जाता है। इस स्थान के बारे में उन्होंने लिखा है कि, ''हम बड़ी ज्वालादेवी के मन्दिर के द्वार पर पहुँचे – यहाँवाले इसे अग्निपूजकों का मन्दिर कहते हैं, किन्तु है यह हिन्दुओं की बड़ी ज्वालामाई। 16 वर्ष पहले मैंने इसी ज्वालामाई की बात सुनी तो विश्वास नहीं हुआ। उस वक्त गर्मियों में नेपाल जाने के लिए रक्सौल (चम्पारन जिला) पहुँचा था। रक्सौलवाली नदी के तट पर नेपाल राज्य में सड़क के ऊपर एक वैष्णव की कुटिया थी, मैं वहीं ठहरा हुआ था। वहाँ एक नौजवान वैरागी भी आया हुआ था। उससे मैंने पूछा – कहाँ से आये हो सन्त? उसने जवाब दिया था – ''मैं बड़ी ज्वालामाई से आया हूँ, बड़ी ज्वालामाई रूस मुल्क में हैं, बड़ी जागता माई हैं, उसके सामने जो नैवेद्य रखा जाता है, माई अपने आप ग्रहण करती हैं। वहाँ से महीनों घूमते-घामते हिमालय के कितने ही पहाड़ों को पारकर मैं यहाँ पहुँचा हूँ।'' मैं उसे झूठा समझता था, यद्यपि उसके मुँह पर मैंने ऐसा नहीं कहा। पीछे अंग्रेजी की किसी अनुसन्धान पत्रिका में वाक् के हिन्दू मन्दिर और उसकी ज्वालामाई का विवरण पढ़ा, तब विश्वास हुआ कि यह साधू सच बोल रहा था। आज मैं ज्वालामाई के द्वार पर पहुँचा था। पथप्रदर्शिका ने चौकीदार को बुलाया, फाटक खोला गया, एक चौकोर आँगन जिसकी चारों तरफ पक्की कोठरियाँ थीं। कितनी ही कोठरियों में पत्थर पर लेख खुदे हुए थे, जिनकी संख्या बारह-तेरह से कम न होगी। यह लेख ज्यादातर नागरी में थे, दो गुरुमुखी में भी थे। आँगन के बीच में एक कुण्ड था, जिसके ऊपर खम्भों पर पक्की छतरी थी, इस कुण्ड में आज से दस साल पहले तक आग जला करती थी, वही हिन्दुओं की बड़ी ज्वालामाई थी। आसपास तो सारे मिट्टी के तेल के कुएँ हैं ही, ऐसी जगह किसी संघर्ष से आग का जल उठना और फिर भीतर की गैस से उसका बराबर जलते रहना बिल्कुल स्वाभाविक बात है। शायद हिन्दुओं की ज्वालामाई उस वक्त प्रकट हुई थीं, जबकि मिट्टी के तेल का उपयोग अभी शुरू नहीं हुआ था।

मैंने जब वहाँ के शिलालेखों को धड़ाधड़ पढ़ना शुरू किया, तो पथ-प्रदर्शिका को मेरे अपार ज्ञान पर बड़ा आश्चर्य हुआ। उसने कहा – यहाँ बड़े-बड़े पण्डित आये, लेकिन कोई इन लेखों को नहीं पढ़ सका। मैंने कहा – इन लोगों को हमारे देश का कोई भी चौथे दर्जे में पढ़नेवाला लड़का धड़ल्ले के साथ पढ़ सकता है। उन लेखों में से एक नागरी लेख निम्न प्रकार है –

''।। 60।। ओं श्री गणेशाय नमः ।। श्लोक।। स्वस्तिश्री नरपति विक्रमादित्य राज साके।। श्री ज्वाला जी नियत दरवाजा बणायाः अतीकेचनगिर संन्यासी राम–दहा वासी कोटेश्वर महादेव का!! ... आसोज वदि 8।। संवत् 1866।।''

# 5

वाकू से निकलकर सोवियत भूमि के कुछ और स्थानों से घूमते-फिरते हुए वह 11 सितम्बर को ईरान की ओर अग्रसर हुए। ईरान में तेहरान, आस्काहान, शीराज होते हुए मशहद पहुँचे। मशहद के समीप दूस में उन्होंने शाहनामा के रचयिता महाकवि फिरदौस की समाधि को देखा। कुछ दिन तक ईरान की धरती का अनुभव प्राप्त कर 3 अक्टूबर, 1935 ई. को उन्होंने भारत की ओर मुँह किया। 12 अक्टूबर को वह लाहौर पहुँचे। लाहौर में अपने कुछ मित्रों से मिलकर तथा वहाँ कुछ व्याख्यान देकर वह 19 अक्टूबर को दिल्ली चले आये। दिल्ली से चलकर प्रयाग, पटना में कुछ दिन बिताते हुए वह बनारस आये जहाँ 14 नवम्बर को काशी हिन्दू विश्वविद्यालय में जापान पर उनका भाषण हुआ। इसके बाद कलकत्ता, इलाहाबाद, पटना, मुँगेर, छपरा आदि स्थानों पर रुकते, घूमते, कहीं बीमार पड़ते, कहीं कुछ पुस्तकों के प्रूफ देखते हुए उन्होंने 17 फरवरी, 1936 ई. तक का समय बिता लिया था। अब उनकी इच्छा पुनः तिब्बत जाने की हुई। इसके पूर्व वह दो बार तिब्बत हो चुके थे। शिवरात्रि का अवसर देखकर वह पहले नेपाल गये। 18 फरवरी से 14 अप्रैल तक का समय उन्होंने काठमाण्डू में बिताया। वहाँ कुछ पुराने परिचितों से भी उनकी भेंट हुई। पहली अप्रैल को डॉ. काशीप्रसाद जायसवाल भी अपने पुत्र के साथ नेपाल आ गये थे। राहुल जी ने 11 अप्रैल तक का समय उनके साथ नेपाल के म्यूजियम, मन्दिरों एवं अन्य दर्शनीय स्थलों को देखने तथा कुछ प्रमुख व्यक्तियों जैसे कमाण्डर इन चीफ सर पद्म शमशेर से मिलने में बिताया। 12 अप्रैल को जायसवाल जी के चले जाने के बाद 15 अप्रैल को स्वयं उन्होंने भी काठमाण्डू छोड़ दिया और तिब्बत की राह पकड़ी।

तिब्बत के भिन्न-भिन्न दुर्गम स्थानों में घूमते-फिरते, लामाओं से सम्पर्क करते, पुस्तकों पाण्डुलिपियों की खोजबीन करते, वहाँ के रीति-रिवाजों, संस्कारों से परिचित होते हुए, अपनी पुस्तकों की लेखन प्रक्रिया को चालू रखते हुए वह तिब्बत की धरती पर अक्टूबर के अन्त तक रहे। ठण्ड पड़ने के कारण अब उन्होंने भारत की ओर लौटने का मन बना लिया तथा सिक्किम होते हुए 15 नवम्बर को भारत के क्षेत्र सियालदह में आ गये। कलकत्ता में 19 नवम्बर तक रुककर वहाँ के विद्वानों महामहोपाध्याय विधुशेखर शास्त्री, महामहोपाध्याय फणिभूषण, डॉ. सुनीति कुमार चटर्जी, क्षीरोद कुमार राय आदि से विचार-विमर्श में समय का उपयोग किया। 20 नवम्बर को वह पटना पहुँचे और वहाँ पर 21 अप्रैल, 1937 ई. तक रुके रहे। बीच में कुछ दिनों के लिए प्रयाग, बनारस, बलिया, छपरा भी हो आये थे। 22 नवम्बर को बनारस में उन्हें टाउनहाल में सम्मानित किया गया था। 24 नवम्बर को प्रोफेसर पुणताम्बेकर के

सभापतित्व में हुई सभा में उन्होंने तिब्बत-यात्रा पर भाषण किया। 28-30 नवम्बर को सारनाथ में बौद्धों के वार्षिक सम्मेलन में उपस्थित हुए।

15 से 17 दिसम्बर तक बलिया के जिला साहित्य सम्मेलन के सभापति पद से भाषा और साहित्य पर तथा संस्कृत कॉलेज में तिब्बत से प्राप्त संस्कृत ग्रन्थों के महत्त्व पर संस्कृत में व्याख्यान दिया था। पटना निवास के समय फरवरी में डॉ. श्चेरवात्स्की (रूस) और डॉ. बोगीहारा जापान से भी उनके पत्राचार हुए। कुछ पुस्तकों के प्रूफ देखे गये। 22 मार्च को उनके टान्सिल का ऑपरेशन हुआ। 10 अप्रैल को डॉ. बीरबल साहनी का व्याख्यान सुनने के लिए जायसवाल जी के साथ साइन्स कॉलेज गये। डॉ. साहनी ने पुराकल्प के वनस्पतियों के बारे में जादू की लालटेन के साथ एक लेक्चर दिया था। 22 अप्रैल को वह प्रयाग गये। वहाँ पं. जवाहरलाल नेहरू के बुलाने पर उनसे मिलने आनन्द-भवन गये जहाँ मुख्य रूप से तिब्बत-यात्रा के सम्बन्ध में बातें हुईं। अब यहाँ से उनकी इच्छा पुनः सोवियत जाने की थी किन्तु वीजा मिलने में विलम्ब के कारण लाहुल की ओर मुँह किया। दिल्ली-लाहौर से होकर बर्फीले स्थानों कुल्लू मनाली को पार कर 11 से 25 जून तक रूसी कलाकार परिवार रोरिख के वह मेहमान थे। जायसवाल जी की बीमारी की खबर सुनकर वह पुनः पटना रवाना हुए और 29 जून को वहाँ पहुँच गये। 30 जुलाई तक वह पटना ही थे। 4 अगस्त तक का समय उन्होंने सारनाथ, प्रयाग, लखनऊ में बिताया। 5 अगस्त को पटना पहुँचने पर डॉ. काशीप्रसाद जायसवाल की मृत्यु की सूचना मिली और वह उनके शवदाह में सम्मिलित हुए। 3 सितम्बर तक का समय उन्होंने पटना में बिताया। पटना में रहते हुए उन्होंने गाँधीवाद और साम्यवाद, दिमागी गुलामी, जमींदारी प्रथा आदि कई लेख लिखे।

4 सितम्बर को वह प्रयाग पहुँचे। यहाँ 6 सितम्बर को विश्वविद्यालय के छात्रों के सामने पं. जवाहरलाल नेहरू की अध्यक्षता में आयोजित सभा में 'हमारी कमजोरियाँ' विषय पर भाषण दिया। पं. जवाहरलाल नेहरू ने इस समय उन्हें सौ रुपये की धनराशि प्रदान की जिसे न चाहते हुए भी उन्होंने स्वीकार किया। ईरान का वीजा मिलने पर उन्होंने 17 सितम्बर को दिल्ली से प्रस्थान किया और 19 सितम्बर को क्वेटा पहुँच गये। ईरान की उनकी दूसरी यात्रा थी। इस बार के ईरान में उन्हें पूर्वापेक्षा वेशभूषा में कुछ प्रगति की धुनक दिखायी पड़ी। तेहरान में उन्होंने 30 सितम्बर को प्रवेश किया और 8 नवम्बर तक वहाँ रहे। सोवियत का वीजा मिलने के बाद उन्होंने सोवियत की ओर रुख किया। यह उनकी सोवियत भूमि की भी दूसरी यात्रा थी। सोवियत भूमि के अन्य स्थलों पर घूमते-फिरते वह 15 नवम्बर को मास्को और फिर 17 नवम्बर को लेनिनग्राड पहुँचे। 18 नवम्बर को उन्होंने वहाँ के एक प्रमुख म्यूजियम हरमीताज को

देखा। वहाँ उन्हें पुरानी सभ्यता की तथा कला की अनेक दुर्लभ वस्तुएँ देखने को मिलीं। 19 नवम्बर को उन्होंने भारतीय भाषाओं के प्रकाण्ड पण्डित वारान्निकोव से भेंट की। 20 नवम्बर को रूस के प्रमुख संस्कृत विद्वान् श्चेरवात्स्की का उन्होंने दर्शन किया और उनसे चर्चा की।

28 नवम्बर को इन्स्टीट्यूट में उन्होंने विभाग की सेक्रेटरी लोला को देखा। वह नागरी अक्षरों को जानती थीं तथा श्चेरवात्स्की की योग्य शिष्या थीं। राहुल और लोला के बीच यह निर्णय हुआ कि लोला राहुल को रूसी पढ़ायेगी और राहुल लोला को संस्कृत सिखायेंगे। लोला से उनकी निकटता बढ़ती गयी और 22 दिसम्बर, 1937 ई. को दोनों एक-दूसरे के हो गये। कुछ दिन तक साथ रहकर उन्होंने 13 जनवरी, 1938 ई. को लेनिनग्राड छोड़ दिया और सोवियत संघ के भिन्न-भिन्न स्थानों से होते हुए वह 26 जनवरी को अफगानिस्तान पहुँचे। यहाँ वह लगभग दो सप्ताह तक यानी 8 फरवरी तक रहे।

राहुल जी को यह ज्ञात था कि पुरानी पोथियाँ, पाण्डुलिपियाँ, दुर्लभ ग्रन्थ आदि अनेक शोध विषयक कृतियाँ तिब्बत से ही मिल सकती हैं। अतः वह तिब्बत जाने की इच्छा बराबर मन में रखते थे। तिब्बत जाने का मन बनाये वह भारत आ गये। 11 फरवरी को सहारनपुर पहुँचे। वहाँ पं. कन्हैयालाल मिश्र 'प्रभाकर' से भेंट की। फिर प्रयाग, सारनाथ, पटना, नालंदा, राजगृह, लखनऊ आदि स्थानों से होते हुए बनारस आ गये जहाँ 23 मार्च को बाबू मैथिलीशरण गुप्त, राय कृष्णदास, पं. रामनारायण मिश्र, बाबू शिवप्रसाद गुप्त से बातचीत की। बनारस से वह मुजफ्फरपुर, सिलीगुड़ी होते हुए कलिम्पाँग पहुँच गये। अब वह चौथी तिब्बत-यात्रा के लिए आगे बढ़ रहे थे। 23 अप्रैल, 1938 ई. को वह गनतोक आ गये थे। वहाँ 25 अप्रैल को उन्हें तिब्बत-यात्रा का परमिट मिला। चूँकि फोटो का सामान कलकत्ता में था, अतः वह 27 से 29 अप्रैल तक के लिए कलकत्ता आ गये थे। यहाँ से सिलीगुड़ी होते हुए पुनः कलिम्पाँग आ गये। वहाँ से कुछ साथियों के साथ 4 मई को तिब्बत-यात्रा पर चले। इस बार वह काफी सामानों से सज्जित होकर निकले थे तथा खुशी की बात यह भी थी कि तिब्बत सरकार ने इस बार सभी पुराने पुस्तकालयों में लगी अपनी मुहरों को तोड़कर चीजों को दिखलाने की आज्ञा दे दी थी, साथ ही हर जगह तीन घोड़े और तीन गदहे सवारी के लिए देने का हुक्म दिया था। दुर्गम चढ़ाई, उतराई झेलते हुए, मृत्यु से साक्षात्कार करते हुए, शारीरिक रोग व्याधि को बर्दाश्त करते हुए वह 27 मई, 1938 ई. को तिब्बत के शलू स्थान को पहुँच गये। 28 मई को वहाँ पुस्तकालय खोला गया। यहाँ पर कई महत्त्वपूर्ण पोथियाँ मिलीं। तिब्बत के और अन्य स्थानों शिगर्चे, डगेट्, नरथङ, साक्या, मब्जा, तड्गरा, लाछेन आदि में अलभ्य सामग्रियों का फोटो लेते हुए तथा कठिन यात्रा

करते हुए वह पुनः 5 अक्टूबर, 1938 ई. को कलकत्ता वापस आ गये। इस यात्रा में उन्हें डाकुओं से भी आमना-सामना हुआ किन्तु अपने साहस और बुद्धि-कौशल से बचते हुए वह चलते रहे।

भारतवर्ष वापसी पर उनके मन में पुनः किसानों, मजदूरों की समस्याओं को सुलझाने, उनके लिए एक संगठन तैयार करने की भावना के साथ सक्रिय राजनीति और समाज से जुड़ने की इच्छा हुई। अब वह मार्क्सवाद और सोवियत नीतियों से पूरी तरह प्रभावित हो गये थे। 16 अक्टूबर को वह पटना आये। वहाँ उन्होंने तिब्बत से आयी चीजों की देखभाल की तथा आय-व्यय का हिसाब सोसाइटी को दिया। 23 अक्टूबर को छपरा पहुँचे जहाँ पर कुछ किसान परिवारों द्वारा की जा रही पंचायती खेतों को देखकर बड़ी प्रसन्नता व्यक्त की। 2 नवम्बर तक महाराजगंज, अतरसन, एकमा, बेरजा, माँझी आदि गाँवों में घूमकर राजनीतिक अवस्था का अध्ययन करते रहे। काशीप्रसाद जायसवाल की जीवनी लिखने का भी मन बनाया, उनके मूलस्थान मिर्जापुर जाकर कुछ सामग्री भी एकत्रित की किन्तु रेलयात्रा में खो जाने के कारण सोचा हुआ कार्य पूर्ण न हो सका। 25 नवम्बर को वह डालमिया नगर गये। डालमिया नगर के भंगियों की हालत देखकर वह काफी द्रवित हुए। बिहार प्रान्तीय किसान सम्मेलन ओइनी (दरभंगा) में भी उन्होंने भाग लिया और मैथिली क्षेत्र होने के बाद भी अपना भाषण मल्लिका में दिया। ओइनी से वह 5-6 दिसम्बर, 1938 ई. को जीरा देवी गये। यहाँ राजेन्द्र बाबू से भेंटकर देश-विदेश की राजनीति और खासकर किसानों की समस्याओं पर बातचीत की। 27 से 30 दिसम्बर तक राँची में आयोजित बिहार हिन्दी साहित्य सम्मेलन का सभापतित्व करते हुए उसमें जनभाषा, जनगीत और हिन्दी भाषा के स्वरूप पर जोर दिया था।

1 जनवरी, 1939 ई. को वह नागार्जुन के साथ पटना गये और वहाँ से फिर छपरा, जहाँ पर जिले भर के आये किसानों से उन्हें मिलने का मौका मिला। यहाँ से अमवारी गये। वहाँ किसानों पर हो रहे जमींदारों के जुल्मों का विरोध किया। अब कई ग्रामों में भी जाकर उन्होंने पीड़ित किसानों में चेतना पैदा करने की कोशिश की। 20 फरवरी को छपरा पहुँचने पर उन्हें ज्ञात हुआ कि अमवारी में उनके नाम से दफा 144 लागू है, और वहाँ उनका प्रवेश निषिद्ध है। 24 फरवरी को वह किसानों के सहयोग से सत्याग्रह करने के लिए अमवारी गये किन्तु जमींदार के गुण्डों ने उन्हें वहाँ हाथी से कुचलवा देने तथा लठैतों से पिटवा देने की योजना बना रखी थी। आखिर जमींदार के गुण्डों ने उनके सिर पर प्रहार कर दिया और सिर से खून बहने लगा। इस आरोप में कई गुण्डे गिरफ्तार तो किये गये किन्तु अधिकांश जमींदारों के प्रभाव से छोड़ भी दिये गये। 24 फरवरी की रात में ही राहुल को भी सीवान के जेल में बन्द कर दिया गया।

सीवान की जेल छोटी होने के कारण उन्हें छपरा जेल में स्थानान्तरित कर दिया गया। सीवान से छपरा उन्हें पैदल ही ले जाया गया। इस पैदल चलने से अधिकांश लोगों ने उन्हें चोटिल स्थिति में देखा था और इससे किसानों में काफी असन्तोष भी पैदा हो गया था। छपरा जेलमें ही प्राप्त श्चेरवात्स्की कि पत्र से उन्हें ज्ञात हुआ कि लोला को एक स्वस्थ सुन्दर पुत्र उत्पन्न हुआ है। 18 मार्च से 22 मार्च तक वह जेल में भूख हड़ताल पर थे। 22 मार्च को इन्स्पेक्टर जनरल द्वारा लिखित रूप से समस्त माँगों को मान लिये जाने की सूचना दिये जाने के आधार पर उन्होंने अपना भूख हड़ताल समाप्त कर दिया।

उनका मुकदमा सीवान के मजिस्ट्रेट की अदालत में था। उन पर दफा 143 (गैर कानूनी मजमे का मेम्बर होने) तथा दफा 379 (ऊख की चोरी) का आरोप लगाया गया था। मजिस्ट्रेट के यहाँ उपस्थित होने के लिए उन्हें हथकड़ी लगाकर ले जाया गया था। एक अप्रैल को जमींदार पक्ष और राहुल पक्ष के लोगों के बयान कचहरी में हुए। अगली तारीख 15 अप्रैल को पड़ी। 2 अप्रैल को छपरा जेल ले जाये जाते समय उन्हें पुनः हथकड़ी लगा दी गयी थी। 15 अप्रैल को जेल के भीतर ही मुकदमा देखा गया। ब्रिटिशपरस्त गवाहों द्वारा उनके खिलाफ गवाही देने के कारण छह-छह महीने की कड़ी सजा सुनायी गयी। बीस रुपया जुर्माना किया गया जिसे प्रदान न करने पर तीन माह की और सजा का आदेश था। यह उन्हें तीसरी बार जेल की सजा हुई थी। जेल में वह 1 मई से 10 मई, 1939 तक भूख हड़ताल पर थे। 10 मई की रात को वह जेल से छोड़े गये। जेल से बाहर रहकर कुछ समय उन्होंने अपने परिचितों के यहाँ बिताया और फिर धीरे-धीरे सामाजिक एवं राजनीतिक गतिविधियों में सक्रिय हो गये। 23 जून, 1939 ई. को गैर कानूनी मजमा बनाकर दूसरों की जमीन दखल करने के अपराध में दफा 117 के अन्तर्गत उन्हें पुनः गिरफ्तार किया गया और मि. ब्राइसन के अदालत द्वारा नौ महीने की कड़ी सजा, तीस रुपये जुर्माना या तीन महीने की सख्त कैद की सज़ा सुनायी गयी। छूटने पर साल भर के लिए हजार रुपये की दो जमानतें दी जाने पड़ेंगी। इस बार उन्हें हजारीबाग जेल में रहना पड़ा। यहाँ उन्होंने 24 जून से भूख हड़ताल प्रारम्भ कर दी जो सत्रह दिन चली। सत्रहवें दिन सरकार द्वारा उन्हें पुनः जेल से छोड़ दिये जाने का आदेश दिया गया। जेल से मुक्त होकर वह 14 जुलाई को पटना पहुँचे। यहाँ उन्हें ज्ञात हुआ कि भारतीय विद्या भवन, बम्बई उनकी पुस्तक वर्तिकालंकार को छपवाना चाहता है, अतः बातचीत करने के लिए 21 जुलाई को बाम्बे पहुँच गये। बहुत सफलता न मिलने पर वह पुनः 2 अगस्त को बनारस आ गये और राय कृष्णदास से भेंट कर 3 अगस्त को छपरा पहुँचे। 9 अगस्त, 1939 ई. को उन्होंने पटना में आयोजित प्रान्तीय किसान

काउन्सिल की बैठक में भाग लिया। इसके बाद भिन्न-भिन्न स्थानों पर जाकर वह किसानों के हित के लिए संघर्ष करते रहे।

## 6

अक्टूबर के दूसरे सप्ताह में वर्धा में कांग्रेस कमेटी और कार्यकारिणी की बैठक थी। वहाँ अनेक कम्युनिस्ट कार्यकर्त्ता भी गये हुए थे, अतः वह उनसे मिलने वर्धा गये। उनसे मिलकर उन्होंने यह अनुभव किया कि क्रान्ति के संचालन के लिए जबर्दस्त सुसंगठित सेना होनी चाहिए। वर्धा से लौटकर 16 अक्टूबर को बनारस में हो रहे हिन्दी साहित्य सम्मेलन के अधिवेशन में उन्होंने भाग लिया। 19 अक्टूबर को मुँगेर में बिहार कम्युनिस्ट पार्टी की स्थापना हुई। इस अवसर पर भी वह वहाँ उपस्थित थे किन्तु कम्युनिस्टों की धर-पकड़ के भय से वह कुछ दिनों तक अज्ञातवास पर चले गये। इस अवधि का उपयोग उन्होंने अपने पूर्वजों के गाँव मलाँव में जाकर और वहाँ के लोगों से सम्पर्क कर किया। 14 जनवरी, 1940 ई. को पटना में आयोजित कांग्रेस सोशलिस्ट पार्टी की बैठक में वह सभापति बनाये गये। दूसरी बैठक जो 21 जनवरी को हुई थी, उसमें भी वह शामिल हुए। 25 जनवरी को बाकरपुर (मुजफ्फरपुर) में सुलोचना पुस्तकालय का उद्घाटन उनके हाथों हुआ। इसके बाद कई स्थानों पर भिन्न-भिन्न तिथियों को किसानों, छात्रों, मजदूरों की सभा में उन्होंने भाषण किया तथा मजदूरों से सम्बन्धित कुछ विवादों का समाधान भी किया। राजगीर की यात्रा की तथा सहसराम जाकर शेरशाह के समाधि-स्थल को देखा। 15 फरवरी, 1940 को वह बिहार प्रान्तीय कांग्रेस कमेटी के सदस्य चुने गये तथा 24, 25 फरवरी को मोतीहारी में आयोजित प्रान्तीय किसान सम्मेलन के सभापति के पद से भाषण दिया। बिहार के कुछ अन्य भागों में भी राजनीतिक, सामाजिक कार्यों में संलग्न रहते हुए वह प्रयाग आ गये तथा वहाँ पर 15 मार्च को भारत रक्षा अधिनियम के अन्तर्गत उन्हें गिरफ्तार कर लिया गया।

22 जुलाई, 1942 तक कुल उन्तीस महीने वह जेल में रहे जिसमें से 24 दिसम्बर, 1940 तक हजारीबाग जेल में, 27 दिसम्बर, 1941 तक देवली कैम्प में, तत्पश्चात् बाकी दिन पुनः हजारीबाग जेल में रहे। जेल में ही उन्हें 5 अप्रैल, 1940 ई. को उनकी रूसी पत्नी लोला का पत्र प्राप्त हुआ जिसमें उन्होंने पुत्र ईगोर के अच्छे स्वास्थ्य एवं उसकी चंचलता के साथ ही आचार्य श्चेरवात्स्की की उस इच्छा का भी उल्लेख किया था जिसके अन्तर्गत तिब्बती भाषा का एक व्याकरण और तिब्बती-रूसी कोश को पूरा करने के लिए उन्हें लेनिनग्राड बुलाना चाहते थे। देवली कैम्प में उनके कई कम्युनिस्ट

एवं राजनीतिक सहयोगी भी काराबद्ध थे। यहाँ साथियों द्वारा उन्हें प्रायः दर्शन पर लेक्चर देने के लिए अनुरोध किया जाता था। वह लेक्चर देते थे। दर्शनशास्त्र के अध्ययन और इस व्याकरण ज्ञान से उन्हें 'दर्शन दिग्दर्शन' लिखने की प्रेरणा प्राप्त हुई। देवली कैम्प जेल में बड़ी दुर्व्यवस्था थी। बन्दियों के साथ दुर्व्यवहार, चिकित्सा में उदासीनता आदि की घटनाएँ आम बात थीं। फिर भी परस्पर हास-परिहास का क्रम चला करता था। वहाँ पर ही उन्हें ज्ञात हुआ कि जर्मन सेना ने सोवियत पर भी आक्रमण कर दिया है।

इस जेल जीवन के दौरान उन्होंने कई पुस्तकों की रचना की। 30 जुलाई, 1941 को उन्होंने जिस पुस्तक को लिखना शुरू किया, उसका नाम 'वैज्ञानिक भौतिकवाद' रखा। इसके बाद 29 दिन में अर्थात् 27 अगस्त को 'विश्व की रूपरेखा' पुस्तक पूरी हुई। 8 सितम्बर को प्रारम्भ पुस्तक 'मानव समाज' 24 अक्टूबर, 1941 को समाप्त हुई। 16 अक्टूबर को 'दर्शन दिग्दर्शन' लिखने के लिए हाथ लगाया, जिसका 10 दिसम्बर, 1941 तक काफी भाग लिखा जा चुका था। उनके अन्य विषयों पर लेखन ने गति पकड़ ली थी किन्तु जेल प्रशासन द्वारा राजनीतिक बन्दियों के उत्पीड़न का क्रम कम नहीं हो रहा था। अतः निर्णय लिया गया कि 23 अक्टूबर से भूख हड़ताल किया जाय। 10 अक्टूबर को सरकार के पास अल्टीमेटम भेज दिया गया। 23 अक्टूबर से प्रारम्भ यह भूख हड़ताल 7 नवम्बर तक चली। 26 दिसम्बर, 1940 से 27 दिसम्बर, 1941 तक देवली कैम्प जेल में रखकर उन्हें पुनः हजारीबाग जेल में स्थानान्तरित कर दिया गया। जेल में 17 जनवरी, 1942 को उन्होंने 'दर्शन दिग्दर्शन' के शेष भाग को लिखना शुरू किया और 11 मार्च को पुस्तक समाप्त कर दिया। इसके बाद ''वैज्ञानिक भौतिकवाद' के शेष भाग को भी उन्होंने पुनः 12 मार्च को लिखना प्रारम्भ किया और 24 तारीख को खत्म कर दिया। 7 मई को प्रारम्भ 'सिंह सेनापति' उपन्यास भी 26 मई को पूरा कर लिया गया। 'वोल्गा से गंगा' की रचना 1 जून से 21 जून के बीच की गयी। 19 जून को उन्होंने पाकिस्तान और जातियों की समस्या पर एक लेख लिखा था जिसमें भारत को बहुजातिक राष्ट्र मानकर समस्याओं को देखने के लिए जोर दिया गया था। 26 जून से छपरा की भाषा मल्लिका में उनके द्वारा नाटक लिखने का क्रम जारी हुआ और जेल में ही कुल आठ नाटकों जिनमें चार जपनिया, राछछ, देसरच्छक, जरमनवा के हार निहचय, ई हमार लड़ाई फासिस्ट विरोधी भावों को फैलाने के लिए लिखे गये थे, ढुनमुन नेता में भिन्न-भिन्न राजनीतिक विचारधाराओं का विश्लेषण किया गया था, नइकी दुनिया और जोंक में साम्यवादी विचारों और साम्यवाद की आवश्यकता को एवं मेहरारून के दुरदसा में स्त्रियों की हीनावस्था को दिखलाया गया था, की रचना की गयी थी। जेल जीवन के दौरान

बीच-बीच में अखबारों एवं अन्य माध्यमों से वह देश और विश्व की राजनीतिक एवं अन्य गतिविधियों से भी परिचित होते रहे। 23 जुलाई, 1942 ई. को उन्हें जेल से मुक्त कर दिया गया।

जेल से छूटकर वह पटना, सोनपुर, छपरा आदि स्थानों पर गये। कहीं सम्मान हुआ, कहीं भाषण हुए। सदाकत आश्रम में राजेन्द्र बाबू का भाषण सुना। 1 अगस्त, 1942 को वह कलकत्ता पहुँचे। वहाँ भारतीय कम्युनिस्ट पार्टी को वैधानिक मान्यता मिलने के उपलक्ष्य में टाउनहाल में एक वृहद सभा का आयोजन किया गया था जिसका सभापतित्व राहुल जी ने ही किया था। उसमें बीस हजार से भी अधिक लोग उपस्थित थे। 4 अगस्त को वह पुनः कलकत्ता से पटना वापस आ गये। 5 अगस्त को गया जिले के एक गाँव में किसानों पर हुए जमींदारों के जुल्म के विरोध में आयोजित सभा में उन्होंने भाषण दिया। पटना जाकर 7 अगस्त को मजिस्ट्रेट के समक्ष उपस्थित होकर हुंकार के सम्पादन का भार ग्रहण किया। 9 अगस्त को नौगछिया में हुई जिला छात्रसभा का उन्होंने सभापतित्व किया। उस सभा में इन्द्रद्वीप जो अपनी प्रतिभा के बल पर राजेन्द्र कॉलेज में अर्थशास्त्र के प्रोफेसर, नियुक्त किये गये थे, के भाषण से वह बहुत प्रभावित हुए। नौगछिया से रवाना होते समय उन्हें पता लगा कि कांग्रेस कार्यकारिणी को गिरफ्तार कर लिया गया है। गाँधी, नेहरू, आजाद को जेल में ठूँस दिया गया है।

इस सरकारी दमन के विरोध में छपरा-पटना एवं कई अन्य स्थानों पर जनता ने विद्रोह कर दिया था। किसी तरह कुछ दिन बाद अंग्रेजी सरकार ने इस पर नियन्त्रण किया। 22 सितम्बर को छपरा से प्रयाग जाते समय उन्होंने कई स्टेशनों को जली हुई हालत में देखा। 27 सितम्बर को प्रयाग में 'मातृभाषाएँ ही शिक्षा का माध्यम होनी चाहिए' विषय पर आयोजित हिन्दी गोष्ठी में उन्होंने भाषण दिया। उन्होंने व्यक्त किया था कि, "हमारे प्रजातन्त्रों के संघर्ष के लिए भी एक सम्मिलित भाषा की जरूरत है, वह हिन्दी होगी। लेकिन साथ ही हमें अपनी जनता को शीघ्र साक्षर और शिक्षित बनाना है, यह काम मातृभाषाएँ ही कर सकती हैं।" 13 अक्टूबर से 22 अक्टूबर तक वह कलकत्ता में रहे। 24 अक्टूबर से एक नवम्बर तक वह मुँगेर के निकटवर्ती अनेक ग्रामों में घूमे, कई स्थानों पर उनके व्याख्यान हुए तथा मार्ग में पड़नेवाले अनेक ऐतिहासिक, पुरातात्विक स्थलों, वस्तुओं, बिखरी मूर्तियों का उन्होंने अवलोकन किया। 12 नवम्बर को वह प्रयाग आ गये थे। उस दिन उनके निवास-स्थान पर निराला जी मिलने आ गये तथा उन्होंने उन्हें बांदल, पत्थर कूटती तथा कुकुरमुत्ता की कविताएँ सुनायीं।

13, 14 नवम्बर को दिल्ली में गुजारकर वह 15 नवम्बर को आगरा आ गये और वहाँ अपने पुराने परिचितों से मिले तथा किला, उसके भीतर के ऐतिहासिक स्थान और

ताजमहल भी देखा। 18 नवम्बर से 2 मार्च, 1943 तक वह बम्बई में रहे। यहाँ की जलवायु उन्हें अपने अनुकूल नहीं लगी। बम्बई प्रवास में ही उन्हें पता चला कि सोवियत सेना आगे बढ़ रही थी, जर्मन पीछे हट रहे थे। वहीं पर पत्रों के माध्यम से उन्हें यह दुःखद सूचना भी मिली की डॉ. श्चेरवात्स्की का देहान्त हो गया है। वर्धा प्रवास में उन्होंने लेनिन की पुस्तक 'गाँव के गरीबों से' का अनुवाद करने के साथ ही कई अन्य पुस्तकों का भी अनुवाद किया। 3 मार्च को उन्होंने बम्बई छोड़ दिया और 4 मार्च को पुनः आगरा पहुँच गये। एक सप्ताह आगरा में रहकर फिरोजाबाद आ गये। यहाँ से दस मील की दूरी पर स्थित ग्राम बछगाँव में आयोजित किसान सम्मेलन में शामिल होने के लिए वह 13 मार्च को बैलगाड़ी से रवाना हुए। सम्मेलन के रास्ते में पुलिसवालों द्वारा बहुत-सी बाधाएँ डाली गयीं लेकिन कार्यकर्त्ताओं ने बाधाओं की परवाह नहीं की। यहाँ से प्रयाग, बनारस होते हुए वह छपरा पहुँचे। छपरा में उनके परिचित गोरखनाथ त्रिवेदी के यहाँ पुस्तकों एवं कपड़ों से भरे हुए उनके कई बक्से रखे हुए थे। उन्हें यह पता चला कि त्रिवेदी जी के यहाँ चोरी हो गयी है। चोरों ने उन बक्सों को भारी समझकर, यह मान लिया था, कि उनमें भारी रकम होगी लेकिन जब खेत में ले जाकर उन बक्सों को खोला तो उनमें किताबें एवं कपड़े मिले। अतः उन्हें अपने किसी काम का न समझ वह उन्हें छोड़ गये थे। यह देखकर उन्हें काफी खुशी हुई। 12 अप्रैल तक का समय उन्होंने छपरा, पटना एवं इर्द-गिर्द के स्थानों पर घूमने, स्थानीय समस्याओं से परिचित होने तथा भविष्य के लिए कुछ अच्छी सम्भावनाओं को समझने में बिताया। कहीं-कहीं भाषण भी दिया।

राहुल जी ने उम्र के पचास वर्ष पूरे होने के पहले अपनी जन्मभूमि आजमगढ़ की धरती पर पैर न रखने की प्रतिज्ञा की थी। उनकी उम्र के पचास वर्ष 9 अप्रैल, 1943 ई. को पूर्ण हो रहे थे। अतः अब वह अपनी जन्मभूमि पर जाने के लिए स्वतन्त्र थे। जन्मभूमि का दर्शन करने के लिए नागार्जुन के साथ वह 12 अप्रैल को छपरा से आजमगढ़ के लिए रवाना हुए और आजमगढ़ आकर लगभग एक हफ्ते तक का समय अपने घर-परिवार, सगे सम्बन्धियों, इष्ट-मित्रों से मिलने, पूर्व परिचित गाँव-गिराँव में घूमने, बचपन की स्मृतियों को ताजा करने एवं आजमगढ़ के ऐतिहासिक, पुरातात्त्विक तथा अन्य महत्त्वपूर्ण स्थानों के अवलोकन में बिताया। 19 अप्रैल, 1943 ई. को उन्होंने आजमगढ़ छोड़ दिया।

इसके बाद प्रयाग में छह दिन तक रुककर हरिद्वार, ऋषिकेश, टिहरी, उत्तरकाशी, गंगोत्री की प्राकृतिक छटाओं, वहाँ व्याप्त रिवाजों, धार्मिक अन्धविश्वासों, लोककथाओं, से रूबरू होते हुए वह तिब्बत में प्रवेश कर गये थे। पुनः मसूरी होते हुए 28 जून को देहरादून पहुँचे। वहाँ उन्होंने आर्यसमाज के हिन्दीप्रेमियों के निमन्त्रण पर हिन्दी के

सम्बन्ध में भाषण भी दिया। पहली जुलाई को गुरुकुल काँगड़ी आये। फिर भगवान बल्लभ रामकिंकर पाण्डेय, जो एक साहित्यिक व्यक्ति थे, के अनुरोध पर उनके घर कनखल आ गये। यहाँ उन्हें पढ़ने-लिखने का एक अच्छा मौका मिला। यहाँ उन्होंने प्रोफेसर नन्ददुलारे बाजपेयी की पुस्तक 'हिन्दी साहित्य : बीसवीं शताब्दी' पढ़कर अपनी डायरी में यह टिप्पणी अंकित की कि वाजपेयी द्वारा रत्नाकर तथा मैथिलीशरण गुप्त के बारे में जो विश्लेषण किया गया है, वह तो ठीक जँचता है। लेकिन प्रेमचन्द की आलोचना करते वक्त वह काफी नीचे उतर आये हैं, और वह आलोचक नहीं व्यक्ति विवादी बन गये हैं। प्रेमचन्द के दोषों को खूब बढ़ा-चढ़ाकर दिखाना और गुणों के लिए एक शब्द भी न आने देना – इसी धारणा के साथ आलोचना लिखी गयी है। यहाँ रहते हुए उन्होंने संन्यासी अखाड़ों का भी अध्ययन किया और उन पर एक लेख 'संन्यासी अखाड़े' की रचना की।

12 जुलाई, 1943 ई. को उन्हें एक पत्र के माध्यम से ज्ञात हुआ कि लेनिनग्राड से लोला का भेजा टेलीग्राम आया है जिसमें लिखा है कि, "लेनिनग्राड आओ या हमारे भारत आने का इन्तजाम करो। बहुत चुम्बन।" इसके बाद वह जाने के लिए पासपोर्ट बनवाने के प्रयास में लग गये। कनखल छोड़कर अब वह 21 जुलाई को प्रयाग आ गये। यहाँ उन्हें यह जानकर प्रसन्नता हुई कि उदयनारायण तिवारी ने अपनी डॉक्टरेट की थीसिस, जो भोजपुरी भाषा के अनुसन्धान पर केन्द्रित थी, आठ नौ वर्षों की कोशिश से पूर्ण कर ली है। उन्हें प्रमाणवार्तिक स्ववृत्ति टीका के प्रकाशन के मामले में भी सफलता मिल गयी थी क्योंकि इसके प्रकाशन का जिम्मा किताब महल ने ले लिया था। पासपोर्ट बनवाना राहुल जी की प्रथम वरीयता थी, अतः वह इसी उद्देश्य से 5 अगस्त को बम्बई गये तथा फार्म भरने की औपचारिकताएँ पूर्ण कर 7 सितम्बर को इलाहाबाद के लिए रवाना हो गये। इलाहाबाद रहते समय उन्होंने कुछ प्रूफ देखने के साथ ही 'नये भारत के नये नेता' के लिए कुछ जीवनियाँ भी लिख ली थीं। 26 सितम्बर को कानपुर में उनके सभापतित्व में एक कवि-सम्मेलन हुआ। यहीं पर सेवा सिंह उर्फ यूसुफ, जो एक मजदूर नेता थे, की जीवनी के लिए सामग्री संकलित किया। 27 सितम्बर को प्रयाग आकर उन्होंने विश्वविद्यालय के हिन्दी परिषद् में प्रगतिशीलता पर व्याख्यान दिया।

## 7

4 अक्टूबर को वह प्रयाग से अल्मोड़ा के लिए रवाना हुए। अल्मोड़ा में पं. सुमित्रा नन्दन पन्त और उदयशंकर से भेंट हुई। प्रमुख साम्यवादी नेता पूरनचन्द जोशी के

परिवार में जाकर उनके जन्मस्थान का अवलोकन किया। 14 से 17 अक्टूबर के बीच पंजाब के गाँवों में घूमें और बाबा सोहन सिंह भकना और बाबा बसाख सिंह की जीवनियों के नोट लिये। कश्मीर जाकर 23 अक्टूबर को उन्होंने शेख अब्दुल्ला से भेंट की और उनकी जीवनी के लिए जानकारी प्राप्त की। 'नये भारत के नये नेता' को पूरा करने के उद्देश्य से वह 31 अक्टूबर को इलाहाबाद गये तथा वहाँ पुस्तक को पूरा कर छपने के लिए दे दिया। वहाँ से छपरा, पटना होते हुए 25 दिसम्बर को उनका आगमन बनारस में हुआ। 30, 31 दिसम्बर, 1943 और 1 जुलाई, 1944 को होनेवाले प्राच्य परिषद् के लिए आये विद्वानों डॉ. सुनीति कुमार चटर्जी, डॉ. सुकुमार सेन एवं अन्य अनेक विद्वानों से उनकी भेंट हुई। यहाँ पर ही उन्हें डॉ. राधाकृष्णन का भाषण सुनने को मिला तथा डॉ. अल्टेकर के उस लेख को पढ़ा जिसमें उन्होंने यह प्रतिपादित किया है कि कुषाणों के हाथ से मध्यदेश को मुक्त कराने का श्रेय गुप्तों को नहीं यौधेयों को है।

3 जनवरी, 1944 को पुनः प्रयाग पहुँचने पर उन्हें ज्ञात हुआ कि सरकार ने पासपोर्ट जारी कर दिया है। सात तारीख को वह बाम्बे पहुँचे जहाँ उन्हें यह पता चला कि सरकार ने अफगानिस्तान के रास्ते नहीं, सिर्फ ईरान के रास्ते दिया है, साथ ही यह भी शर्त लगा दी है कि जब तक ईरान और सोवियत के वीजा नहीं मिल जाते तब तक पासपोर्ट का इस्तेमाल नहीं किया जा सकता। समस्या यह थी कि सोवियत का काउन्सिल भारत में नहीं था लेकिन ईरान का काउन्सिल बम्बई में अवश्य था। ईरान के काउन्सिल को यह लिख दिया गया था कि बिना सोवियत का वीजा देखे ईरान का वीजा न दिया जाय। यद्यपि इस प्रकार का पासपोर्ट उनके लिए बेमतलब था फिर भी उन्होंने प्रयास में कोई कमी नहीं छोड़ी। काफी लिखा-पढ़ी के बाद उन्हें वीजा मिला जरूर लेकिन बहुत समय के बाद 29 सितम्बर, 1944 को। इस बीच के माह जनवरी का उपयोग उन्होंने ग्वालियर, दिल्ली, इन्दौर, उज्जैन में घूमने, पुरातात्त्विक स्थानों संग्रहालयों को देखने, साहित्यकारों से मिलने, साहित्यिक कार्यक्रमों में भाग लेने में किया। 1 फरवरी को वह पुनः बाम्बे आ गये। अगले दिन उन्होंने लोला को तार से सूचना भेजी कि पासपोर्ट मिल गया है, लेकिन सोवियत वीजा जरूरी है, जो अभी नहीं मिला है। अतः सोवियत सरकार से कहकर तेहरान और काबुल के काउन्सिल को वीजा देने की हिदायत करवाओं। न हो तो ईगर को साथ लेकर चली आओ।

14, 15 मार्च को बैजवाड़ा में होनेवाले अखिल भारतीय किसान सम्मेलन में भाग लेने के लिए वह सरदार पृथ्वी सिंह, डॉक्टर अधिकारी और दूसरे साथियों के साथ 7 मार्च की रात को रेलमार्ग से बैजवाड़ा पहुँच गये। इस रेलयात्रा में ही उन्होंने सरदार पृथ्वी सिंह की टाइप की हुई जीवनी को पढ़कर उनके ऊपर हिन्दी में एक पुस्तक

लिखने का निर्णय लिया। किसान सम्मेलन के बाद वह पुराने आन्ध्र के स्थानों धान्यकटक, नागार्जुन कोंडा गये जहाँ उन्होंने अनेक प्राचीन बौद्ध एवं अन्य प्राचीन ऐतिहासिक अवशेषों को देखा तथा लम्बाड़ियों की जीवन-शैली का अध्ययन किया। नये आन्ध्र के दावलूर, काटूर आदि स्थानों के ग्राम्य परिवेश की भी उन्होंने पूरी तरह जानकारी ली। केरल और मालाबार के गाँवों में जाकर वहाँ के निवासियों के रहन-सहन को समझा तथा नम्बूदरी ब्राह्मणों एवं अन्य कई जातियों की प्रथाओं का निकट से परिचय प्राप्त किया। 3, 4 अप्रैल को वह कर्नाटक के मंगलौर में थे। वहाँ वार्त्ता दैनिक पत्रिका के कार्यालय में कन्नड़ साहित्यिकों से वार्त्तालाप की।

6 अप्रैल को राहुल जी पुनः बम्बई आ गये। यहाँ उन्होंने ताराशंकर बंद्योपाध्याय की पुस्तकों 'पंचग्राम' और 'मन्वन्तर' पढ़कर उन पर अपना विचार व्यक्त किया। उस समय उनके दिमाग में 'हिन्दी काव्यधारा', 'सरदार पृथ्वी सिंह,' 'भागो नहीं दुनिया को बदलो' तथा 'जय यौधेय' लिखने के विचार कौंध रहे थे। तभी 14 अप्रैल को बारूद में आग लग जाने से जहाज के उड़ जाने, मकान ढहने, बहुत-से आदमियों के मारे जाने और घायल होने की खबर मिली। बम्बई प्रवास में उन्होंने 19 व 20 अप्रैल को शुक्रिया तथा जमीन नामक फिल्मों को भी देखा। उन्होंने पार्टी साथियों की संख्या बढ़ जाने के कारण बम्बई शहर से कुछ दूर अँधेरी में एक बँगला किराये पर ले लिया था, जिसमें रहने के लिए 22 अप्रैल को वह साथियों के साथ आ गये। वहाँ पर ही 24 अप्रैल से 'सरदार पृथ्वी सिंह' लिखना शुरू किया। 10 मई को वह कन्हेरी की गुफाओं को देखने गये तथा उनकी निर्माण-शैली से बहुत प्रभावित हुए। 15 मई को 'सरदार पृथ्वी सिंह' किताब पूरी हो गयी तथा 18 मई को वह 'हिन्दी काव्यधारा' के लिए सिद्ध सामन्त-युग सै सम्बन्धित सामग्री जुटाने लगे एवं उसी प्रवास में पाण्डुलिपि तैयार कर ली।

12 जुलाई को प्रयाग पहुँचकर 26 जुलाई से 'जय यौधेय' को लिखने में उन्होंने हाथ लगा दिया। 16 अगस्त को यह पुस्तक पूरी होने पर उन्होंने 17 अगस्त को 'भागो नहीं दुनिया को बदलो' – पुस्तक शुरू कर दिया। बारह दिन में अर्थात् 28 अगस्त को इसकी भी पाण्डुलिपि तैयार हो गयी। अनवरत लेखन कर्म करते हुए उन्होंने मेरी जीवन-यात्रा का 28 सितम्बर, 1944 ई. तक का दूसरा भाग भी समाप्त कर दिया। 29 सितम्बर को उन्हें वीजा मिल गया और वह ईरान के रास्ते सोवियत जाने की तैयारी में लग गये। 27 अक्टूबर को वह बम्बई से भूल से अहमदाबाद जानेवाली ट्रेन में बैठे और 28 अक्टूबर को अहमदाबाद आ गये। हैदराबाद होते हुए वह 1 नवम्बर, 1944 को ईरानी स्टेशन मीरजावा पहुँच गये। आगे बढ़ते हुए 7 नवम्बर को ईरान की राजधानी तेहरान में पहुँचकर उन्हें सोवियत वीसा के लिए 2 जून, 1945 ई. तक

प्रतीक्षा करनी पड़ी। राहुल जी इसके पूर्व भी वर्ष 1935 और 1937 ई. में दो बार तेहरान जा चुके थे। अपने गन्तव्य लेनिनग्राड जाने के लिए वह 3 जून को फौजी विमान से उड़कर मास्को पहुँचे। यह उनकी पहली विमान-यात्रा थी। यहाँ से ट्रेन द्वारा 5 जून को लेनिनग्राड आ गये तथा पत्नी लोला एवं बेटे ईगोर से भेंट की। 27 जून को प्रमुख भारतीय वैज्ञानिक डॉ. मेघनाद साहा जो सोवियत साइन्स अकादमी की 220वीं जयन्ती पर, सोवियत सरकार के निमन्त्रण पर रूस गये थे, से भेंटकर भारत के बारे में जानकारी ली तथा उनके द्वारा उक्त कार्यक्रम के लिए अंग्रेजी में लिखे सन्देश को देवनागरी लिपि की हिन्दी में रूपान्तरित करके उन्हें उपलब्ध कराया।

राहुल जी लेनिनग्राड यूनिवर्सिटी के प्राच्य विभाग के प्रधान इण्डो-तिब्बती सेक्शन में संस्कृत के अध्यापक नियुक्त हो गये थे। वहाँ उन्हें हफ्ते में बारह घण्टे पढ़ाना पड़ता था। पहले साल तो उन्होंने संस्कृत और हिन्दी पढ़ाया किन्तु दूसरे साल से वह तिब्बती भी पढ़ाने लगे थे। सिनेमा, नाटकों, पुस्तकालयों, घूमने योग्य स्थानों के अवलोकन, अध्यापन के दायित्वों के निर्वहन तथा लोला एवं पुत्र ईगोर के सान्निध्य में उन्होंने पचीस मास का समय रूस में बिताया। 5 जुलाई, 1947 ई. को अपनों से मिलते हुए उन्होंने सोवियत भूमि से स्वदेश वापसी के लिए बिदा ली। पानीवाले श्वेतद्वीप जहाज पर बैठकर वह हेलसिंकी, स्टाकहोम होते हुए 14 जुलाई को लन्दन पहुँचे। यहाँ कुछ दिन बिताकर वह एक अगस्त को बम्बई के लिए रवाना हुए। जिस स्टेचमोर जहाज से वह यात्रा कर रहे थे, उसके यात्रियों को यह जानकर बड़ी प्रसन्नता हो रही थी कि भारतवर्ष 15 अगस्त, 1947 को स्वतन्त्र हो जायेगा। अतः जहाज में ही एक उत्सव जैसा माहौल बन गया था। 7 अगस्त को उन्हें बम्बई में भारतभूमि का दर्शन हुआ।

दो सप्ताह तक बम्बई में वह रुके। इस बीच कहीं-न-कहीं घूमने-फिरने एवं भाषण देने में बीते। दो सितम्बर को प्रयाग में आकर वह अपने पूर्व परिचित डॉ. बदरीनाथ प्रसाद के आवास पर रुके थे। प्रयाग में ही 6 से 8 सितम्बर तक प्रगतिशील लेखक संघ का सम्मेलन आयोजित था। इसके सभापति भी राहुल जी बनाये गये थे। सम्मेलन का उद्‌घाटन अमरनाथ झा ने किया था। 8 सितम्बर को कवि-सम्मेलन था जिसमें सुमन एवं अली सरदार जाफरी ने कविताएँ सुनायी थीं। 9 सितम्बर को भी जन कवि-सम्मेलन आयोजित था, इसमें भी रामफेर और बंशीधर शुक्ल की कविताएँ काफी सराही गयीं। 11 सितम्बर को बनारस आ गये। चार दिन तक वहाँ रुके। बनारस में ही उन्हें ज्ञात हुआ कि आजमगढ़ के प्रमुख बिरहिया विसराम का देहान्त हो गया है। इस समाचार से उन्हें भारी दुःख पहुँचा। उन्होंने बनारस से छपरा और फिर पटना में कुछ दिन रुककर पूर्वपरिचितों से मिलने-जुलने तथा कुछ स्थानों पर भाषण देने में भी बिताया। 21 सितम्बर को वह पटना से हावड़ा गये। कलकत्ता के अलीपुर में बैरिस्टर

स्नेहांशुकुमार आचार्य के यहाँ वह रुके। 22 तारीख को डॉ. सुनीति कुमार चटर्जी से भेंट की। 23 सितम्बर को संस्कृत के बड़े विद्वान् महामहोपाध्याय पं. विधुशेखर भट्टाचार्य से मिलने गये। 24 सितम्बर को अग्निवीणा के रचयिता महाकवि नजरूल इस्लाम, जिनकी अवस्था उस समय 49 वर्ष की थी, किन्तु छह वर्ष पूर्व में ही वह मस्तिष्क शून्य हो जाने के कारण जीवित मृत की स्थिति में पहुँच गये थे, की हालत देखकर वह, द्रवित हो उठे थे।

कलकत्ता के व्यस्त प्रोग्राम को समाप्त कर वह 25 सितम्बर को कटक के लिए रवाना हो गये। उन्होंने वहाँ के प्रतिष्ठित रेवेनशा कॉलेज में सोवियत के बारे में हिन्दी में भाषण किया तथा कालीचरण पटनायक के नाट्यमन्दिर में रक्त मिट्टी नाटक को देखा। यहाँ से बालासोर, वर्धा आदि स्थानों के लोगों से मिलते-जुलते, भाषण करते हुए वह एक अक्टूबर को जबलपुर और 7 अक्टूबर को कोच आ गये। इन स्थानों पर उन्होंने ऐतिहासिक-धार्मिक स्थलों के बारे में जानकारी ली। कोच से निकलकर 10 अक्टूबर को वह प्रयाग आ गये। यहाँ वह डॉ. बदरीनाथ प्रसाद के बँगले पर रुके। यहाँ उनके लेखन-कार्य में तेजी आ गयी थी। लेनिनग्राड में रहते हुए ही उन्होंने सदरूद्दीन ऐनी के दोनों उपन्यासों दाखुन्दा और गुलामान (जो दास थे) का उर्दू में अनुवाद कर डाला था किन्तु उर्दू का प्रकाशक न मिल पाने की स्थिति में उन्होंने दाखुन्दा का अनुवाद हिन्दी में किया। यह कार्य 12 अक्टूबर से 25 अक्टूबर तक चला। डॉ. बदरीनाथ प्रसाद के यहाँ रहते समय वहाँ मिलने-जुलने के लिए आनेवालों की भीड़ लगी रहती थी, अतः उन्होंने 15 अक्टूबर को स्थान बदल दिया और राय रामचरण के यहाँ रहने के लिए चले गये। वह राहुल जी का काफी ध्यान रखते थे। 26 अक्टूबर को वह पं. श्रीनारायण चतुर्वेदी, महादेवी वर्मा, पं. देवीदत्त शुक्ल से मिलने उनके आवास पर गये।

एक नवम्बर को पता चला कि हिन्दी साहित्य सम्मेलन के सभापति पद के लिए उनका नाम प्रस्तावित है। चुनाव प्रक्रिया में सेठ गोविन्ददास को 145 और राहुल जी को 180 वोट मिले थे, अतः अन्तिम रूप से राहुल का नाम सभापति पद के लिए 3 नवम्बर को स्वीकार कर लिया गया। 9 नवम्बर को वह मित्रों के साथ कालिदास पर केन्द्रित फिल्म मेघदूत देखने गये। प्रयाग निवास की इस अवधि में उन्होंने सोवियत भुमि के दूसरे संस्करण के लिए सामग्री ड्योढ़ी एकत्रित कर ली थी और सोवियत मध्य एशिया लिखने में हाथ लगाया था। यह कृति भी 22 अक्टूबर को पूरी कर ली गयी थी।

24 दिसम्बर, 1947 को वह हिन्दी साहित्य सम्मेलन के अधिवेशन में भाग लेने के लिए प्रयाग से बम्बई के लिए रवाना हो गये। उनके साथ नागार्जुन और कई अन्य मित्र भी थे। बम्बई पहुँचने पर वह कम्युनिस्ट पार्टी के केन्द्रीय कार्यालय भी पहुँचे जहाँ

अधिवेशन में पढ़े जाने के लिए राहुल जी के छपे भाषण को पढ़ लिया गया था। इस भाषण में हिन्दी-उर्दू के सम्बन्ध में तथा इस्लाम को भारतीय बनना चाहिए जैसे विषय पर लिखा गया था। उनके इन विचारों से कम्युनिस्ट साथी सहमत नहीं थे और वह चाहते थे कि इन अंशों को निकाल दिया जाय किन्तु राहुल जी ने ऐसा करने से इनकार कर दिया। इसी विरोध के चलते राहुल का पार्टी से सम्बन्ध विच्छेद हो गया था। अधिवेशन 28 दिसम्बर को शुरू हुआ। उद्‌घाटन भाषण पं. गोविन्द बल्लभ पन्त जी ने किया था। राहुल जी के भाषण के जिन अंशों पर कम्युनिस्ट पार्टी को आपत्ति थी, वह इस प्रकार है। उर्दू के सम्बन्ध में उन्होंने कहा था कि सारे संघ की राष्ट्रभाषा और लिपि हिन्दी ही होनी चाहिए। उर्दू भाषा और लिपि के लिए वहाँ कोई स्थान नहीं है। इस्लाम को भारतीय बनना चाहिए विषय पर उन्होंने कहा था कि उनका भारतीयता के प्रति यह विद्वेष सदियों से चला आया सही, किन्तु नवीन भारत में कोई भी धर्म भारतीयता को पूर्णतया स्वीकार किये बिना फल-फूल नहीं सकता। ईसाइयों, पारसियों और बौद्धों को भारतीयता से एतराज नहीं, फिर इस्लाम ही को क्यों? इस्लाम की आत्मरक्षा के लिए भी आवश्यक है कि वह उसी तरह हिन्दुस्तान की सभ्यता, साहित्य, इतिहास, वेशभूषा, मनोभाव के साथ समझौता करें जैसे उसने तुर्की, ईरान और सोवियत मध्य एशिया के प्रजातन्त्रों में किया। अधिवेशन का समापन 31 दिसम्बर, 1947 को हो गया।

इस सम्मेलन में परिभाषाओं के निर्माण के बारे में राहुल जी ने स्वयं एक प्रस्ताव रखा था। राजर्षि पुरुषोत्तमदास टण्डन ने इस योजना के कार्यान्वयन की जिम्मेदारी राहुल को ही सौंप दी। बम्बई से राहुल जी रायपुर होते हुए 6 जनवरी को पुनः प्रयाग आ गये। उनके सामने अब काफी जिम्मेदारियाँ थीं। एक तो सम्मेलन का सभापति होने के नाते सम्पूर्ण देश की साहित्य यात्रा करनी थीं और परिभाषा निर्माण कार्य में जुटने के साथ ही अपना नियमित लेखन कार्य भी करना था। इस बीच वह मधुमेह के भी शिकार हो गये थे। सभापति के रूप में की जानेवाली साहित्य-यात्राओं के सन्दर्भ में उन्होंने इन्दौर, उज्जैन, रतलाम, चित्तौड़गढ़, उदयपुर, आगरा, मथुरा, वृन्दावन आदि स्थानों की यात्रा की। उन स्थानों पर आयोजित साहित्यिक कार्यक्रमों में भाग लेने के साथ ही पुरातात्त्विक, ऐतिहासिक स्थानों को देखने में भी मन लगाया। मथुरा में ही उन्हें गाँधी जी की हत्या का समाचार मिला। इस घटना से वह काफी दुःखी हुए। फरवरी महीने के काफी दिन उन्होंने प्रयाग में बिताये। माघ मेला भी घूमने गये, जहाँ उनके कुछ पूर्व परिचित साधुओं से भेंट हुई। 12 फरवरी, 1948 को संगम में गाँधी जी की अस्थियों के विसर्जन के समय एक दर्शक के रूप में वह मार्ग में उपस्थित थे।

परिभाषा निर्माण का कार्य राहुल जी के लिए बहुत अहम् था। कार्य शुरू करने के पहले उन्होंने लखनऊ, बरेली, बनारस आदि स्थानों की यात्रा की। लखनऊ में भदन्त बोधानन्द महास्थविर से भेंट हुई जिनसे उन्होंने बौद्धवाङ्मय की प्रारम्भिक जानकारी प्राप्त की थी। वहीं पर यशपाल और आचार्य नरेन्द्रदेव से भी वह मिले। बरेली और बनारस जाकर वहाँ के अनेक पूर्वपरिचितों से भेंट की। बनारस में उनकी मुलाकात निराला जी, पं. जयचन्द्र विद्यालंकार और मौलवी महेश प्रसाद से भी हुई। घूम-फिरकर मार्च प्रथम पक्ष में प्रयाग आने पर उन्होंने अपना अड्डा पं. क्षेत्रेशचन्द्र चट्टोपाध्याय के घर को बनाया। वहाँ ऐनी के उपन्यास गुलामान जिसका उन्होंने पहले अनुवाद लेनिनग्राड में रहते समय ही उर्दू में किया था, को हिन्दी भाषा में लिख डाला। पं. क्षेत्रेशचन्द्र चट्टोपाध्याय का वह काफी सम्मान करते थे। 1956 ई. में लिखी गयी पुस्तक ऋग्वैदिक आर्य का समर्पण उन्होंने उनको ही किया है।

## 8

परिभाषा निर्माण के काम में उन्होंने टण्डन जी के सुझाव पर सबसे पहले शासन शब्दकोश को हाथ में लिया। विद्यानिवास मिश्र और प्रभाकर माचवे जैसे दो सहयोगी भी मिल गये थे तथा वह सम्मेलन के सत्यनारायण कुटीर में अब रहने आ गये थे। अतः कार्य में तेजी आयी और वह शासन शब्दकोश डेढ़ महीने में ही तैयार हो गया। 21 अप्रैल को होनेवाली वैशाली महोत्सव में शामिल होने के लिए वह लिच्छवियों की मुख्य नगरी वैशाली गये तथा वहाँ अपना भाषण 'वैशाली का प्रजातन्त्र' पढ़ा। मई से अगस्त, '48 तक का गर्मी का समय उन्होंने हिमाचल प्रदेश के कन्नौर, रामपुर, बुशहर जिसे उन्होंने 'किन्नर देश' कहा है, वहाँ पर बिताया तथा 'किन्नर देश' पुस्तक का काफी अंश उस अवधि में लिख डाला। गर्मी बिताकर सितम्बर के प्रारम्भ में वह पुनः प्रयाग आ गये। यहाँ पर उन्होंने परिभाषा निर्माण के कार्य में पुनः तेजी दिखायी। 'किन्नर देश में' पूरा कर लिया गया था। 'शासन शब्दकोष' और किन्नर देश में दोनों ग्रन्थ प्रकाशनार्थ प्रेस में चले गये थे। अक्टूबर, 1948 ई. में वह दरभंगा में आयोजित प्रांच्य सम्मेलन में सम्मिलित हुए। इस सम्मेलन में डॉ. बाबूराम सक्सेना, डॉ. उदयनारायण तिवारी, डॉ. अमरनाथ झा, पं. माखनलाल चतुर्वेदी, नागार्जुन आदि विद्वान् भी उपस्थित थे।

नवम्बर के प्रारम्भ में दिल्ली जाने पर उन्होंने परिभाषा निर्माण के सम्बन्ध में अनेक विद्वानों से भेंट की तथा मध्य एशिया म्यूजियम में जाकर डॉ. वासुदेवशरण अग्रवाल से बातचीत की। दिल्ली में ही उनकी भेंट संस्कृत विद्वान् पं. अनन्तराम भट्ट

से हुई। भट्ट जी से उनकी मुलाकात 18 साल पहले वर्ष 1928 ई. में श्रीलंका के विद्यालंकार विहार में हुई थी। नवम्बर में ही उन्होंने शृंगवेरपुर के ऐतिहासिक स्थानों की यात्रा की और पुनः सारनाथ में होनेवाले मूलगन्ध कुटी उत्सव में सम्मिलित हुए। वहाँ से प्रयाग और फिर दिल्ली जाकर पूसा इन्स्टीट्यूट के वैज्ञानिकों से पारिभाषिक शब्दों के निर्माण के सम्बन्ध में सम्पर्क किया। इसके बाद सेठ गोविन्ददास के सभापतित्व में मेरठ में आयोजित हिन्दी साहित्य सम्मेलन के अधिवेशन में शामिल हुए। तत्पश्चात् परिभाषा निर्माण के सन्दर्भ में दिसम्बर, 1948 में काशी, देहरादून, लखनऊ, कलकत्ता की यात्रा की। कलकत्ता में वह शान्ति निकेतन भी गये तथा वहाँ आचार्य हजारीप्रसाद द्विवेदी से भेंट की थी। 1949 ई. के प्रथम सप्ताह में वह पुनः प्रयाग आ गये थे।

राहुल जी को सारनाथ भगवान् बुद्ध का प्रथम धर्मोपदेश स्थल होने के नाते बहुत प्रिय था। अतः 8 जनवरी को वह सारनाथ आ गये और वहाँ बौद्ध संस्कृति की रचना करने में संलग्न हो गये। तीन सप्ताह तक वहाँ रहने की अवधि में उन्होंने अपने समय का उपयोग लेखन के अतिरिक्त अनेक महत्त्वपूर्ण स्थानों पर घूमने-फिरने एवं प्रमुख विद्वानों से मिलने में किया। 8 फरवरी को शान्ति निकेतन आ गये और वहाँ 17 दिन तक पं. हजारीप्रसाद द्विवेदी के आतिथ्य में रहे। यहाँ रहते हुए उन्होंने बौद्ध संस्कृति को पूरा करने के लिए काफी श्रम किया। इस कार्य में उन्हें शान्ति निकेतन के विद्वान् पुस्तकालयाध्यक्ष प्रभात कुमार मुखोपाध्याय का विशेष सहयोग प्राप्त हुआ। यह पुस्तक उन्होंने प्रभात कुमार मुखोपाध्याय को ही समर्पित किया है।

राहुल जी शान्ति निकेतन से वर्धा गये जहाँ राष्ट्रभाषा प्रचार समिति के सम्मेलन में भाग लेने के साथ ही वहाँ की साहित्यिक गतिविधियों से परिचित हुए तथा वहाँ की कार्यप्रणाली पर सन्तोष व्यक्त किया। प्रयाग में 19 से 21 मार्च तक तीन दिन हिन्दुस्तानी एकेडेमी में उनका बौद्ध संस्कृति पर भाषण हुआ। अब वह परिभाषा निर्माण के कार्य में तेजी लाने हेतु कालिपोङ जाने की तैयारी में लग गये। पर्वतीय स्थल कालिपोङ में रहकर शान्तिपूर्वक वह अपने अध्ययन और लेखन को गति दे सकते थे। अतः अपने साथियों के साथ वह 5 अप्रैल, 1949 ई. को कालिपोङ पहुँच गये। यहाँ वह धर्मोदय बिहार में रहने लगे थे। यहाँ उन्होंने पहले से एकत्रित सामग्री के आधार पर परिभाषाओं के लिखने का कार्य पूरा कर लिया था। नयी सामग्री के लिखने में कुछ सहयोगियों की आवश्यकता थी। उन्हीं सहयोगियों में कमला पेरियार भी थीं जो 14 जून, 1949 ई. से उनके यहाँ काम करने लगी थीं। राहुल जी ने धर्मोदय विहार को छोड़कर अब एक किराये का बँगला पार्वती ले लिया था तथा 3 जुलाई को वहाँ रहने के लिए चले गये। इस अवधि में कमला पेरियार से उनकी निकटता बढ़ती

गयी और अब वह घर बसा लेने की आवश्यकता का अनुभव करने लगे थे। राहुल जी दिसम्बर, 1949 को तीसरे सप्ताह तक कालिपोङ में रहे।

दिसम्बर के चौथे सप्ताह में हिन्दी साहित्य सम्मेलन का अधिवेशन हैदराबाद में होनेवाला था। राहुल जी को इस सम्मेलन के लिए विशेष आग्रह करके बुलाया गया था। इसमें उन्हें 'साहित्य वाचस्पति' की उपाधि दी जानी थी। अतः वह 24 दिसम्बर को हैदराबाद पहुँच गये थे। इस अधिवेशन में पं. चन्द्रबली पाण्डेय सम्मेलन के तथा पं. लक्ष्मीनारायण मिश्र साहित्य परिषद् के अध्यक्ष थे। इस तालमेल पर राहुल जी ने लिखा है कि, "सम्मेलन और साहित्य परिषद दोनों के सभापति आजमगढ़ी थे। दोनों ही की योग्यता का लोहा लोग मान रहे थे। यह मेरे लिये वैयक्तिक अभिमान की बात थी।"

1 जनवरी, 1950 को राहुल जी वर्धा आ गये और वहाँ राष्ट्रभाषा प्रचार समिति में रुककर पुनः प्रयाग आ गये। यहाँ पर कमला के साथ प्रभाकर माचवे के घर पर रुके। राहुल जी की उम्र इस समय तक 56 वर्ष से अधिक हो चुकी थी तथा वह डाइबिटीज के शिकार हो गये थे। अब उन्हें घर बसाने की चिन्ता हो रही थी। अतः उन्होंने मार्च महीने में नैनीताल में एक बँगला 'ओक लाज' किराये पर ले लिया तथा उसमें अपना सर-सामान आदि रखकर व्यवस्थित हो गये। कतिपय कारणों से उन्होंने परिभाषा निर्माण के कार्य से हाथ खींच लिया था और कुमाऊँ पर केन्द्रित पुस्तकों को लिखने का मन बना लिया था। इसी समय प्रभाकर माचवे भी सपरिवार उनके नैनीताल आवास पर पहुँच गये थे। इस प्रकार राहुल जी को कुमाऊँ दर्शन एवं यात्रा के लिए एक सहयोगी भी मिल गया। दोनों ने मिलकर कुमाऊँ क्षेत्र के अनेक महत्त्वपूर्ण स्थानों को देखा और उनके बारे में जानकारी ली।

राहुल जी कलकत्ता के एक प्रकाशक के यहाँ से अग्रिम प्राप्त धनराशि से एक मकान खरीदने की योजना में लग गये और डॉ. सत्यकेतु के प्रयास से उन्होंने मसूरी में एक बँगला जिसका नाम हर्नक्लिफ था, तथा वह रानी टिहरी की सम्पत्ति थी, साढ़े सोलह हजार रुपये में खरीद लिया। 11 जुलाई, 1950 ई. को वह रहने के लिए अपने इस बँगले में आ गये। इसी बँगले में उनका परिवार लगभग पौने आठ साल तक रहा।

दिसम्बर, 1950 ई. में राहुल जी ने लगभग 58 वर्ष की अवस्था में अपना विवाह कमला पेरियार से रचा लिया। इस सम्बन्ध में स्थिति स्पष्ट करते हुए उन्होंने लिखा है कि, "कमला के साथ रहते अब डेढ़ वर्ष से ऊपर हो गया था। उन्हें आगे बढ़ाने में पहला कदम यही हुआ था कि इस साल वह विशारद में बैठनेवाली थीं। उन्हें मेरे साथ और मुझे उनके साथ रहना था। इतने दिनों से हम एक-दूसरे की प्रकृति से काफी परिचित हो चुके थे। स्त्री-पुरुष के ऐसे घनिष्ठसम्बन्ध को अनिश्चित स्थिति में रखना

ठीक नहीं था। पुरुषों के राज में स्त्रियों के लिए यह स्थिति और भी असह्य थी। इसलिए 18, दिसम्बर को हमने निश्चय किया कि दोनों पति-पत्नी बन जायें। मुझे हिचक सबसे बड़ी आ चुकी थी। मैं नहीं चाहता था कि तरुण जीवन को बन्धन में डालूँ। 23 दिसम्बर को उषाकाल के साथ डॉ. सत्यकेतु और शील जी 11 बजे आ गये। नागार्जुन के आने की आशा थी, लेकिन अभी वह नहीं आ पाये थे। महादेव भाई साथ ही थे। 12 बजे के करीब डॉ. सत्यकेतु पुरोहित बने और हम दोनों का ब्याह हो गया। साहित्यिक काम और मेरे स्वास्थ्य के बारे में डेढ़ साल तक जो देख-भाल कमला ने की थी, वह बड़ी ही सराहनीय थी। डाइबिटीज का शिकार शरीर हो ही चुका था, इसलिए उसको ठीक से चलाने में भी कमला के हाथ की जरूरत थी। यदि मैं इसे न करता तो वह हद दर्जे की स्वार्थपरता होती और कमला के साथ भारी अन्याय भी। अगले दिन (24 दिसम्बर को) परीक्षा देने के लिए कमला को देहरादून जाना था, जिसके पहले इस काम को कर लेना था।''

कमला 24 दिसम्बर को देहरादून परीक्षा देने के लिए गयीं और वहीं से राहुल जी के अपने निवास कालिपाङ भी चली गयीं, क्योंकि अभी भी वहाँ पर उनका काफी सामान पड़ा हुआ था, जिसे लाना आवश्यक था। कमला जी के साथ महादेव साहा गये थे।

1951 ई. के प्रारम्भ में राष्ट्रभाषा प्रचार समिति वर्धा की साहित्य योजना से वह जुड़ गये थे किन्तु कई कारणों से सही ढंग से कार्यान्वयन न हो पाने के फलस्वरूप उन्होंने अपना ध्यान गढ़वाल, कुमाऊँ आदि स्थानों को देखने और उन पर लिखने में लगाया। वर्ष 1952 ई. में राहुल जी स्वास्थ्य एवं अन्य परिस्थितियोंवश मसूरी से बाहर नहीं गये। अलबत्ता उनके यहाँ आनेवाले प्रमुख साहित्यकारों, विद्वानों की संख्या में वृद्धि होती गयी और उनके अतिथि-सत्कार में वह लगे रहते थे। पूर्व में उन्होंने किसानों, मजदूरों के हित के लिए लड़ाई लड़ी थी, अतः उनके कुछ मित्रों ने मसूरी में भी उन्हें मसूरी मजदूर संघ का सभापति बनाने का आग्रह किया जिसे उन्होंने स्वीकार कर लिया और अपने कार्यकाल में उन्होंने उनके लिए कई कार्य भी किये। इसी साल उन्होंने अपना एक प्रकाशन केन्द्र भी राहुल प्रकाशन के नाम से प्रारम्भ किया। इस प्रकाशन से राजस्थानी रनिवास, वोल्गा से गंगा (अंग्रेजी) और बहुरंगी मधुपुरी पुस्तकें प्रकाशित हुईं। प्रकाशन का अनुभव न होने के कारण इसमें उन्हें सफलता नहीं मिली। इसी वर्ष उन्होंने मध्य एशिया का इतिहास के दोनों खण्डों को लिखने का काम पूरा कर लिया था।

4 जनवरी, 1953 ई. को वह अपनी गृहिणी के साथ नेपाल की यात्रा पर निकले। 8 जनवरी को काठमाण्डू पहुँचे। वहाँ 1 फरवरी तक वह रुके थे। इस 22 दिन की

अवधि में उन्होंने काठमाण्डू और आसपास के अनेक स्थानों को देखा तथा अनेक महत्त्वपूर्ण व्यक्तियों से मिले। इस वर्ष उनकी कई पुस्तकें पूरी हुईं और प्रकाशित भी हुईं। 20 सितम्बर, 1953 को मसूरी के सेण्ट मेरी अस्पताल में पुत्री जया का जन्म हुआ। 10 अप्रैल, 1954 को वह हिमालय-यात्रा के लिए चल पड़े। 30 अप्रैल को बस-यात्रा के समय एक बड़ी दुर्घटना हो गयी। बस दायीं करवट को बैठ गयी थी। यह एक संयोग ही था कि यात्रियों के प्राण बच गये। उनमें राहुल जी भी थे। इस दुर्घटना के सम्बन्ध में उन्होंने लिखा कि, "उस समय ही रामनाम सत हो जाता, मेरी कितनी ही पुस्तकें लिखने को रह जातीं। जीवन और मरण की चिन्ता में मर जाना मेरे लिये घृणा की बात थी। मैं किस भगवान् को धन्यवाद देता, जब जानता हूँ कि वह कभी न था और न है।" 8 मई, 1954 ई. को वह हिमांचल यात्रा से वापस आ गये थे।

## 9

5 से 7 जून तक देहरादून में होनेवाले प्रान्तीय हिन्दी साहित्य सम्मेलन का उद्घाटन उनके द्वारा किया गया। इस सम्मेलन के सभापति वृन्दावनलाल वर्मा थे। इस कार्यक्रम में कौरवी सम्मेलन का भी आयोजन हुआ था। वर्ष 1954 ई. में ही उन्होंने काफी परिश्रम से छान-बीन करके बृहद सामग्री के साथ लगभग पाँच सौ पृष्ठोंवाली सरहपाद की पुस्तक दोहाकोष का सम्पादन व छायानुवाद किया। भारत सोवियत मैत्री संघ के सम्मेलन में भाग लेने हेतु वह नवम्बर के अन्त में चार-पाँच दिन के लिए दिल्ली गये तथा सरहपाद पर भाषण देने के लिए 30 दिसम्बर को बम्बई के लिए रवाना हुए। बम्बई में ज्ञानसत्र की ओर से राष्ट्रभाषा समिति में आयोजित सभा में 3 और 4 जनवरी को सरहपाद के विषय में उनके दो भाषण हुए। बम्बई के सहृदय उद्योगपति पोद्दार जी के सहयोग से बम्बई अस्पताल में उनका स्वास्थ्य परीक्षण भी हुआ। 9 जनवरी, 1955 ई. को वह वापस मसूरी आ गये और 16 जनवरी को कमला को लेकर दिल्ली आ गये जहाँ एक निजी अस्पताल में कमला की दूसरी सन्तान जेता का जन्म 31 जनवरी को हुआ।

राहुल जी अक्टूबर, 1939 ई. में कम्युनिस्ट पार्टी के विधिवत् सदस्य बने थे किन्तु दिसम्बर, 1947 में बम्बई में हुए हिन्दी साहित्य सम्मेलन के सभापति पद से दिये गये उनके भाषण से सहमत न होने पर कम्युनिस्ट पार्टी ने इस पर विरोध व्यक्त किया था फलस्वरूप कम्युनिस्ट पार्टी में उनका सम्बन्ध विच्छेद हो गया था। लगभग सात साल बाद 5 फरवरी, 1955 को उनकी पुनः पार्टी में वापसी हो गयी। 15 फरवरी को वह

मसूरी वापस आ गये लेकिन अब उनका मन मसूरी में नहीं लग रहा था और वह हर्नक्लिफ को बेचने की योजना बनाने लगे। इसी वर्ष साहित्यिक दृष्टि से उन्होंने कई महत्त्वपूर्ण लेखन किये। 1096 पृष्ठों की संस्कृत काव्यधारा, पालि काव्यधारा को पूर्णता प्राप्त हुई। कबाड़ी की दुकान से मिली एक अंग्रेजी पुस्तक का अनुवाद भारत में अंग्रेजी राज के संस्थापक शीर्षक से कर डाला। उन्होंने 7 सितम्बर, 1955 को चन्द्रसिंह गढ़वाली की जीवनी लिखना शुरू किया और उसी वर्ष यह पुस्तक लिख भी ली गयी। 14 दिसम्बर को वह देहरादून आये और वहाँ के नजदीक स्थित जंगल में कुछ पुरातात्त्विक स्थानों को देखा। 17 दिसम्बर को दिल्ली आकर वहाँ के प्रादेशिक साहित्य सम्मेलन में सभापति का भाषण दिया। रहीम, निजामुद्दीन, अमीर खुसरो, गालिब की समाधियों को भी देखा।

उनका वर्ष 1955 का पहला दिन वर्धा में बीता। यहाँ से प्रयाग आकर उन्होंने अपने प्रकाशक किताब महल से हिसाब-किताब की बात तय की। बनारस में कई जगह भाषण दिया और साहित्यिक कार्यक्रमों में भाग लिया। इसके बाद पटना, नालन्दा, छपरा, परसा आदि कई स्थानों पर लोगों से मिलते-जुलते कलकत्ता गये। यहाँ महाबोधि सोसाइटी में बुद्ध दर्शन पर भाषण दिया। 27 जनवरी को कलकत्ता से निकलकर तीन फरवरी को अपने परिवार में वापस मसूरी लौटे। इस वर्ष 1956 में उनके लेखनकार्य में तेजी थी ही, उन्होंने यात्राएँ भी खूब कीं। दिसम्बर, 56 में अकेले ही काठमाण्डू के लिए निकल पड़े। वहाँ पर नेपाल, भारत, श्रीलंका के पूर्वपरिचितों से मिलकर सन्तोष व्यक्त किया।

आजमगढ़ के गजेटियर के लिए बनी समिति में राहुल जी का भी नाम था। अतः वह आजमगढ़ की पुरातात्त्विक यात्रा पर फरवरी, 1957 में आये और यहाँ अपने जन्मग्राम पन्दहा, पितृग्राम कनैला तथा अन्य सम्बन्धित स्थानों पर गये, परिचितों से मिले, ऐतिहासिक, पुरातात्त्विक महत्त्व के स्थानों का अवलोकन किया। फरवरी, '58 में वह भाषण देने के लिए जबलपुर गये। आर्थिक कठिनाइयों के कारण उन्होंने अपना बँगला हर्नक्लीफ, जिसे 17 हजार में खरीदा था, घाटा सहकर मध्य 1958 में सात हजार में ही बेच डाला और मसूरी में ही एक किराये के मकान में रहने लगे। वर्ष 1958 में ही उनके ग्रन्थ मध्य एशिया का इतिहास (दो खण्ड) पर साहित्य अकादमी का पुरस्कार मिला। इसी साल वह पत्नी एवं बच्चों के साथ एक बार पुनः पन्दहा कनैला की यात्रा पर आये और जया, जेता को पिता के जन्मग्राम, पितृग्राम के दर्शन का सुयोग प्राप्त हुआ तथा पिता की प्रथम परिणीता का आशीर्वाद मिला।

# 10

राहुल जी अनुसन्धान कार्य के लिए चीन जाना चाहते थे और इसके लिए उन्होंने चीन बौद्धसंघ से अपनी इच्छा भी व्यक्त की थी। जून, 1958 ई. में कश्मीर में उन्हें चीन-यात्रा का निमन्त्रण मिला। इस यात्रा के लिए अकेले ही वह कलकत्ता से विमान द्वारा 15 जून को रंगून गये। वहाँ पाँच दिन तक सत्यनारायण गोयन्दका के अतिथि रहे। इस अवधि में वहाँ के कई बौद्धस्थानों को देखा तथा कई भाषण दिये। रंगून से चीनी विमान द्वारा कुनमिन पहुँचे और वहाँ से चलकर 22 जून को पीकिंग आ गये। वहाँ हवाई अड्डे पर चीन बौद्धसंघ के प्रधान एवं अन्य कई प्रमुख व्यक्तियों ने उनका स्वागत किया। 1 जुलाई तक वह पीकिंग में रहे। इस अवधि में उन्होंने पीकिंग के कई स्थानों जैसे लामा विहार, पेन्हाई सरोवर, कपड़ा कारखाना, ग्रीष्म प्रासाद, अनाथ बाल गृह को देखा। वह वहाँ के 800 साल पुराने राष्ट्रीय पुस्तकालय भी गये। इस पुस्तकालय में उस समय पचास लाख पुस्तकें थीं जिनमें से दो लाख तो हस्तलिखित थीं। 2 से 10 जुलाई तक उन्होंने चीन के पूर्वोत्तर प्रदेश (मंचूरिया) की यात्रा की। यहाँ के भी कई प्रमुख स्थानों का अवलोकन कर वह 11 जुलाई को पुनः पीकिंग लौट गये।

चीन में भारत के अजन्ता एलोरा की तरह चार स्थानों पर पहाड़ खोदकर गुफा विहार बनाये गये हैं। वहाँ के तीन स्थानों के गुफा विहार को उन्होंने देखा। वहाँ पहाड़ में 1 किलोमीटर तक युनकाङ की 89 प्रमुख गुफाएँ हैं जिनका निर्माण 500 ई. के लगभग हुआ था। इनमें स्थित सबसे बड़ी बुद्ध मूर्ति की ऊँचाई 17 मीटर है। इन्हें देखकर वह पीकिंग लौट गये तथा 16 जुलाई को बौद्ध संस्थान में भाषण दिया जिसका दुभाषिया द्वारा चीनी में अनुवाद प्रस्तुत किया गया। वह तुङ्हान, जिसे चीन की अजन्ता कहा जाता है, की गुफाओं को भी देखना चाहते थे, किन्तु अस्वस्थ हो जाने के कारण, कुछ दिन के लिए कार्यक्रम स्थगित करना पड़ा। 24 जुलाई को उन्हें पीकिंग के प्रसिद्ध यूनियन अस्पताल में भर्ती किया गया। जाँच से स्पष्ट हुआ कि उन्हें वहाँ हार्ट अटैक हुआ है।

16 अगस्त तक अर्थात् 22 दिन तक वह अस्पताल में ही रहे। उनकी अस्वस्थता का समाचार सुनकर चीन में रह रहे कई भारतीय विद्वान् भी उनसे मिलने पहुँचे थे।

16 अगस्त को राहुल जी को अस्पताल से छुट्टी मिल गयी और वह होटल वापस आ गये। 22 दिन बाद जाँच के लिए पुनः अस्पताल बुलाया गया था। 9 सितम्बर को वह पुनः अस्पताल पहुँचे। इस बार 15 सितम्बर तक उन्हें अस्पताल में रहना पड़ा। शरीर से कमजोर हो जाने के बाद भी वह पीकिंग के कई दर्शनीय स्थानों को देखने गये। 16 सितम्बर को वह तुङहान की यात्रा पर एक दुभाषिये के साथ चल पड़े। बीच

में पड़नेवाले कई महत्त्वपूर्ण स्थानों को देखते, उनके सम्बन्ध में जानकारी लेते हुए वह तुङ्हान की गुफाओं के नजदीक 23 सितम्बर को पहुँच गये। इन गुफाओं का निर्माण ईसा की चौथी शताब्दी से लेकर 14वीं शताब्दी तक होता रहा था। इस प्रमुख पुरातात्त्विक स्थल को धर्मान्ध तुर्कों ने काफी क्षति पहुँचायी थी। तुङ्हान से पीकिंग वापसी के समय भी अनेक दर्शनीय स्थानों को उन्होंने देखा। 30 सितम्बर को वह पीकिंग आ गये थे। 10 अक्टूबर को उनकी देख-रेख के लिए जया, जेता और उनकी माँ कमला भी विमान से पीकिंग पहुँच गये थे। अगले नौ दिन तक पूरे परिवार ने पीकिंग के विभिन्न स्थलों को देखा। भारत वापस जाने के लिए उन्होंने परिवार सहित 19 अक्टूबर को पीकिंग से विदा ली। बीच में पड़नेवाले कई स्थानों पर रुकते, घूमते वह 9 नवम्बर, 1958 को कलकत्ता आये। वहाँ से 28 नवम्बर को देहरादून एक्सप्रेस में बैठकर सपरिवार 30 नवम्बर को देहरादून आ गये। अपनी इस साढ़े चार महीने की चीन-यात्रा का लेखा-जोखा उन्होंने 'चीन में क्या देखा' पुस्तक में वर्णित किया। इस चीन-यात्रा में उन्होंने वहाँ के छह कम्यून भी देखे थे जिन पर उन्होंने चीन में कम्यून पुस्तिका की रचना की है।

चीन से लौटने के बाद कुछ महीने तक राहुल जी परिवार के साथ देहरादून में ही रहे। अब उन्हें परिवार की भी चिन्ता सताने लगी थी। मसूरीवाला मकान बेचने के बाद उन्हें पुनः एक अपना मकान होने की आवश्यकता महसूस होने लगी थी। इस बार पत्नी की इच्छानुसार उन्होंने एक भवन दार्जिलिंग में खरीदने का निश्चय कर लिया था। यह वर्ष 1959 ई. का काल था। श्रीलंका में राहुल जी का काफी सम्मान था। वह वर्ष 1927-28 में वहाँ के विद्यालंकार विहार में अध्यापन का कार्य भी कर चुके थे। अब वह विद्यालंकार विहार विश्वविद्यालय बन चुका था और उन्हें वहाँ दर्शनशास्त्र के प्राध्यापक पद पर कार्य करने के लिए आमन्त्रित भी किया जा चुका था। सितम्बर, 1959 में राहुल जी श्रीलंका पहुँच गये और वहाँ विश्वविद्यालय में दर्शनशास्त्र के अध्यक्ष के दायित्वों का निर्वहन करने लगे। छात्रों के बीच वह अपना व्याख्यान संस्कृत में देते और पूर्व में उनके ही विद्यार्थी रहे महास्थविर प्रज्ञाकीर्ति जो सिंहल विभाग के रीडर भी थे, उनका अनुवाद करके विद्यार्थियों को बताते थे। अच्छा वेतन पाने के नाते राहुल जी की आर्थिक स्थिति अच्छी हो गयी और एक निश्चित राशि प्रत्येक महीने वह पत्नी को भेजते रहते थे। श्रीलंका के निवासकाल में उन्होंने अस्वस्थ रहने के बाद भी कई पुस्तकों का सम्पादन किया, कई नयी पुस्तकों की रचना की।

जाड़े की छुट्टियों में जया, जेता और उनकी माँ दो बार श्रीलंका गये और राहुल जी भी विश्वविद्यालय की 1960 की गर्मियों की छुट्टी में कुछ महीने दार्जिलिंग आकर रहे। 1960 के उत्तरार्द्ध में राहुल जी की स्मृति कुछ क्षीण होने लगी थी। शारीरिक स्थिति

भी दिनानुदिन गड़बड़ाने लगी थी। अतः उन्होंने परिवार में वापस लौटना ही उचित समझा। 31 मार्च, 1961 को दार्जिलिंग स्थित अपने परिवार में वह वापस लौट आये। इसके बाद वह जुलाई के प्रारम्भ तक तीन महीने दार्जिलिंग में ही रहे। जुलाई, 1961 के दूसरे सप्ताह में वह अकेले ही पुनः श्रीलंका गये किन्तु एक महीना बाद ही अगस्त, 1961 में फिर दार्जिलिंग आ गये। दिसम्बर, 61 में पं. किशोरीदास वाजपेयी के सम्मान में आयोजित समारोह में भाग लेने के लिए वह सपरिवार कलकत्ता गये हुए थे। वहाँ पर ही 11 दिसम्बर, 1961 को उन्हें स्मृति लोप का आघात हुआ। उनको कलकत्ता के एक अस्पताल में भर्ती किया गया। कई महीने तक इलाज हुआ, अच्छी-से-अच्छी चिकित्सा की व्यवस्था हुई, किन्तु उन्हें कोई लाभ नहीं हुआ। जया, जेता का विद्यालय खुल जाने के कारण सभी लोग कलकत्ता से दार्जिलिंग आ गये।

बेहतर इलाज के लिए उन्हें मास्को ले जाया गया। उनकी पत्नी भी साथ गयीं। वहाँ के एक अस्पताल में लगभग एक माह तक उनका उपचार चला। उस अस्पताल में उनकी रूसी पत्नी लोला और पुत्र ईगोर भी उनसे मिलने आये थे। रूस की चिकित्सा से भी उन्हें कोई लाभ नहीं हुआ, किन्तु दूर से देखने में ऐसा प्रतीत होता था कि वह स्वस्थ हैं। 23 मार्च, 1963 ई. को सत्तर वर्ष पूरे होने पर उन्हें जन्मदिन की बधाई देने के लिए काफी लोगों का आना-जाना बना रहा। उसी रात उनकी तबीयत पुनः काफी बिगड़ गयी। वह बेहोश हो गये थे। उन्हें अस्पताल ले जाया गया। उनकी पत्नी और पूर्व परिचित नेवार भिक्षु महानाम जी उनके यहाँ मौजूद थे। राहुल जी के अस्पताल में भर्ती होने की सूचना पर पश्चिम बंगाल की राज्यपाल कु. पद्मजा नायडू भी उन्हें देखने गयी थीं। राहुल जी की चिकित्सा, उपचार में कोई कमी नहीं थी, किन्तु उन्हें बचाया न जा सका। लगभग डेढ़ सौ पुस्तकों के विद्वान् रचनाकार उन महापण्डित राहुल सांकृत्यायन का देहावसान 14 अप्रैल, 1963 ई. को प्रातःकाल हो गया। भिक्षु महानाम की उपस्थिति में बौद्धपद्धति से उनका अन्तिम संस्कार सम्पन्न हुआ। जिस स्थान पर उनका अन्तिम संस्कार हुआ वहाँ उनकी स्मृति में एक छोटा-सा चैत्य स्थापित कर दिया गया।

राहुल जी को उनकी विद्वत्ता एवं उनके साहित्यिक योगदान को देखते हुए अनेक सम्मानित उपाधियों से विभूषित किया गया था। राहुल जी की पहली लंका यात्रा वर्ष 1927-28 ई. में हुई थी। लंका में उन्नीस मास बिताने के बाद वह भारत वापस लौटे। भारत लौटने के पूर्व ही विद्यालंकार परिवेण श्रीलंका द्वारा त्रिपिटिकों के महान् विद्वान् होने के कारण उन्हें 3 सितम्बर, 1928 ई. को त्रिपिटिकाचार्य की उपाधि दी गयी। श्री काशी पण्डित सभा द्वारा उन्हें उनकी अनुपस्थिति में बसन्त पंचमी सम्वत् 1986 (फरवरी, 1930 ई.) को सनातनधर्म, वैदिक भारतीय धर्म, मर्यादा संरक्षण के लिए

मानपत्र निर्गत करते हुए महापण्डित के सम्मान से विभूषित किया गया था। यह सम्मान उन्हें जिस समय दिया गया, उस समय वह रामउदार सांकृत्यायन के नाम से जाने जाते थे। मेरी जीवन-यात्रा में उन्होंने 1934 ई. की दूसरी तिब्बत यात्रा के प्रसंग में महापण्डित शब्द पर प्रकाश डालते हुए लिखा है कि, ''गेशे धर्मवर्धन से मालूम हुआ कि यहाँ के समलेगोरो (पोनतन) तिब्बत के गिने-चुने महापण्डितों में हैं – शायद मैं यह लिखना भूल गया कि पहली तिब्बत-यात्रा में काशी के पण्डितों ने मुझे (महापण्डित) की उपाधि दी थी। तिब्बती भाषा में महापण्डित का पर्यायवाची है (पणछेन)। लेकिन यह टशीलामा की खास उपाधि है, इसीलिए कोई दूसरा इस्तेमाल नहीं करता।''

राहुल जी दिसम्बर, 1947 ई. में बम्बई में आयोजित अखिल भारतीय हिन्दी साहित्य सम्मेलन के सभापति घोषित हुए थे। 1949 ई. में उन्हें साहित्यवाचस्पति की मानद उपाधि प्रदान की गयी थी। भारत सरकार द्वारा 26 जनवरी, 1963 ई. को उन्हें पद्मभूषण की सम्मानित उपाधि से अलंकृत किया गया था। इसके अतिरिक्त भागलपुर विश्वविद्यालय द्वारा साहित्यचक्रवर्ती की उपाधि दी गयी थी।

❐

# रचना-धारा

राहुल जी का सम्पूर्ण जीवन यात्रामय था। यही कारण है कि उन्होंने यात्रा-साहित्य की विपुल सर्जना की है किन्तु उन्हें किसी एक क्षेत्र में बाँधना सम्भव नहीं है। वह साहित्य या लेखन की लगभग समस्त विधाओं पर समान अधिकार रखते थे। उनके द्वारा लिखे गये उपन्यास एवं कहानी-संग्रह जहाँ ऐतिहासिकता का पुट लिये हुए हैं, वहीं उनमें समाज के अतीत, वर्तमान और भविष्य की सच्ची तस्वीर भी समायी हुई है।

## उपन्यास

### बाईसवीं सदी

'बाईसवीं सदी' राहुल जी द्वारा लिखा गया पहला उपन्यास है। इसकी रचना उन्होंने यद्यपि 1918 ई. में ही कर ली थी किन्तु उक्त पाण्डुलिपि कहीं खो जाने के कारण पुनः स्मृति के आधार पर उन्होंने 1924 ई. में हजारीबाग जेल में लिखकर पूरा किया। स्थिति स्पष्ट करते हुए पुस्तक के 'दो शब्द' के अन्तर्गत उन्होंने लिखा है कि, "सन् 1918 ई. का अप्रैल या मई का महीना था। रात्रि के शेष प्रहर में विश्वबन्धु का यह भ्रमण वृत्तान्त स्वप्न और जागृत दोनों अवस्थाओं में नहीं कहा जा सकता कि किस अवस्था में दृष्टिगोचर हुआ। उसी समय क्रमानुसार इसका एक संक्षिप्त विवरण लिख लिया गया था, किन्तु समयाभाव से उसे विस्तारपूर्वक प्रकाशनोपयोगी न किया जा सकता था। संक्षिप्त विवरण एक मित्र की असावधानी से खो गया। कितने ही समय तक प्रतीक्षा करने पर भी जब उसके मिलने की आशा बिलकुल न रही तब स्मृति में जहाँ तक हो सका, बहुत संक्षेप में यह निबन्ध हजारीबाग जेल में 9.2.24 से लिखा गया।" यद्यपि इस कृति को उपन्यास कहने में, लगता है राहुल जी दुविधाग्रस्त थे, क्योंकि उन्होंने 'जीने के लिए' उपन्यास के प्राक्कथन में कहा है कि, " यह (जीने के लिए) मेरा पहला उपन्यास है, यदि 'बाईसवीं सदी' को उस श्रेणी से हटा दें।" बाईसवीं सदी के दो शब्द में उन्होंने इसे निबन्ध नाम दिया है।

1924 ई. में लिखी गयी इस पुस्तक में दो सौ वर्ष बाद अर्थात् 2124 ई. में घटित हुई घटनाओं को वर्तमान मानते हुए विवरणों को आत्मकथात्मक शैली में प्रस्तुत किया गया है। इसके माध्यम से यह दिखाने का प्रयास किया गया है कि आनेवाला दिन उत्तरोत्तर विकासोन्मुखी है। इसमें कथा के नायक का नाम विश्वबन्धु है जो तीस वर्ष तक नालन्दा विश्वविद्यालय में अध्यापन करने के पश्चात् उत्तराखण्ड घूमने आये थे और उसी समय वहाँ की एक गुफा में उन्हें मूर्च्छा या नींद आ गयी। उस समय उनकी अवस्था साठ वर्ष की थी। उनकी मूर्च्छा दो सौ वर्ष बाद सन् 2124 ई. में टूटी और उस समय उन्हें सर्वत्र, प्रत्येक क्षेत्र में चाहे वह सामाजिक हो, वैज्ञानिक या सांस्कृतिक हो विकास के लक्षण दिखायी दिये। इसी वृत्तान्त को राहुल जी ने बड़े रोचक ढंग से औपन्यासिक विधा में बाँधा है। यह कृति लम्बी नींद का अन्त, सेब बाग का ग्राम, वर्तमान जगत्, विद्यालय के विषय में, बीसवीं सदी, ग्राम और ग्रामीण, शिशु संसार, रेल की यात्रा, नालन्दा में स्वागत, शिक्षा-पद्धति : शिशु कक्षा, शिक्षा पद्धति : बाल कक्षा, शिक्षा पद्धति : तरुण कक्षा, शासन प्रणाली, नालन्दा से प्रस्थान, भारत के प्रजातन्त्र और वर्तमान जगत् से उठ गयी चीजें जैसे सोलह उपशीर्षकों में विभक्त है।

## जीने के लिए

'जीने के लिए' उपन्यास को राहुल जी ने छपरा के जेल-जीवन में 25 मार्च, 1939 ई. से लिखना शुरू किया था। इस उपन्यास का खाका उनके मन में पहले से विद्यमान था। वह डिक्टेट करते जाते थे और नागार्जुन लिखते जाते थे। इस प्रकार ढाई माह में उनका यह उपन्यास पूरा हो सका। इस उपन्यास को उन्होंने पहला वास्तविक उपन्यास कहा है जबकि इसके पूर्व लिखी गयी पुस्तक 'बाईसवीं सदी' को उपन्यास के ढंग पर लिखा बताया है। इस उपन्यास में एक निर्धन ग्रामीण बालक के बचपन से लेकर विविध नौकरियों के करने, पल्टन में भर्ती होकर युद्ध में घायल होने, स्वस्थ होने पर समाजसेवा से जुड़ने, मजदूरों किसानों के हक के लिए लड़ने और अन्त में सामन्ती ताक़तों के प्रच्छन्न प्रहार से मृत्यु को प्राप्त होने तक की घटनाओं को निरूपित किया गया है। वह 1914 ई. के प्रथम महायुद्ध में एक सिपाही के रूप में भाग लेता है और लौटकर जमींदारी, सामन्तवाद, साम्राज्यवाद का विरोध करनेवाले, क्रान्तिकारी आन्दोलन से जुड़ जाता है। राहुल जी ने अछूतों के साथ हो रहे पशुवत् व्यवहार, धर्म के दुरुपयोग, वर्तमान शासनतन्त्र में व्याप्त अनियमितता, सीधे-सादे ग्रामीणों को अशिक्षित बनाये रखने की चाल आदि बातों पर भी इस उपन्यास के माध्यम से प्रकाश डापला है। सरल शब्दावली से युक्त, छोटे-छोटे परिच्छेदों में व्यक्त घटनाक्रमवाले इस उपन्यास में उनकी साम्यवादी मानसिकता पूरी तरह से उजागर हुई है।

## सिंह सेनापति

'सिंह सेनापति' राहुल के ऐतिहासिक उपन्यासों में प्रथम है। इसका कथानक बुद्ध-काल का है। इसमें ईसा से पाँच सौ वर्ष पूर्व के गणतन्त्रीय समाज की विषमताओं, राजतन्त्रीय प्रणाली, दासप्रथा, स्त्री-पुरुष सम्बन्ध, धर्म, संस्कृति आदि का जीवन्त और सजीव चित्रण किया गया है। आत्मकथात्मक शैली में लिखे गये इस उपन्यास में वैशाली गणतन्त्र के सेनापति सिंह का अद्‌भुत पराक्रमपूर्ण जीवन चित्रित है तथा तक्षशिला एवं वैशाली की तत्कालीन गणतन्त्रीय व्यवस्था का विश्लेषण किया गया है। इस उपन्यास लेखन की मूल प्रेरणा के सम्बन्ध में उन्होंने 'विषयप्रवेश' में प्रकाश डाला है जिसका भावार्थ है कि, "छपरा जिले में एक खेत की खुदाई करते समय मुझे तीन फिट नीचे कुछ मिट्‌टी के बर्तन के टुकड़े मिले। ये लगभग चार सौ वर्ष पुराने रहे होंगे। इससे मुझे यह लगा कि मील भर लम्बी-चौड़ी इस भूमि पर किसी वक्त बस्ती रही होगी। ज्यों-ज्यों मेरी खुदाई का कार्य नीचे की तरफ बढ़ता गया, मेरी जिज्ञासाएँ बढ़ती गयीं। मुझे एक-एककर कुछ ईंटें मिलती गयीं जिन पर ब्राह्मी लिपि में कुछ अक्षर खुदे हुए थे। मैंने एक कापी पर ईंटों की दोनों ओर खुदी पंक्तियों को नागरी लिपि में उतार डाला। ईंट की हर तरफ सोलह-सोलह पंक्तियाँ थीं और हर पंक्ति में छब्बीस-सत्ताईस अक्षर थे-, अर्थात् एक ईंट पर औसतन एक हजार अक्षर (अथवा पन्द्रह श्लोक)। मेरे दोस्त अक्षरों और मेरी चेष्टाओं को देखकर इन साधारण ईंटों के असाधारण महत्त्व को समझ गये थे। लिखना समाप्त होते ही मैं धूप में ईंट को छोड़ खेमे में चला गया और दोस्त की उत्सुकता को देख कहने लगा – यह ईंटें नहीं किसी पुस्तक के पन्ने हैं। ग्रन्थकार स्वयं वैशाली प्रजातन्त्र का महान् सेनापति सिंह है। इन ईंटों पर लिखे गये अक्षरों को नागरी लिपि में उतारकर यह पुस्तक 'सिंह सेनापति' के नाम से आपके समक्ष प्रस्तुत है। मैं सिंह सेनापति के साथ बेईमानी नहीं कर सकता। आपको मेरी सच्चाई पर सन्देह हो तो इन सोलह सौ ईंटों को जाकर पटना म्यूजियम में देख लीजिये। कुछ और धैर्य धरें। ईंटों के फोटो तथा उनके नागरी अक्षर परिवर्तन के साथ छपी पुस्तक ही आपके पास चली जायेगी।"

राहुल जी का यह कथन सच की तरह प्रतीत होता है तथा पाठक के कौतूहल को बढ़ानेवाला है। यह एक अनूठा तथा नवीन प्रयोग है। कुछ इसी प्रकार की शैली का प्रयोग आचार्य पं. हजारीप्रसाद द्विवेदी के उपन्यास 'बाणभट्‌ट की आत्मकथा' में दिखायी देता है। लेखक की इस नयी शैली के सम्बन्ध में स्पष्टीकरण देते हुए राहुल जी ने 'विस्मृत यात्री' के दो शब्द में लिखा है कि, "'सिंह सेनापति' को पढ़कर कितने ही पाठक म्यूजियम में उन ईंटों को देखने जाते हैं, जिनके ऊपर उस ग्रन्थ के लिखे होने

की बात उक्त उपन्यास के आरम्भ में कही गयी है। यदि वह वस्तुतः ईंटों पर उत्कीर्ण होता, तो वह उपन्यास नहीं होता। ईंटों के दर्शनार्थी पाठकों को समझ लेना चाहिए था कि वह उपन्यास है, हाँ ऐतिहासिक है, अर्थात् उस देश-काल के देश-काल-पात्र की परिधि से बाहर नहीं जा सकता।''

## जय यौधेय

सिंह सेनापति की भाँति जय यौधेय भी एक ऐतिहासिक उपन्यास है। इसमें ई. सन् 350-400 (गुप्त संवत् 30-80) के भारत की राजनीति, सामाजिक अवस्था का चित्रण किया गया है। राहुल जी ने इस उपन्यास के लेखन में कालिदास के ग्रन्थों और उसी समय के यात्री चीनी भिक्षु फाह्यान के यात्रा-विवरण का उपयोग करने के साथ ही डॉ. अल्तेकर, प्रोफेसर राखालदास बनर्जी और डॉ. आर. एन. डण्डेकर के ग्रन्थों, गुप्तकालीन शिलालेखों और सिक्कों से भी काफी सहायता ली है। उपन्यास आत्मकथात्मक शैली में है तथा इसमें गुप्त सम्राटों के समकालीन गौरवशाली यौधेयगण के राजनीतिक, आर्थिक और सांस्कृतिक जीवन को कथानक की पृष्ठभूमि बनाया गया है। चन्द्रगुप्त विक्रमादित्य द्वारा अपनी अर्थलोलुप और राज्य-विस्तार की नीति के कारण यौधेय गणराज्य पर आक्रमण तथा अपनी जन्मभूमि की रक्षा के लिए जय द्वारा अपने सहयोगियों की सहायता से गुप्तों से वीरतापूर्वक मुकाबला इस उपन्यास का मुख्य कथ्य है। इस युद्ध में यौधेय बच्चे बूढ़े सभी भाग लेते हैं फिर भी यौधेय पराजित हो जाते हैं और जय मृत्यु को प्राप्त होता है। इस उपन्यास में राजतन्त्रीय व्यवस्था में व्याप्त भ्रष्टाचार, अत्याचार, वेश्यावृत्ति, धर्माडम्बर जैसी कुप्रवृत्तियों के विरुद्ध गणतन्त्रीय व्यवस्था के प्रति आस्था व्यक्त की गयी है। इसमें चन्द्रगुप्त विक्रमादित्य राजतन्त्रीय व्यवस्था का तथा जय का पराक्रम यौधेय की गणराज्य व्यवस्था का द्योतक है।

राहुल जी के अनुसार यौधेयों की परम्परा अभी भी विद्यमान है। जय यौधेय के प्राक्कथन में उन्होंने लिखा है कि, ''प्रश्न होता है कि ये वीर यौधेय क्या बिलकुल उच्छिन्न हो गये? उस युद्ध में भारी संख्या में वह मारे गये होंगे (जैसा कि उसी बात को उनके वंशज मेवों पर तुगलकों ने दुहराया, मगर यौधेय कुछ बच भी गये।) भावलपुर रियासत से मुलतान तक फैला एक इलाका जोहियावार कहा जाता और बहुसंख्यक निवासी जोहिया (यौधेय) कहे जाते हैं। कराची के कोहिस्तान में जोहिया रहते हैं, बल्कि उनके सरदार को जोहिया, जो जन्म कहा जाता है। अलवर और गुड़गाँव के मेव अब भी यौधेय भूमि में ही बसते हैं, और उसकी वीरगाथाएँ सुनकर आज भी रोमांच हो उठता है। ये मुसलमान हैं, मगर यौधेय रक्त को भूले नहीं। अब

भी उनकी स्त्रियाँ वह गीत गाती हैं, जिसमें नारी को कूप-पूजा कराने के लिए मेव वीरों के प्राणोत्सर्ग का हृदयद्रावक वर्णन है।

इनके अतिरिक्त अग्रवाल, अग्रहरी, रोहतगी, रस्तोगी, श्रीमाल, ओसवाल, वर्णवाल, गहोई (?) जैसी आजकल वैश्य मानी जानेवाली जातियाँ भी यौधेयों की ही सन्तान हैं, जो गणोच्छेद के बाद तलवार छोड़ तराजू पकड़ने पर मजबूर हुईं।''

## मधुर स्वप्न

'मधुर स्वप्न' ईरान मध्य एशिया की पृष्ठभूमि पर लिखा गया एक ऐतिहासिक उपन्यास है। इसका काल 500 ई. के आसपास का है। इस उपन्यास की प्रेरणा के बारे में राहुल जी ने लिखा है कि, ''मैंने इस उपन्यास द्वारा इतिहास के एक विस्मृत पन्ने को पाठकों के सामने रखने की कोशिश की है। न्याय चाहनेवाले वे ऐतिहासिक पात्र, जिनमें से कुछ ग्रन्थ में भी हैं, मुझे लिखने के लिए बाध्य करने लगते हैं।'' यह उपन्यास सामन्तवाद के अत्याचारों से कराहते हुए लोगों का दस्तावेज है।

उपन्यास का नायक अन्दर्जगर है, जो बुद्ध से प्रभावित है तथा अपने उद्देश्यों से ईरानी जनता और तत्कालीन बादशाह क्वात को अपनी ओर आकृष्ट कर लेता है। उस समय एक ओर जहाँ वहाँ की अकालपीड़ित जनता भूख से त्रस्त थी, वहीं सामन्ती प्रकृतिवाले अपने भोग-विलास के लिए नारियों की खरीद-फरोख्त करने और उन्हें अपनी हवस का शिकार बनाने में लगे हुए थे। उदार शहंशाह क्वात को पीड़ित जनता की सहायता करने के कारण गद्दी से पदच्युत कर दिया जाता है किन्तु अन्दर्जगर इससे निराश नहीं होता है और सामाजिक आर्थिक वैषम्य को दूर कर समानता लाने का प्रयास करता है। वह एक गाँव दिहवगान, जो उसके मधुर स्वप्न का साकार रूप है, को अपना कार्यक्षेत्र बनाकर उसे ऐसी व्यवस्था के अनुसार ढाल देता है, जहाँ सम्पत्ति पर सबका अधिकार है। नारी और पुरुष में कोई असमानता नहीं है। अन्दर्जगर का यह मानवतावादी विचार सामन्ती व्यवस्था के पक्षधरों को पसन्द नहीं आया और उससे उनके आक्रोश का शिकार होकर अपना बलिदान करना पड़ा। इस उपन्यास के माध्यम से राहुल जी ने समाजवादी व्यवस्था और मानवतावादी दृष्टिकोण को स्थापित करने का प्रयास किया है।

## राजस्थानी रनिवास

मसूरी निवास के समय राहुल जी ने खैरवा (जोधपुर) की जागीरदारनी ठकुरानी गुलाब कुमारी एवं गुजरात की रानी बेरिया के ठाट-बाट को देखा था। उसी समय

उनके मन में आया था कि समय रहते सामन्ती जीवन के अवशेषों को लिपिबद्ध कर डालना चाहिए। अतः उन्होंने मई, 1952 के अन्तिम सप्ताह में 'राजस्थानी रनिवास' लिखने में हाथ लगा दिया। यह एक सामाजिक नायिकाप्रधान उपन्यास है। घटनाक्रम बीसवीं शताब्दी के पूर्वार्द्ध वर्ष 1910 ई. से 1952 ई. के बीच से सम्बन्धित है। इसमें मुख्य मात्र गौरी है जिसकी आत्मकथा के माध्यम से सामाजिक विषमता, अन्धविश्वास, आर्थिक पराधीनता, बन्दिनी नारी तथा सामन्तवाद की अनेक विकृतियों का चित्र प्रस्तुत किया गया है। गौरी के जीवन में आयी अनेक परिचारिकाओं का भी उल्लेखनीय वर्णन है। उपन्यास में गौरी की मौसी कमल कुमारी की गौरी के प्रति आसक्ति भी दिखाया गया है। कृति में राजस्थान के सम्पूर्ण जीवन को पूरी तत्परता के साथ चित्रित किया गया है। राहुल जी ने प्राक्कथन में लिखा है कि, ''मेरी इस पुस्तक के बारे में कहा जा सकता है कि यह देर से लिखी गयी, क्योंकि इसमें राजस्थान की सात पर्दे में रहनेवाली जिन रानियों और ठकुराइनों की बेबसी, दुःखगाथा और वहाँ के पुरुषों की स्वेच्छाचारिता का वर्णन किया गया है, वह अब अतीत की वस्तु होने लगी है, इसलिए इससे परतन्त्र असूर्यपंश्याओं को अन्धकार में सहायता नहीं मिल सकती। इसका उत्तर यह भी हो सकता है कि इतिहास से विस्मृत हो जानेवाले इस जीवन का लिपिबद्ध होना जरूरी है, ताकि असूर्यपंश्याओं की अगली सन्तानें तथा इतिहास के प्रेमी भी उनके बारे में जान सकें। साथ ही यह भी ध्यान में रखने की बात है कि यद्यपि राजस्थान के तहखाने टूट रहे हैं और उनके भीतर पीढ़ियों से पले प्राणी बाहर निकलते आ रहे हैं, लेकिन तो भी तहखानों के बिलकुल साफ और खतम होने में कुछ देर लगे बिना नहीं रहेगी, इसलिए हो सकता है स्वेच्छा से मालिक के अस्तबल के किनारे फेरा लगानेवाली मुक्त दासियों को इस पुस्तक से कुछ सहायता भी मिल जायेगी।''

## विस्मृत यात्री

आत्मकथात्मक शैली में लिखा हुआ 'विस्मृत यात्री' उपन्यास छठी शताब्दी के एक ऐतिहासिक घटनाक्रम पर आधारित है। इसमें राहुल जी ने भारत भूमि पर वर्ष 518 ई. में उत्पन्न एक बौद्धयात्री नरेन्द्रयश का चित्रण किया है जो प्रणय क्षेत्र में प्रेमिका भद्रा द्वारा तिरस्कृत होकर भारत, लंका, चीन आदि देशों में घूमता हुआ बौद्ध धर्म का प्रचार एवं चीनी भाषा में बौद्धग्रन्थों का अनुवाद करने के साथ ही विभिन्न ज़ातियों और व्यवस्थाओं के लोगों के सम्पर्क में आकर नये अनुभवों को प्राप्त करता है। उसके जीवन का अन्तिम भाग अपनी जन्मभूमि स्वात (अब पाकिस्तान में) से

सैकड़ों मील दूर चीन के भूभाग पर समाप्त होता है। भारतीय समाज में व्याप्त उस वर्णव्यवस्था में जिसमें चाण्डालों और शूद्रों के साथ क्रूर व्यवहार किया जाता है, से उसको कष्ट पहुँचता है। बौद्ध स्थलों में व्याप्त विलासिता और वैभव प्रदर्शन से भी वह दुःखी होता है। जनसेवा के प्रति समर्पित चिकित्साशास्त्र से उसे अत्यधिक प्रेम है। इस प्रकार सरलता और सहजता की प्रतिमूर्ति वह अपनी प्रगतिशील चेतना के आधार पर अनेक समस्याओं का समाधान भी करता है। चूँकि भारतीय इतिहास का यह स्मरणीय घुमक्कड़ पात्र मस्तिष्क से बिसर चुका था, अतः राहुल जी ने इसे 'विस्मृत यात्री' नाम दिया है। इसमें मुख्य कथा के साथ अबार, शान्तिल, बहलीक भिक्षु, रैवतक तथा सुमन की कथाएँ भी समाहित हैं। इस उपन्यास के कई अंश 1952-53 के आसपास तत्कालीन साप्ताहिक हिन्दुस्तान के विविध अंकों में प्रकाशित हुए थे तथा उन पर काफी चर्चाएँ हुई थीं।

## दिवोदास

'दिवोदास' राहुल जी द्वारा लगभग बारह सौ ईस्वीपूर्व के कालखण्ड पर लिखा हुआ लघु एवं अन्तिम उपन्यास है जिसमें सप्तसिन्धु के आर्यों और दस्युओं का संघर्ष चित्रित है। इसमें ऋग्वेद की बारह ऋचाओं से शुरू बारह कथाओं के माध्यम से ऋग्वैदिक आर्यों के जीवन-संघर्ष, शौर्य, अपराजेय शक्ति और उनके प्रसार विस्तार आदि का जीवन्त चित्र प्रस्तुत किया गया है जिससे तत्कालीन सामाजिक जीवन की पूर्व झाँकी देखने को मिलती है। दिवोदास उपन्यास का नायक है। उसके द्वारा शम्बु और शम्बर पर विजय प्राप्त करने, पणियों को परास्त कर किरातों की सौ पुरियों को जीतने, महर्षि भारद्वाज की प्रेरणा से आर्यों का शौर्य परिपुष्ट होने आदि की घटनाएँ उपन्यास की विषयवस्तु हैं। उपन्यास में यह भी दिखाया गया है कि ऋग्वैदिक आर्य कृषिकर्म में कुशल थे। गौ-पूजक और यज्ञ में विश्वास करनेवाले थे। अनार्यों को वे चपटी नाकवाले, कृष्णचर्म, कृष्णवर्ण, अदेव मानते थे। पणि समुद्र में व्यापार करते थे। ऋग्वैदिक आर्य घुड़दौड़, पासे खेलने, नृत्य और गायन के भी शौकीन थे। यह उपन्यास कल्पना पर कम आधारित है। राहुल जी द्वारा दिवोदास पुस्तक में व्यक्त दो शब्द, जो 3 जुलाई, 1961 ई. को लिखा गया है, से यह स्पष्ट है कि वह इस पुस्तक को बड़े रूप में लिखना चाहते थे किन्तु अस्वस्थता के कारण इसे संक्षिप्त रूप में ही प्रस्तुत करना पड़ा। इसमें मुख्य कथा के साथ पुरुसम्राट् पुरुकुत्स द्वारा किरातपुरियों का संहार तथा गन्धर्वाविशित आर्य कुमारी एवं शम्बर दुहिता शम्बुपालित पुत्र देवक मन्यमान प्रसंग भी वर्णित हैं।

राहुल जी के उपन्यासों पर आलोचनात्मक दृष्टि से प्रकाश डालते हुए प्रो. डॉ. कुँवरपाल सिंह ने लिखा है कि, ''राहुल जी अपने उपन्यासों में प्रगतिशील प्रवृत्ति के पोषक रहे। उन्होंने अपने उपन्यासों में न केवल ऐतिहासिक घटनाओं को बल्कि साहित्य, संस्कृति, दर्शन और विज्ञान को भी ऐतिहासिक सन्दर्भ में देखा और परखा है। यही कारण है कि उनके उपन्यासों के कथानक अतीत से होते हुए भी उनमें स्वतन्त्र विचारों और आदर्शों की अनुगूँज सुनायी देती है। उन्होंने अपने उपन्यासों में मनुष्य की चेतना को प्राचीनतम और मध्यकालीन के चौखटे से मुक्त करके आधुनिक बनाने का प्रयत्न किया है।''

## कहानी-संग्रह

राहुल जी ने ग्रामीण, नगरीय, राष्ट्रीय एवं अन्तरराष्ट्रीय पृष्ठभूमि पर अतीत से लेकर वर्तमान तक की घटनाओं को कुछ यथार्थ कुछ कल्पना का पुट देते हुए बहुत-सी कहानियों की रचना की है जो भिन्न-भिन्न कहानी-संग्रहों में संकलित हैं। ये कहानियाँ भी उनकी अन्य रचनाओं की भाँति चर्चित, प्रशंसित तथा विवादित हैं। राहुल जी द्वारा प्रस्तुत चार कहानी-संग्रह हैं जिनके नाम सतमी के बच्चे, वोल्गा से गंगा, बहुरंगी मधुपुरी और कनैला की कथा है। इनमें कुल साठ कहानियाँ दी गयी हैं।

## सतमी के बच्चे

'सतमी के बच्चे' कहानी-संग्रह में राहुल जी ने अपने ननिहाल पन्दहा की बाल्यस्मृतियों को कई कहानियों के माध्यम से प्रस्तुत किया है। उस संकलन में सतमी के बच्चे, डीह बाबा, पाठक जी, पुजारी, स्मृतिज्ञान कीर्ति, जयसिरी, राजबली, रामगोपाल, धुरविन तथा दलसिंगार शीर्षक से कुल दस कहानियाँ दी गयी हैं। सतमी के बच्चे इस संग्रह की मुख्य कहानी है। इसमें निराश्रित सतमी अहीरिन अपनी दयनीय आर्थिक स्थिति के कारण अपने बच्चों की यथोचित देखभाल नहीं कर पाती है और असमय उसके चार बच्चे काल कवलित हो जाते हैं। उसकी पुत्री सुखिया भी पति पक्ष से पीड़ित होकर माँ के ऊपर भारस्वरूप है। इसमें माँ-बेटी दोनों का संघर्षमय जीवन अंकित है। डीह बाबा कहानी में भर जाति की कर्मठता, पाठक जी कहानी में उनके नाना तथा पुजारी जी में उनके पिता जी पर आधारित संस्मरण हैं।

जयसिरी कहानी में दिखाया गया है कि गरीबी के कारण प्रतिभा का पल्लवन नहीं हो पाता है। राजबली मात्र 16 वर्ष की उम्र में दिवंगत एक पितृविहीन बालक की करुणगाथा है। रामगोपाल कहानी के माध्यम से एक शिक्षित, परोपकारी, प्रवासी

भारतीयों के हितैषी अध्यापक का चित्र उपस्थित किया गया है जिसकी सारी महत्त्वांकाक्षाएँ प्लेग की शिकार हो जाती हैं। धुरविन निम्न जाति के एक युवक द्वारा अपराधिक मार्ग अपनाकर सामाजिक सम्मान प्राप्त करने के लिए किये गये संघर्ष की कहानी है। अन्तिम कहानी दलसिंगार में उस अन्धविश्वास को दिखाया गया है जिसके चलते परिवार में शिक्षा को अशुभ माना गया है।

सभी कहानियाँ दयनीय ग्राम्य जीवन का वास्तविक दृश्य उपस्थित करती हैं। समस्त कहानियों के नायक राहुल जी के बचपन के परिचित हैं। इस संग्रह की एक कहानी स्मृतिज्ञान कीर्ति अकेली पुरानी ऐतिहासिक कहानी है, जिसकी सामग्री उन्हें तिब्बत में मिली थी।

## वोल्गा से गंगा

'वोल्गा से गंगा' राहुल जी का सबसे महत्त्वपूर्ण कथा-संग्रह है, जो प्राग्वैदिक काल से 1944 ई. तक के भारतीय समाज को समेटता है, यद्यपि कहानियों का विस्तार अन्तरराष्ट्रीय स्तर तक है। इस पुस्तक में कुल बीस कहानियाँ दी गयी हैं, जिनमें निशा, दिवा, अमृताश्व, पुरुहूत, पुरुधान, अंगिरा, सुदास, प्रवाहण, बन्धुल मल्ल, नागदत्त, प्रभा शीर्षक की ग्यारह कहानियाँ 6000 ई. पूर्व से लेकर 50 ई. पूर्व तक के काल पर आधारित हैं। सुपर्ण यौधेय, दुर्मुख, चक्रपाणि, बाबा नूरदीन, सुरैया, रेखा भगत, मंगल सिंह, सफदर, सुमेर शीर्षक 9 कहानियाँ 420 ई. से लेकर 1942 ई. तक के घटनाक्रम को प्रस्तुत करती हैं।

प्रथम कहानी 'निशा' में उस आदिम परिवार की गाथा दी गयी है, जिसकी नायिका निशा युवावस्था की ओर बढ़ती हुई अपनी ही पुत्री लेखा से ईर्ष्या करती है तथा उसे नदी में डुबोना चाहती है। अन्ततः दोनों ही वोल्गा में विलीन हो जाती हैं। 'दिवा' निरन्तर वृद्धि की ओर अग्रसर निशाजन की नायिका की 3500 ई. पूर्व के कालखण्ड की कहानी है।

उषाजन पर विजय प्राप्त कर यह जन समस्त जनों पर मानसिक आतंक स्थापित करता है। 'अमृताश्व' का घटनाक्रम 3000 ई. पूर्व से जुड़ा है। इसमें कथानायक कुरुकुमार अमृताश्व का विवाह पक्व जन की कन्या मधुरा से होता है तथा वह कुरुकुल का महापितर घोषित होता है। उसके आदेश से कुरुओं का पुरुजन से युद्ध होता है जिसमें पुरुओं की हार होती है। 'पुरुहूत' 2500 ई. पूर्व के परिवेश पर रचित कहानी है। कथानायक पुरुहूत का प्रेम सम्बन्ध उसके मातुल कुल की कन्या रोचना से होता है। वह पुरु एवं ऊपरी मद्रजनों के महापितरों की बैठक में युद्ध संचालन हेतु

संयुक्त सेनापति घोषित किया जाता है तथा युद्ध में शत्रुओं का संहार करता है। 'पुरुधान' कहानी का घटनाकाल 2000 ई. पूर्व का है। इसमें पचास वर्षीय सुमेर की बीस वर्षीया पत्नी अपनी पति की मृत्यु के उपरान्त चचेरे देवर पुरुधान से विवाह करती है। पुरुधान के नेतृत्व में असुरों से युद्ध होता है जिसमें असुर सैनिक मारे जाते हैं। 'अंगिरा' कहानी का कार्यक्षेत्र गन्धार (तक्षशिला) है तथा काल 1800 ई. पूर्व का है। कथानायक एक वैदिक आर्य ऋषि अंगिरा है। इसमें भारत के विविध क्षेत्रों में प्रसार और यहाँ के पुराने असुर राजाओं और कोलों से उनके संघर्ष, सम्पर्क और समन्वय की गाथा है।

सुदास 1500 ई. पूर्व के कालखण्ड पर आधारित है। इस कहानी में मद्रपुर कुमारी अपाला और पांचाल राजकुमार सुदास का प्रणय प्रसंग, सुदास का बीच में पिता दिवोदास के पास जाने, उसकी मृत्यु के पश्चात् राजा बनने, फिर लौटकर दिवंगत अपाला के गाँव जाने की घटना वर्णित है। 700 ई. पूर्व की घटना से सम्बन्धित कहानी का नायक 'प्रवाहण' वैदिक मन्त्रों को रटनेवाला एक संयमी वटु है तथा उसकी ममेरी बहन लोपा एक तर्कप्रधान युवती है। कालान्तर में दोनों विवाह बन्धन में बँध जाते हैं। बाद में प्रवाहण पांचाल प्रदेश का सम्राट् बनता है। ब्रह्मवादी तथा पुनर्जन्मवादी प्रवाहण का लोपा विरोध करती है। 490 ई. पूर्व के काल पर केन्द्रित कहानी बन्धुल मल्ल का नायक बन्धुल मल्ल एक भीषण राजनीतिक षड्यन्त्र का शिकार होकर अपनी ही मातृभूमि के विरुद्ध प्रसेनजित् से लड़ता हुआ सकुटुम्ब वीरगति को प्राप्त करता है। इसके प्रतिशोधस्वरूप बन्धुल मल्ल के भागिनेय दीर्घ कारायण की चाल से प्रसेनजित की आकस्मिक मृत्यु हो जाती है। 'नागदत्त' 335 ई. पूर्व की कहानी है। नागदत्त वैद्य को परसिया के राजा का उपचार करने के परिणामस्वरूप एथेन्सवासी सोफिया दासी के रूप में उपहार में मिलती हैं। एथेन्स पहुँचकर नागदत्त सोफिया से विवाह कर लेता है। कालान्तर में दोनों सलामी की खाड़ी देखने के लिए नौका पर सवार होकर निकलते हैं। नौका उलट जाने से दोनों की मृत्यु हो जाती है। 'प्रभा' कहानी का घटना समय 50 ई. पूर्व का है। इसमें संस्कृत-प्राकृत के प्रसिद्ध कवि अश्वघोष और पवनकुल की कन्या प्रभा की प्रेमकथा है। वे परस्पर विवाह करना चाहते हैं किन्तु वर्ण जाति की रूढ़िग्रस्तता के कारण यह सम्भव नहीं हो पाता है। अश्वघोष के प्रति समर्पित प्रभा अपने उत्सर्ग से अश्वघोष को आगे बढ़ाने में सहायता करती है।

उज्जयिनी में उत्पन्न सुपर्ण यौधेय कवि कालिदास से अश्वघोष के रास्ते पर चलने को कहता है। देशाटन करते हुए वह वसुबन्धु के शिष्य दिङ्नाग से मिलता है तथा उनका आशीर्वाद प्राप्त कर यौधेयगण को पुनर्जीवित करने का संकल्प लेता है। उसे राज्यतन्त्र की अपेक्षा गणतन्त्रप्रिय है। इसमें आदर्श और वीर यौधेय जाति के उच्छेद

की कहानी है। कहानी का काल 420 ई. है। 'दुर्मुख' कहानी में हर्षवर्द्धन के व्यक्तित्व की विसंगतियों और बाणभट्ट के स्वाभिमान की गाथा अंकित है। स्पष्टवादिता के कारण ही बाणभट्ट को दुर्मुख कहा गया है तथा स्वच्छन्द भ्रमण प्रवृत्ति का होने के कारण हर्ष ने उन्हें भुजंग कहा था। कहानी 630 ई. के काल पर केन्द्रित है। 'चक्रपाणि' का घटना केन्द्र उज्जैन तथा काल 1200 ई. है। इसमें पृथ्वीराज एवं जयचन्द के वैमनस्य के माध्यम से हिन्दू राज्यों के पतन का कारण दिखाने के साथ ही चक्रपाणि वैद्य द्वारा जयचन्द के पुत्र को चिकित्सा करके उसे स्वस्थ किये जाने की घटना दी गयी है। 300 ई. की कहानी ''बाबा नूरदीन अलाउद्दीन खिलजी के शासन तथ मानवतावादी सूफी सन्त नूरदीन की गाथा है। कहानी में अक्रान्ता शासकों की मनोवृत्ति को स्पष्ट  किया गया है। इसमें हिन्दू-मुस्लिम एकता का प्रसार है। सुरैया कहानी 1600 ई. के घटनाक्रम से जुड़ी है। इसमें अबुल फजल की पुत्री सुरैया तथा टोडरमल के पुत्र कमल के अन्तर्जातीयविवाह का वर्णन है जो अकबर की सद्भावना प्रेरणा से सम्पन्न होता है। इसमें अकबर की उदार मनोवृत्ति का चित्रण है। नवदम्पति के असमय, समुद्र में डूब जाने के कारण हुए देहावसान से कहानी दुःखान्त हो जाती है।

सामन्ती अत्याचारों से ग्रस्त रेखाभगत की कहानी 'रेखाभगत' में वर्णित है। कहानी का काल 1800 ई. है। इसमें दो सेर दूध न दे पाने पर जमींदार के आदमी रेखाभगत की पत्नी मँगरी के स्तनों से दूध निकालते हैं। अपनी पत्नी को वह अपनी आँखों के समक्ष अपमानित होते हुए देखता है। बाद में रेखाभगत बदले की भावना से जमींदार को समाप्त कर डालता है। 'मंगलसिंह' कहानी का नायक मंगलसिंह काशिराज चेतसिंह का पौत्र है, जो इंग्लैण्ड में शिक्षा प्राप्ति के समय साम्यवादी विचारों का पक्षधर हो जाता है। स्वदेश आकर वह 1857 ई. में अवध की ओर से विदेशी शासन के विरुद्ध लड़ाई लड़ता है तथा वीरगति को प्राप्त होता है। इस कहानी में सामन्तवाद, प्रजातन्त्र और राजतन्त्र की व्याख्या है। 1922 ई. को देश-काल पर आधारित कहानी 'सफदर' में 'शंकर सिंह' एवं एडवोकेट सफदर स्वतन्त्रता आन्दोलन में गाँधी के विचारों का विरोध करते हैं और साम्यवादी व्याख्या का समर्थन करते हैं। 'सुमेर' शीर्षक कहानी एक हरिजन युवक सुमेर के जीवन पर केन्द्रित है, जिसका कालखण्ड 1942 ई. है। सुमेर गाँधी की हरिजनोद्धार नीति का प्रबल विरोधी है। वह द्वितीय विश्वयुद्ध में अंग्रेजों की ओर से जापानी फासिस्टों के विरुद्ध लड़ते हुए वीरगति को प्राप्त होता है। इसमें सुमेर और बालक राम ओझा के संवाद द्वारा लेखक ने मार्क्सवाद, गाँधीवाद, जातिभेद एवं भारतीय जनता के अवगुणों का वैयक्तिक सन्दर्भ में उल्लेख किया है।

कल्पना और यथार्थ से समन्वित इन कहानियों के माध्यम से राहुल सांकृत्यायन ने हजारों वर्षों के इतिहास, सामाजिक विकास क्रम और सभ्यता संस्कृति के उत्थान-पतन की कलात्मक प्रस्तुति की है। कहानियों में जिन विषयों पर चर्चा की गयी है, वे हिन्दी साहित्य में लगभग अछूते ही थे। कहानियों के परिदृश्य पर प्रकाश डालते हुए उन्होंने 'वोल्गा से गंगा' के द्वितीय संस्करण में लिखा है कि, "लेखक की एक-एक कहानी के पीछे उस युग से सम्बन्ध की वह भारी सामग्री है जो दुनिया की कितनी ही भाषाओं, तुलनात्मक भाषाविज्ञान, मिट्टी, पत्थर, ताँबे, पीतल, लोहे पर सांकेतिक व लिखित साहित्य अथवा अलिखित गीतों, कहानियों, रीति-रिवाजों, टोटके-टोनों में पायी जाती है। राहुल जी ने 'मेरी जीवन-यात्रा" भाग दो में लिखा है कि, "मैंने 1 जून को वोल्गा से गंगा की पहली कहानी निशा लिखी और अन्तिम कहानी सुमेर 21 जून को खत्म हुई।" इससे स्पष्ट है कि समस्त बीस कहानियाँ सेण्ट्रल जेल हजारीबाग में 1 जून से 21 जून, 1942 के भीतर यानी इक्कीस दिन में ही लिखी गयी है। राहुल जी द्वारा लिखी पुस्तकों में यह सर्वाधिक चर्चित हुई है तथा इसके कई संस्करण एवं कई भाषाओं में अनुवाद हुए हैं।

## कनैला की कथा

'कनैला की कथा' में राहुल जी ने अपने पितृग्राम कनैला का प्रागैतिहासिक काल से लेकर आज तक का इतिहास लिखा है। इसमें दी गयी कहानियों को कहानी कम संस्मरण या पुरातात्त्विक विवरण अधिक कहा जा सकता है। इसमें 'त्रिवेणी, काशीग्राम, बड़ी रानी, देवपुत्र, कलाकार, सैय्यद बाबा, नरमेध, सन् 57, स्वराज्य शीर्षक से नौ कहानियाँ जिनका घटनाकाल 1300 ई. पूर्व से 1957 ई. के मध्य का है, दी गयी हैं। कनैला में उनका बचपन बीता था किन्तु बाल्यावस्था में उस स्थान के ऐतिहासिक महत्त्व से वह अनभिज्ञ थे। पुस्तक के प्राक्कथन में उन्होंने लिखा है कि, "हर गाँव की आप बीती रोचक कथाएँ होती हैं जिनको बाल्यकल्पना और मोहक बना देती हैं। हो सकता है मेरे लिये भी कनैला की कथाएँ आकर्षक मालूम हुई हों। पर सत्य कल्पना से भी अधिक सुन्दर होता है। कनैला की धरती जिस भाषा में परिचय दे रही थी, उस समय उससे मैं परिचित नहीं था। जब परिचित हुआ तो कुछ घण्टों के लिए सिर्फ दो बार – 1943 और 1957 में वहाँ जा पाया।"

13 फरवरी, 1957 को वह पुरातात्त्विक सामग्री देखने के लिए कनैला आये थे। उस दौरान उन्होंने जिन स्थानों, व्यक्तियों, गतिविधियों से परिचय प्राप्त किया, उन्हें ही उन्होंने अपनी कहानियों में उतारा है। वास्तव में कनैला की कथा के माध्यम से लेखक

ने भारत के पूर्व ऐतिहासिक काल और कालानुक्रम में होनेवाले सामाजिक रूपान्तरों का लेखा-जोखा प्रस्तुत किया है। पुस्तक का समर्पण उन्होंने अपनी प्रथम परिणीता को इन शब्दों में किया है। "समर्पण – उसी प्रथम परिणीता को जिसका सारा जीवन मेरी महत्त्वाकांक्षाओं का शिकार हुआ।"

## बहुरंगी मधुपुरी

कमला पेरियार से विवाहोपरान्त राहुल सांकृत्यायन ने अपना निवास मसूरी को बनाया था। इसी मसूरी का नाम मधुपुरी रखते हुए उस नगरी के उतार-चढ़ाव, पराधीन भारत में अंग्रेजी काल के इसके रूप और वैभव को लेकर स्वाधीन भारत तक के उत्थान-पतन और आर्थिक-सामाजिक जीवन-स्तर का वर्णन, बूढ़े लाला, हाय बुढ़ापा, कुमार दुरंजय, मेम साहब, महाप्रभु, लिपस्टिक, ठाकुर जी, रामबहादुर, गुरु जी, मीनाक्षी, गोलू, रूपी, राउत, कमल सिंह, डोरा, विसुन, पेड़ बाबा, सुल्तान, मास्टर जी, चम्पो, काठ का साहब शीर्षकवाली इक्कीस कहानियों में किया गया है। इन कहानियों के सम्बन्ध में बहुरंगी मधुपुरी के दो शब्द के अन्तर्गत उन्होंने लिखा है कि, "इस संग्रह में मेरी इक्कीस कहानियाँ है जिनमें पर्वतीय विलास पुरियों के जीवन को अंकित किया गया है। यद्यपि ये कहानियाँ काल्पनिक नहीं, बल्कि वास्तविक जीवन के आधार पर लिखी गयी हैं, पर यह भूल होगी यदि इनमें से एक-एक को किसी एक व्यक्ति की जीवनकथा मान लिया जाय। मैंने हर एक कहानी के चरित्र के लिए वस्तुतः बहुत-से व्यक्तियों को लिया और ऊपर से कुछ बातें कल्पित भी की हैं।" कहानियों में गौरांग, स्त्री पुरुष, सामन्त, रजवाड़े, सेठ-सेठानियाँ, दुकानदार, किसान, रूपजीवा स्त्रियाँ, भंगी, जमादार जैसे चरित्र हैं और ह्रासोन्मुख पूँजीवाद में समाज की सड़ाँध को दर्शाया गया है।

# अनुवाद कार्य

1923-25 ई. में राहुल जी दो वर्ष हजारीबाग जेल में थे। उसी अवधि में उन्होंने स्वान्तः सुखाय अंग्रेजी उपन्यासों का हिन्दी में 'शैतान की आँख', विस्मृति के गर्भ में, जादू का मुल्क और सोने की ढाल नाम से अनुवाद किया था। मूल उपन्यासकारों के नाम उन्हें याद नहीं रह गये थे। इस पर खेद व्यक्त करते हुए उन्होंने 'सोने की ढाल' पुस्तक के प्राक्कथन में लिखा है कि, "मुझे अफसोस है जिन ग्रन्थों के पिछले अनुवाद हैं, उनका और उनके कर्त्ताओं का नाम मैंने नोट नहीं कर रखा, दूसरी तरफ से भी प्रयत्न करने पर मुझे नाम नहीं मालूम हो सके। अनुवाद में बहुत अधिक स्वतन्त्रता से

काम लिया गया है।'' इसके अतिरिक्त एक और उपन्यास का अंग्रेजी से अनुवाद 'निराले हीरे की खोज' के नाम से उन्होंने किया था।

'शैतान की आँख' उपन्यास के मुख्य पात्र हैं विजयशंकर, हीरामोहन, माधव। वे अपनी चुनौतीपूर्ण जलयात्राओं द्वारा दुर्लभ वज्रमणि का रहस्य उद्‌घाटित करते हैं, जिसे मुर्दों की गुफावाली शैतान की आँख कहा जाता है। 'विस्मृति के गर्भ में' उपन्यास आत्मकथात्मक शैली में लिखा गया है जो मिस्र और अफ्रीका के पुरातात्त्विक स्थलों की रहस्यात्मकता एवं उनके दृष्टान्तों पर आधारित है। उपोद्‌घात से यह स्पष्ट होता है कि इसमें भी राहुल जी ने उत्सुकता जगानेवाली उसी प्रवृत्ति का अनुकरण किया है जैसा कि सिंह सेनापति में है। उपोद्‌घात के अन्त में लेखक, जो राहुल के परिचय से भिन्न प्रतीत होता है, द्वारा कहा गया यह कौतूहलपूर्ण कथन ध्यातव्य है। ''यदि किसी को मेरे कथन पर सन्देह है तो उसे मितनी-हर्षी के विचित्र नगर की यात्रा करनी चाहिए। वहाँ राजप्रासाद की उत्तर दिशा के उद्यान में वह सुन्दर और सौम्य रानी मिलेगी, जो उस विचित्र देश पर शासन करती है और इससे भी अधिक उसे एक अद्‌भुत और उल्लेखनीय पुरुष की ममी (सुरक्षित शव) मिलेगी, जो एक समय हमारे पटना हाईकोर्ट का वकील था।''

'जादू का मुल्क' मध्य एशिया में स्थित एक रहस्य एवं रोमांच से युक्त स्थान है जो तुंगाला जाति के निवास का पर्याय है। इसमें पालि नामक जादूगर तुंगाला जाति के मनुष्यों पर शासन करता है। तीन साहसी युवक इस क्षेत्र की सच्चाई उजागर करने को कृत संकल्प हैं। राहुल जी ने 'सोने की ढाल' के माध्यम से वैचारिक धरातल पर एकदम नया प्रयोग किया है। हिन्दी के प्रारम्भिक काल में बाबू देवकीनन्दन खत्री ने जिस प्रकार तिलस्मी उपन्यासों के पढ़ने के प्रति रुचि उत्पन्न की थी, कुछ ऐसा ही प्रभाव इस उपन्यास में दिखायी पड़ता है। इसमें सोने की ढाल प्राप्त करने के लिए किये गये संघर्ष की कहानी है। इसके पात्र कई देशों जैसे भारत, अरब, रूस आदि देशों के हैं।

'निराले हीरे की खोज' राहुल जी द्वारा अनूदित उन बीस कहानियों का संग्रह है जो उन्होंने अपने साहित्यिक जीवन के प्रारम्भ में किया था। इन सभी कहानियों पर राहुल जी की घुमक्कड़ी वृत्ति की छाप है। कहानियों का कलेवर अति मानवीय करुणा व रहस्यों से ओतप्रोत है।

राहुल जी ने 1947 से 1952 के बीच ताजिक भाषा के छह उपन्यासों का हिन्दी में अनुवाद किया था। इनमें से पाँच उपन्यास दाखुन्दा, जो दास थे, अनाथ, अदीना और सूदखोर की मौत के लेखक सदरूद्‌दीन ऐनी तथा शादी के लेखक जलाल इकरामी है। 'दाखुन्दा' उपन्यास ताजिक भाषा की बहुमूल्य निधि है। इसमें बुखारा और

ताजिकिस्तान की सबसे महत्त्वपूर्ण ऐतिहासिक घटनाओं और वर्ग युद्ध का चित्र खींचा गया है। इसमें वर्णित घटनाओं का एक अपना राजनीतिक महत्त्व है। दाखुन्दा में, पूर्वी बुखारा (ताजिकिस्तान) में 'बासमचियों का पैदा होना', अनवर पाशा का आकर उनसे मिल जाना तथा जदीदों से उनका एवं बासमचियों से सम्बन्धों को बड़े विस्तार से बताया गया है। 'जो दास थे' उपन्यास में इतिहास के एक भाग का बहुत ही ज्ञानपूर्ण चित्रण है और शुरू से लेकर प्रजातन्त्र में कलाखोजों की स्थापना और नये जीवन के निर्माण तक पाठक को ले जाता है। इसमें विगत सौ वर्षों की घटनाओं को आधार बनाया गया है।

'अनाथ' एक छोटा उपन्यास है, जिसे ऐनी ने मुख्य रूप से ताजिक और उजबेक बालक-बालिकाओं के लिए लिखा है जिनके प्रजातन्त्र अफगानिस्तान की सीमा पर पड़ते हैं। इसमें सीमान्त पार से होनेवाले उपद्रवों का वर्णन है। यह पुस्तक मुख्यतया सीमान्त के तरुण-तरुणियों को यह हृदयस्थ कराने के लिए लिखी गयी है कि मातृभूमि की सीमा रक्षा के लिए उन्हें कितना सजग रहने की आवश्यकता है। 'अदीना' में ऐनी ने क्रान्तिकारी ताजिकिस्तान की एक भावपूर्ण कहानी तथा एक पहाड़ी लड़के के गरीबी से मजबूर होकर अपनी भूमि छोड़ काम की खोज में भटकने के जीवन का वर्णन किया है। यह उपन्यास समरकन्द से निकलनेवाले आवाजे ताजिक में 23 नवम्बर, 1924 ई. से क्रमशः प्रकाशित हुआ था। 1927 ई. में यह 'अदीना' नाम से पुस्तकाकार छपा।

'सूदखोर की मौत' उपन्यास में बुखारा के अमीरों का विशेष तौर से सविस्तार वर्णन किया गया है। इसमें बुखारा के कसाई की क्रूरतापूर्ण कहानी दी गयी है। वहाँ एक पुरानी पाठशाला में अनेक योग्य तरुणों का बचपन खराब किया जाता था। उसी स्थान पर एक दुष्ट सूदखोर और जनता के भारी शत्रु के जीवन का अवसान होता है। शादी उपन्यास भी ताजिक भाषा का ही है। इसके लेखक का नाम जलाल इकरामी है। 1929 ई. से 1939 ई. के मध्य ताजिकिस्तान में जो वैज्ञानिक, आर्थिक तथा औद्योगिक परिवर्तन हुए, उसका विश्वस्त चित्रण इस उपन्यास में हुआ है। सहकारी कृषि व्यवस्था की भी इसमें प्रशंसा की गयी है।

राहुल जी की शिमला यात्रा के दौरान कबाड़ी की दुकान से उन्हें अंग्रेजी की एक पुरानी किताब फाउण्डर्स ऑफ इण्डिया इन ब्रिटिश रूल' मिली थी। इस पुस्तक का भी हिन्दी अनुवाद उन्होंने 'भारत में अंग्रेजी राज के संस्थापक' नाम से किया है।

राहुल जी ने अनुवादक के रूप में उल्लेखनीय कार्य किया है। वह चाहते थे कि विश्व की समस्त श्रेष्ठ कृतियों का अनुवाद हिन्दी भाषा में उपलब्ध हो। इसी उद्देश्य से उन्होंने अंग्रेजी और ताजिक भाषा की कई कृतियों का हिन्दी में अनुवाद किया गया।

## नाटक

राहुल सांकृत्यायन ने वर्ष 1942 ई. में हजारीबाग जेल-जीवन के दौरान छपरा की भाषा मल्लिका में आठ नाटकों की रचना की थी। इन नाटकों के सम्बन्ध में उन्होंने लिखा है कि, "26 जून से मैंने 'जपनिया राछछ' और दूसरे सात नाटकों को छपरा की भाषा (मल्लिका) में लिखा है। मैं 1921 ही से अपने व्याख्यानों के लिए छपरा में वहाँ ही की भाषा का इस्तेमाल करता आया था। मैं इन मातृभाषाओं की क्षमता और समृद्ध शब्द-भण्डार को अपनी आँखों से देखता था। सोवियत में जाने के बाद वहाँ की मातृभाषाओं की उपयोगिता को देखकर अच्छी तरह समझने लगा कि जनता के हिन्दुस्तान में इन भाषाओं को बहुत काम करना है। इसी ख्याल से 1939 में आठ नाटकों को लिखा। इनमें चार जपनिया राछछ, देस-रच्छक, जरमनवा के हार निहचय, ई हमार लड़ाई फासिस्तविरोधी भावों को फैलाने के लिए लिखे गये थे। ढुनमुन नेता में भिन्न-भिन्न राजनीतिक विचारधाराओं का विश्लेषण किया गया था। नइकी दुनिया और जोंक में साम्यवादी विचारों और साम्यवाद की आवश्यकता को और मेहरारून क दुरदसा में 'स्त्रियों' की हीनावस्था को दिखलाया गया था।"

उन्होंने ग्राम्यबोली में नाटकों की रचना कर सामाजिक परिवर्तन के सारे अवयवों का सार्थक उपयोग किया और ये नाटक 'काव्येषु नाटकं रम्यं' के आधार पर राहुल जी का समर्थ कवि रूप भी हमारे सामने लाते हैं। अपने नाटकों में हृदय को छू लेनेवाले अनेक प्रभावोत्पादक गीतों की सुन्दर सर्जना करने में भी वे पीछे नहीं रहे हैं। राहुल जी द्वारा लिखे गये आठों नाटक 'तीन नाटक' और 'पाँच नाटक' दो संग्रहों में सम्मिलित किये गये हैं। तीन नाटक-संग्रह में 'मेहरारून के दुरदसा', 'नइकी दुनिया और जोंक' शामिल हैं। तीन नाटक के पहले नाटक मेहरारून क दुरदसा' की शुरुआत एक करुणापरक गीत से करते हुए एक ही माँ-बाप से उत्पन्न पुत्र एवं पुत्री में भेद-भाव का मार्मिक चित्र खींचकर पुरुष प्रधान संस्कृति पर उन्होंने सीधे चोट की है –

*एकै माई बपवा से एक ही उदरवा में,*
*दूनों के जनमवा भइल, रे पुरुखवा।*
*पूत के जनमवा में नाच आ सोहर होला,*
*बेटी के जनम परे सोग रे पुरुखवा।*
*धनवा धरतिया पर बेटवा के हक होला*
*बिटिया का कुछु ओ ना हक, रे पुरुखवा।*
*मरदा के खइला कमइला के रहत बा,*
*तिरिया के लागेला केवाड़ रे पुरुखवा।।*

इस नाटक के माध्यम से उन्होंने महिलाओं को रूढ़िवादिता से मुक्त होकर अपने हक की लड़ाई के लिए आगे आने का आह्वान किया है। उनके संवाद नितान्त सधे और चुस्त हैं, जिसमें महिला मुक्ति की संघर्ष चेतना भरपूर है। कुछ उदाहरण द्रष्टव्य हैं –

"धरम करम के पोथा समुच्चा मरद के बनावल ह, जौना में मरद लोग हमनी के खिलाफ हनि हनि के कलम चलौले बा। ई त सात समुन्दर पार से दूसर जाति के लोग आइल, जवन त सती-ई जियते मेहरारू के जारल बन्द कइलस। जनमत बिटिया के मुअवहू के रोकथाम के बड़ कोशिश भइल बा, तौनो पर कहूँ-कहूँ ऊ चालि रहत बा।

*पोथी पतरा के धरम के होइत त आजि ले सत्ती ना बन्द भइल होइत।"*

◆ ◆ ◆

*"हमनी ई बाति ना मानि सकीले कि बेटा सोना की डिबिया में से आइल बा, आ बेटी इमली के खोड़रा से।"*

◆ ◆ ◆

*"मेहरारू के नीच कहल जाला, जे मेहरारू नीच होइत त ओहि से जनमल मरद ऊँच कइसे हो जाला।"*

*"'बेटा के जनम में मतारी के थन से दुसरा तरह के दूध आवेला, बेटी के जनम में दुसरा तरह के, ई त ना देखल जाला। फेनु काहें दूनों के दुइ आँखि से देखल जाई।"*

आज महिला आरक्षण और नारी सशक्तीकरण की बात की जा रही है। राहुल जी ने लगभग तीन बटा चार शताब्दी पूर्व ही इस नाटक में महिला पात्र लछिमी के मुँह से यह माँग उठाकर भविष्य की ओर संकेत कर दिया है।

*"जैसे बहुरिया जी के राज काज व लोक में मरद के बराबरे हक मिले वैसे ही सरकारी राज काज चलावे में कुलि मेहरारून के मरद के बरोबरे हक होवे के चाही।"*

दूसरा नाटक 'नइकी दुनिया' है, जिसका प्रारम्भ इस गीत से होता है –

*नइकी दुनिया के बसौले, ई कुलि दुखवा जाई ना।*
*जहँवान केहुवे बड़ छोट लोगवा, सब्बै भाई भाई ना।*

*केहु केत गाजल बाड़े अन धन सोनवा, केहू भुखिया तड़पै ना,*
*केहु त नहाला नित अतर गुललवा, केहू पनिया तरसै ना,*
*चमवा के छाड़ि जब कमवा विचार होई, तबे भुखिया भागी ना।।*

इस नाटक में गण्डा ताबीज, पूजा, उपासना एवं धार्मिक कर्मकाण्डों की खिल्ली उड़ायी गयी है।

अपने रूस प्रवास के दौरान राहुल जी ने वहाँ की साम्यवादी कार्यप्रणाली को नजदीक से देखा था, जिसमें शोषण का नाम नहीं था, अमीर-गरीब का भेद नहीं था, काम और अधिकार की समानता थी। उसी व्यवस्था का स्वप्न नाटक का एक पात्र बटुक इन शब्दों में देखता है –

*'देखतनी हमरा सुराज में मुरली में एको धर गरीब ना रहे पायी। केहु के लड़का भूखा नंगा ना रहे पइहें। केहू मसलद पर बइठल-बइठल घीउ मलीदा खा मोटा के भइंसा ना होवे पायी, आ न केहू काम करत-करत सिटुकि के लकड़ी बनै पायी।''*

राहुल जी इसी वर्णित व्यवस्था को देश में लाना चाहते थे। वह गाँधीवाद से सहमत नहीं थे। उनकी दृष्टि में गाँधी जी मजदूरों, किसानों के लिए कोई व्यवस्था दे पाने में अक्षम थे। – ''गान्ही जी के रहता वो ही दिन कौना काम के ना रहि गइल जौना दिन गान्ही जी के चेलन के हाथ से मजदूरन किसान के गला रेताइल।'' बाद के दिनों में गाँधीवाद की अनेक वैचारिक विसंगतियों के बावजूद उन्होंने गाँधी और गाँधीवाद की प्रशंसा यह कहते हुए की है –

''गाँधी जी ने देश की जो सेवा की है, वह अद्वितीय है। हमें स्वतन्त्रता जनजागरण और कुर्बानियों के कारण मिली। जनजागरण में सबसे बड़ा हाथ गाँधी जी का है। यह भी मानने में कोई आपत्ति नहीं है कि गाँधी जी जैसे प्रभावशाली महापुरुष यदि आर्थिक स्वतन्त्रता के ध्येय में लग जायें तो बहुत काम हो सकता है।'' ''गाँधीवाद ने भारतीय इतिहास में सबसे उल्लेखनीय महत्त्व की जो बात की है, वह है साधारण जनता तक क्रान्ति के सन्देश को पहुँचाना और उसके लिए स्वार्थत्याग का भाव पैदा करना। यह मामूली बात नहीं है और इसके लिए इतिहास हमेशा गाँधी जी का नाम आदर और अभिमान के साथ लेगा।''

पारम्परिक प्रवृत्तियों से हटकर नवीनता के आग्रही राहुल का कहना था कि –

*ढाहा भइल पुरनका घर ई*
*नइकी नेंव करा तइयार*

*नई हवेली सिरजा भाई*
*नयका होई अब संसार*

नाटक 'जोंक' में दूसरों के श्रम और पैसे पर मौज उड़ानेवाले मठाधीशों को जोंक की संज्ञा देते हुए पात्र नोहर द्वारा इस कथन में परिभाषित कराया गया है। "जेतना लोग दुसरा के कमाई पर, दुसरा के पसीना पर, दुसरा के खून पर जीयैला, ऊ सब जोंक हवें। जब ले जोंक दुनिया में रहि हैं, जबले जोंकन के सरदारी रही, तब ले मजदूरन, किसानन, जाँगरवालन के हाँड़ी पर ढकनी ना बइठी।" इन जोंकों से मुक्ति दिलाकर वह एक ऐसी दुनिया की कल्पना करते हैं, "जौना में जोंक न रहें, जिमदार, मिल, मालिक, सेठ साहूकार ना रहें, जौना में सब केहू के देह से काम करैके पड़े, सब केहू के खाये, कपड़ा रहे के पूरा इन्तजाम होखे। समुच्चा देश और दुनिया के एगो खानदान बनि जाय। हर करिया-गोर-बड़की-बड़की तनख्वाहवाली जोंक समाप्त हो जाय। विलायत में बड़का मन्तिरी छह हजार महिन्ना पावे और ओनकर एगो मामूली नौकर बड़का लाट बाइस हजार रुपया, छोटका लाट दस हजार रुपया महिन्ना पावे। भाई! जब यह जोंकन के विदा ना कइल जाई, तबले नई लड़ाई न होई, न मजदूरन-किसानन के पेट के अन्न आ तन के कपड़ा जुरी।"

राहुल जी ने ब्राह्मणवादी व्यवस्था पर चोट करते हुए पौराणिक धरम करम को गले की फाँसी करार दिया है।

*हाय दैया बनल गरे फाँसी*
*स्वारथ से जोड़ि जोड़ि पोथिया बनौलस*
*बम्हना भइल मतिनासी।*
*झूठ बाटे सधुवा, धरमवा, करमवा*
*झूठे बम्हनवा कै काशी।*

उनके सभी तीन नाटकों का अन्त निम्नांकित गीत से होता है। प्रत्येक नाटक चार अंकों में विभक्त हैं तथा उनमें नाटक के पात्रों की संख्या क्रमशः आठ, बारह एवं उन्नीस है।

*उठ उठ रे भुखबन्धुई उठु रे धरती के अभगिया।*
*बा न्याय बजर घेहरावत, जनमत बढ़िया संसरवा।*

*पुरुविज फिनु नाहीं बान्ही, उठु रे अब नहिं ते बन्हुई।*
*नइ नेंव उठत बा जगवा, ना रहली सब किछु होइवी।*
*आ जुटहुनु सखिया समुहें, ई आखिर बेरि लड़इया।*

राहुल जी के दूसरे संग्रह 'पाँच नाटक' में ढुनमुन नेता, जरमनवा के हार निहचय, जपनिया राछछ, ई हमार लड़ाई और देसरच्छक नाटक संकलित हैं। ढुनमुन नेता में एक ऐसे कांग्रेसी नेता का चित्रण है जो गिरगिट की तरह रंग बदलने में निपुण है तथा जिसका न कोई सिद्धान्त है न चरित्र। वह मंच से जमींदारों के विरुद्ध भाषण देकर कांग्रेस को वोट देने की बात करता है लेकिन जब जमींदारी उन्मूलन की बात आती है तो स्वयं जमींदार होने के नाते जमींदारों के पक्ष में हो जाता है। दुहरी भूमिका जीनेवाले नेता ढुनमुन का परिचय इन पंक्तियों में प्रस्तुत किया गया है।

*इनकर ढुनमुन हवे नाँव ई नेता हवें बड़भारी।*
*कबहूँ चरखवा खदरवा के गीत गावे मिलके कबहूँ मुँह तारी।*
*कबहूँ किसनवा, मजुरवा के रजवा, सेठन के कबहूँ पुछारी।*
*छिपि-छिपि के गावे जपनवो के गितिया, इनकर रहे होशियारी।*

शेष चारों नाटक द्वितीय विश्वयुद्ध की पृष्ठभूमि पर लिखे गये हैं। इनमें 'जरमनवा के हार निहचय' में जर्मनी की हार निश्चय होने की भविष्यवाणी की गयी है, जो सत्य भी हुआ। इस लड़ाई में किसान मजदूरों को होनेवाले कष्ट का भी उल्लेख नाटक में किया गया है। नाटक के पात्रों में से एक भुसुण्डी हिटलर की प्रशंसा करते हुए कहता है कि, "हिटलर के अवते जरमनी में भूख नंगा केहु ना रहि गइल।" वहीं दूसरा पात्र जर्मनी के अत्याचारों का वर्णन करते हुए कहता है कि, "मास्को का नगीचा तथा पोलियाना गाँव में पनरह से साठ बरिस तक के कुलि मरद मेहरारून के माघ पूस के जाड़ा पाला में एगो घर में ठूँसि के ताला बन्द कर देह लें।" इस अत्याचार से क्षुब्ध समसुभग आदि पात्र गाकर सुनाते हैं कि –

*जितिया त होई हमार रछछवा ना बचिहैं।*
*पाँच-पाँच बरिस से मुड़िया पटकलसि,*
*हिटलर बजवलसि गाल जरमनवा ना बचिहैं।*
*लाली फउजिया रछछवन के भारत,*
*दिहले बिताय एक साल, रछछवा ना बचिहैं।*

'जपनिया राछछ' नाटक में जापानियों द्वारा कोरिया एवं चीन में किये गये अत्याचारों तथा जापान में पनपती हुई वेश्यावृत्ति पर प्रकाश डाला गया है। इसमें भी एक पात्र जापान की प्रशंसा करता है तो दूसरा इसका विरोध। जापानियों की निर्दयता एवं दुष्टता के कारण ही उन्हें राक्षस की संज्ञा दी गयी है। जापान द्वारा चीन पर किये गये आक्रमण और अत्याचार का वर्णन इन पंक्तियों में प्रदर्शित है।

*अगिया लगवले ले ले हाथ में लुकरिया, मोरा फूसन गाँव।*
*पट-पट जरे घर, लपटि अकसवा, धुवाँ उठे चारों ठाँव।*

'ई हमार लड़ाई' में द्वितीय महायुद्ध को जनता की लड़ाई, 'पीपुल्स वार' का नाम देकर बिना किसी भेद-भाव के उसमें खुलकर भाग लेने हेतु प्रोत्साहित किया गया है। 'देसरच्छक' नाटक में हिन्दुस्तानी सिपाहियों की बहादुरी का उल्लेख है। जब जापानियों की बमवर्षा से डरकर लोग वर्मा और बंगाल से भाग रहे थे, उस समय देशरक्षा की भावना से ओतप्रोत हो भारतीय सैनिकों द्वारा दर्शायी गयी, वीरता ही नाटक का मुख्य कथ्य है। भारतीयों की वीरता की प्रशंसा करता हुआ सेना का एक अधिकारी सोहनलाल कहता है कि, ''जमादार सुखलाल सिंह से बढ़ि के हमार बहादुरी नइखे। ऊ आपन परान छोड़ के हमार पलटनि के जिउ बचवले।''

राहुल जी द्वारा ये सभी आठ नाटक जनजागृति के उद्देश्य से लोकभाषा मल्लिका में आजादी के पहले 1942 में लिखे गये थे। वे जानते थे कि लोक-साहित्य और लोक-भाषा के सही उपयोग के बिना लोक-जागरण सम्भव नहीं है, क्योंकि वास्तविक लोकजीवन का यथार्थ लोकसाहित्य में प्रतिबिम्बित होता है।

राहुल जी ने अपने नाटकों का आरम्भ और अन्त गीतों से किया है, ये गीत लोकजीवन और लोक संस्कृति के प्रति उनकी गहरी आस्था के प्रमाण हैं। विदेसिया, आल्हा, कहँरवा, सोहर आदि धुनों का उपयोग कर राहुल जी ने लोकसत्ता को स्वीकार ही नहीं किया है, मुक्तिकामी चेतना के प्रसार में उसे हथियार बनाया है। ग्रामीण क्षेत्रों में संघर्ष चेतना और यथार्थ चेतना जगाने के लिए राहुल जी ने इनका प्रणयन किया है। इनके पात्र ग्रामीण परिवेश के हैं जिन्हें खिलाड़ी कहा गया है। इनके संवाद तत्कालीन रूढ़िग्रस्त समाज पर कहीं व्यंग्यात्मक कटाक्ष करते हैं तो कहीं पूरी बौद्धिकता के साथ। नाटकों की अन्तर्वस्तु के अनुरूप शब्द संयोजन, संवाद संयोजन और भाषा-शैली का निरूपण किया गया है। ये नाटक मंचन की दृष्टि से भी अति सफल हो सकते हैं क्योंकि दृश्यबन्ध भी कथ्यानुरूप हैं।

## आत्मकथा

बचपन से ही जिज्ञासु राहुल के हृदय में दिनानुदिन ज्ञान का खजाना बढ़ता जा रहा था। उनके सम्पर्क-सूत्रों की कड़ी लम्बी होती जा रही थी, दुनिया भी उनके कदमों के नीचे होने लगी थी। इस प्रकार स्वाभाविक ही है कि नित नये-नये अनुभवों से पूरित उनका मन कुछ आपबीती कुछ जग बीती लिखने को उद्यत हो। उनके द्वारा लिखी गयी आत्मकथा, उनकी इसी सक्रियता का परिणाम है।

आत्मकथा यदि मात्र आत्मश्लाघा है तो इसका कोई मतलब नहीं, किन्तु आत्मकथा यदि जीवन के उन प्रसंगों से जुड़ी है, जिनमें जीवन के उतार-चढ़ाव, संघर्ष के दिन, जो प्रेरणादायक हों, वर्णित हों, तो निश्चित ही उनका मूल्य होगा। राहुल जी द्वारा लिखी गयी आत्मकथा, जो 'मेरी जीवन-यात्रा' के नाम से लिपिबद्ध है, 63 वर्षों के संस्मरणों को समेटे एक ऐसी ही ज्ञानवर्द्धक एवं उपयोगी कृति है। इसे लिखने के पीछे छिपे उद्देश्य पर प्रकाश डालते हुए उन्होंने लिखा है कि, "मेरी जीवन-यात्रा मैंने क्यों लिखी? मैं बराबर इसे महसूस करता रहा, कि ऐसे ही रास्ते से गुजरे हुए दूसरे मुसाफिर यदि अपनी जीवन-यात्रा को लिख गये होते, तो मेरा बहुत लाभ हुआ होता – ज्ञान के ख्याल से ही नहीं, समय के परिमाण में भी। मैंने अपनी जीवनी न लिखकर जीवन-यात्रा लिखी है, यह क्यों ? पाठक इसका उत्तर पुस्तक को पढ़कर ही पा सकते हैं। अपनी लेखनी द्वारा मैंने उस जगत् की भिन्न-भिन्न गतियों और विचित्रताओं को अंकित करने की कोशिश की है, जिसका अनुमान हमारी तीसरी पीढ़ी मुश्किल से करेगी।"

हजार से अधिक पृष्ठों में समायी 'मेरी जीवन-यात्रा' पाँच खण्डों में विभक्त है। यदि इस जीवन-यात्रा को विश्वकोश कहा जाय तो कोई अतिशयोक्ति नहीं होगी। इसमें उनका सम्पूर्ण जीवन अंकित है। पहला खण्ड राहुल जी ने अपनी स्मृति के आधार पर हजारीबाग के जेल जीवन में 16 अप्रैल, 1940 ई. से 14 जून, 1940 ई. के बीच लिख लिया था। इसमें जन्म के 9 अप्रैल, 1893 से अप्रैल, 1927 तक के जीवन का लेखा-जोखा वर्णित है। कालखण्ड के अनुसार इसको उन्होंने बाल्य (1893-1900 ई.), तारुण्य (1910-14 ई.), नवप्रकाश (1915-22 ई.), राजनीति प्रदेश (1921-27 ई.) शीर्षकोंवाले चार अध्यायों एवं परिशिष्ट, जिसमें 1922 की डायरियों के अंश तथा सांकृत्यायन वंश का विवरण दिया गया है, में बाँटा है।

दूसरे खण्ड में राहुल के पर्यटक जीवन का चित्रण है जिसमें श्रीलंका, तिब्बत, यूरोप, लद्दाख, जापान, सोवियत भूमि की यात्राओं का सांगोपांग वर्णन है, साथ ही किसान, सत्याग्रह, कारावास जीवन, बौद्धधर्म के बाद साम्यवाद की ओर झुकाव आदि का भी विवरण दिया गया है। द्वितीय खण्ड का कालखण्ड मई, 1927 से अक्टूबर, 1944 ई. तक से सम्बन्धित है।

तृतीय खण्ड में ईरान और रूस में बीते समय तथा वहाँ की सामाजिक, राजनीतिक एवं सांस्कृतिक जीवन की झाँकी दी गयी है। इसमें नवम्बर, 1944 ई. से 15 अगस्त, 1947 ई. तक की घटनाएँ प्रस्तुत की गयी हैं। यह तीसरा भाग 'रूस में पच्चीस मास' नाम से पूर्व में अलग पुस्तक के रूप में प्रकाशित है।

चौथा खण्ड, 17 अगस्त, 1947 से 31 दिसम्बर, 1950 तक की अवधि में घटित घटनाओं का लेखा-जोखा है। इसमें उनके 1947 ई. में हुए बम्बई में अखिल भारतीय हिन्दी साहित्य सम्मेलन के सभापति चुने जाने, परिभाषा निर्माण के काम में जुटने, वैशाली, किन्नर देश, शान्ति निकेतन, कलिम्पांग, नैनीताल, मसूरी आदि स्थानों पर जाने, रहने, हैदराबाद हिन्दी साहित्य सम्मेलन के अधिवेशन में भाग लेने तथा परिवार बसा लेने की घटनाएँ प्रस्तुत की गयी हैं।

पाँचवें खण्ड में 1 जनवरी, 1951 से उनके जन्म के तिरसठ वर्ष पूरे होने के दिन अर्थात् 9 अप्रैल, 1956 ई. तक का विवरण अंकित है। नयी साहित्य योजना से जुड़ने, बदरी, केदार, नेपाल, मसूरी, हिमाचल, छपरा, कलकत्ता आदि स्थानों की यात्रा, बेटी जया एवं पुत्र जेता का जन्म आदि इस अवधि की मुख्य घटनाएँ हैं।

'मेरी जीवन-यात्रा' के प्रथम तीन भाग राहुल जी के जीवन-काल में ही प्रकाशित हो गये थे, किन्तु चतुर्थ एवं पंचम भाग उनकी मृत्यु के चार साल बाद अर्थात् 1967 ई. में प्रकाशित हुए। अन्तिम दोनों भागों को अपने जीवन-काल में प्रकाशित देखने के प्रति उनकी उत्सुकता भी नहीं थी।

## जीवनी एवं संस्मरण

राहुल जी के जिनसे सम्बन्ध थे, जिनकी देशहित, विश्वहित में मुख्य भूमिका थी, जिनके कार्य अनुकरणीय थे, राहुल जी चाहते थे कि लोग उनके चरित्र को पढ़कर स्वयं को ऊँचा उठायें, योगदान से परिचित होकर कर्त्तव्य क्षेत्र में आगे आयें। फलस्वरूप उनकी लेखनी से जीवनीपरक, संस्मरणात्मक कई रचनाएँ निःसृत हुईं।

## नये भारत के नये नेता

'नये भारत के नये नेता' महत्त्वपूर्ण जीवनियों एवं रेखाचित्रों का संग्रह है। उसमें मुख्य रूप से राजनीति से जुड़े लोगों पर ही प्रकाश डाला गया है किन्तु कुछ साहित्यकारों के भी संस्मरण हैं। राहुल जी ने वर्णित चरित्रों को देश की तत्कालीन परिस्थितियों के सन्दर्भ में देखा है। इन जीवनियों में भारत की उस समय (1942-43 ई.) की विविध समस्याओं एवं संघर्षों का साक्षात्कार रूप देखने को मिलता है। यह पुस्तक इस आशय का भी उदाहरण प्रस्तुत करती है कि राहुल जी को अपने देश एवं देशवासियों से कितना प्यार था। इस पुस्तक की सबसे बड़ी विशेषता यह है कि राहुल जी ने जिन जीवनीनायकों पर लेखनी डुलायी है, उनसे स्वयं व्यक्तिगत सम्पर्क करके वांछित विवरण प्राप्त किया है। राहुल जी ने प्राक्कथन

में लिखा है कि, ''सुनी-सुनायी बातों के भरोसे इन जीवनियों में से एक भी नहीं लिखी गयी है। यहाँ लिखी जीवनियों की सामग्री मैंने नायकों के मुख से संचित की है।'' इसमें शेरे कश्मीर शेख अब्दुल्ला, कामरेड यूसुफ, पूरनचन्द जोशी, सज्जाद जहीर, सहजानन्द सरस्वती, एस.जी.सरदेसाई, भारद्वाज, एस. ए. डांगें, जेड. ए. अहमद, कल्पनादत्त जोशी, बंकिम मुखर्जी, पी. सुन्दरैया, के. केरलिपन, आर.बी. मोरे, डॉ. गंगाधर अधिकारी, डॉ. के. एम. अशरफ, एस. एस. वाटलीवाला, मुहम्मद शाहिद, सैय्यद जमालुद्दीन बुखारी, फजल इलाही कुरवान, मुबारकसागर, महमूदुज्जफर, सूर्यकान्त त्रिपाठी निराला, सुमित्रानन्दन पन्त आदि कुल 42 उल्लेखनीय व्यक्तियों की जीवनियाँ, हर व्यक्ति से साक्षात्कार कर, उनकी पारिवारिक वंश-परम्परा, बचपन, कार्य, सामाजिक, राजनैतिक संघर्ष और घटनाओं का विशद विवरण प्रस्तुत किया गया है। भारत में समाजवादी, साम्यवादी विचारों के इतिहास पर शोधकार्य करनेवालों के लिए यह उपयोगी ग्रन्थ हैं। यह भारत के इतिहास के एक कालखण्ड का सच्चा दस्तावेज है।

## बचपन की स्मृतियाँ

'बचपन की समृतियाँ' आत्मकथा शैली में लिखी गयी एक संस्मरण पुस्तक है। इसमें स्मृतियों के आधार पर अपने बाल्यजीवन की घटनाओं का वर्णन राहुल जी ने किया है। यह पुस्तक उनके जन्म जनपद में घटी एक उपकार घटना का प्रतिफल है। उ. प्र. सरकार ने राहुल जी को आजमगढ़ जनपद का गजेटियर तैयार करने के लिए अधिकृत किया था। इसी सन्दर्भ में फरवरी 1957 ई. में वह एक सप्ताह के लिए आजमगढ़ आये थे और आजमगढ़ के एक पत्रकार ज्योतिस्वरूप सिंह, जो एक साप्ताहिक पत्र 'कर्मयोगी' के सम्पादक भी थे, के आवास पर ठहरे हुए थे। उन्होंने ज्योतिस्वरूप सिंह से जब पत्रिका के प्रसार के सम्बन्ध में पूछा तो श्री सिंह ने बताया कि ग्राहक संख्या कम होने के कारण अब इसे चला पाना कठिन हो रहा है। सिंह ने आग्रह किया कि यदि आपके लेख इस पत्र के लिए प्राप्त हों तो ग्राहक संख्या बढ़ सकती है। राहुल जी ने उन्हें अपने लेख देना स्वीकार कर लिया। मसूरी लौटकर उन्होंने 'जन्मभूमि मम परम सुहावन' शृंखला के अन्तर्गत जन्मग्राम, निवास, जनपद, सम्पर्क, पर्व, इतिहास आदि पर केन्द्रित लगभग तीन दर्जन लेखों की रचना की और उन्हें ज्योतिस्वरूप सिंह को प्रकाशनार्थ भेज दिया जो 'कर्मयोगी' में धारावाहिक प्रकाशित हुए। उन्हीं लेखों का संग्रह 'बचपन की स्मृतियाँ' शीर्षक पुस्तक है।

## अतीत से वर्तमान

'अतीत से वर्तमान' पुस्तक के लेखों को तीन खण्डों में विभाजित किया गया है। प्रथम खण्ड चरित्र विषयक है, जिसमें महन्त बोधानन्द महास्थविर जिनकी प्रेरणा से राहुल जी के मन में बौद्ध धर्म के प्रति रुचि बढ़ी थी, मौलवी महेश प्रसाद, जिन्हें वह गुरु के समान मानते थे तथा आगरा आर्यसमाज से जुड़ने के समय उनसे अरबी भाषा का ज्ञान प्राप्त किया था, अकादमीशियन वारान्निकोव जिन्होंने रूसी भाषा में रामचरितमानस का अनुवाद किया था, नेपाली महाकवि देवकोटा जिनसे वह अधिक प्रभावित थे तथा कुछ अन्य महापुरुषों के संस्मरण दिये गये हैं। ये चरित्र अतीत से वर्तमान के विस्तृत कालखण्ड से जुड़े हुए हैं। इन जीवन चरित्रों में ऐसे व्यक्ति हैं जिन्होंने देश-विदेश में घुमक्कड़ी एवं बौद्धधर्म के प्रचार-प्रसार में योगदान दिया है। इनमें कुछ इतिहासकार हैं तो कुछ समाजसेवी एवं साहित्यकार हैं। द्वितीय खण्ड में कला, इतिहास और धर्म विषयक बुद्ध का दर्शन, जय लुम्बिनी आदि लेख है। तृतीय खण्ड देश दर्शन के अन्तर्गत पहाड़ी दीवाली, प्रथम हिमपात, गढ़वाल प्रदेश मसूरी आदि लेख प्रस्तुत हैं। कुल लेखों की संख्या 27 है, इसमें उन्होंने सांस्कृतिक निधियों की हो रही उपेक्षा पर दुःख भी व्यक्त किया है।

## मेरे असहयोग के साथी

'मेरे असहयोग के साथी' पुस्तक में महात्मा गाँधी के असहयोग आन्दोलन के साथियों मथुरा बाबू, नगनारायण तिवारी, बाबू मधुसूदन सिंह, बाबू रामउदार राय, बाबू रामबहादुर लाल, पं. गिरीश तिवारी, गोस्वामी फूलनदेव गिरि, बाबू महेन्द्र प्रसाद, बाबा झाड़ू दास, हक साहब, सन्त कृपाल दास, बाबू जलेसर प्रसाद आदि अड़तीस महानुभावों के संस्मरण हैं। इन संस्मरणों के पात्र मुख्य रूप से बिहार प्रदेश के छपरा, एकमा, सिसवन, रघुनाथपुर आदि थानों से सम्बन्धित है। इनके माध्यम से छपरा के ग्रामीण जीवन का, उन साथियों में विद्यमान राष्ट्रीय भावनाओं का बड़े ही प्रभावशाली ढंग से वर्णन किया गया है। यह पुस्तक राहुल जी की एक संस्मरण रचना के साथ-साथ अपने देशवासियों को उनकी स्वतन्त्रता तथा अपने-अपने आत्मसम्मान की रक्षा करने का भी सन्देश देती है, जो व्यर्थ नहीं जाती। इसमें अपने समय के सामान्य नेता से लेकर सामान्य जनसेवक तक की सेवाओं का अत्यन्त मार्मिक रूप से चित्रण किया गया है।

## जिनका मैं कृतज्ञ

जिन सामान्य या विशिष्ट जनों से राहुल जी के सम्पर्क थे तथा उन्होंने समय-समय पर राहुल जी का साथ दिया था, उनके प्रति कृतज्ञता ज्ञापन को वह अपना धर्म समझते थे। उन्हें ही स्मरण करते हुए राहुल जी ने 'जिनका मैं कृतज्ञ' पुस्तक में स्थान दिया है। इसके लेखन के उद्देश्य के बारे में उनका यह मानना रहा है कि, ''इसे लिखकर मैं उस ऋण से उऋण हो जाना चाहता हूँ, जो इन बुजुर्गों, बन्धुओं और मित्रों का मेरे ऊपर है। इनमें सिर्फ वही नहीं हैं जिनसे मैंने मागदर्शन पाया था, बल्कि ऐसे भी पुरुष हैं, जिनका सम्पर्क मेरे मानसिक सम्बल के रूप में जीवन-यात्रा में सहायक हुआ। कितनों से बिना उनकी जानकारी, उनके व्यवहार और बर्ताव से मैंने बहुत-कुछ सीखा।'' पुस्तक में जिनके संस्मरण हैं, उनसे राहुल जी के घनिष्ठ सम्बन्ध थे अतः उनके चरित्र से सम्बन्धित वर्णित घटनाओं, स्थितियों एवं मनोदशाओं को व्यक्त करने में वह पूर्णतः सफल हो सके हैं। पुस्तक में 53 व्यक्तियों जिनमें रामदीन मामा, योगेश, परमहंस बाबा, मौलवी महेश प्रसाद, सत्यनारायण कविरत्न, पं. सन्तराम, बलदेव चौबे, काशी प्रसाद जायसवाल, भदन्त आनन्द कौसल्यायन, आचार्य नरेन्द्र देव, सिल्बा लेबी, श्चेरवात्स्की, बद्रीनाथ प्रसाद, गया प्रसाद शुक्ल, महादेव पण्डित, मौलवी गुलाम गौस, ब्रह्मचारी चक्रपाणि और साथी महमूद आदि मुख्य हैं, के संस्मरण सरल शैली में प्रस्तुत किये गये हैं।

## घुमक्कड़ स्वामी

1890 ई. के आसपास कानपुर में जन्मे हरिशरणानन्द की राहुल जी से पहली विस्तृत भेंट 7 अगस्त, 1950 ई. को मसूरी में हुई थी। हरिशरणानन्द जी भी राहुल की ही भाँति घुमक्कड़ी के शौकीन थे। उन्होंने मानसरोवर और हिमालय के अन्य कठिन स्थानों की यात्राएँ की थीं। उन्होंने योग साधना की थी। उन्हें आयुर्वेद का अच्छा ज्ञान था। राहुल जी की हरिशरणानन्द से दिनानुदिन घनिष्ठता बढ़ती गयी थी। वह उन्हें प्यार से भैया कहते थे। देश की राजनीति में भी उनकी अच्छी पैठ थी। दोनों लोगों का प्रायः एक-दूसरे के घर आना-जाना होता था। भैया के प्रेरक व्यक्तित्व से प्रभावित होकर राहुल जी ने वर्ष 1956 ई. में उनकी जीवनी लिख डाली जो 'घुमक्कड़ स्वामी' के नाम से छपी। बारह अध्यायों में विभक्त इस कृति में यात्रा और जीवनी दोनों विधाओं का अद्भुत सम्मिश्रण है। पुस्तक के अन्त में दिये गये परिशिष्ट में कुछ आयुर्वेदिक ओषधियों के बनाने की विधि तथा शरीर की क्रियाक्षमता पर विचार व्यक्त किया गया है।

## सरदार पृथ्वी सिंह

सरदार पृथ्वी सिंह बड़े साहसी पुरुष थे। राहुल जी की उनसे बड़ी घनिष्ठता थी और वह उनकी क्रान्तिकारी विचारधारा से बहुत प्रभावित थे। अमेरिका निवास के समय सरदार पृथ्वी सिंह गदर पार्टी की गतिविधियों से जुड़े हुए थे। तीस वर्ष की उम्र में अमेरिका के सुखमय जीवन को ठुकराकर वह भारतीय स्वतन्त्रता-संग्राम में भाग लेने के लिए भारत आ गये। यहाँ उन्हें काला पानी की सजा हुई। सरदार पृथ्वी सिंह के मन में बचपन से ही देशप्रेम की भावना घर कर गयी थी। जब वह बर्मा में कक्षा चार के छात्र थे, उन्होंने स्काट की एक कविता पढ़ी थी जिसने उनके हृदय में देश-प्रेम की भावना जगा दी। भारत लौटने पर उन्होंने स्वयं के प्रति सोचा कि, ''यह आदमी मृतात्मा-सा साँस ले रहा है, जिसने कभी अपने से नहीं कहा कि यह मेरी मातृभूमि है।'' विद्यार्थी-जीवन में ही भारत प्रेम की भावना उनके मन में बलवती हो उठी थी। जापान के सम्बन्ध में लिखे गये एक निबन्ध में उन्होंने लिखा था कि, ''अगर जापान-जैसा छोटा देश रूस को हरा सकता है तो हिन्दुस्तान-जैसे बड़े मुल्क का इंग्लैण्ड-जैसे छोटे देश को हराना दायें-बायें हाथ का खेल हैं।''

राहुल जी सरदार पृथ्वी सिंह के रोमांचक कार्यों से प्रेरित थे। उन्होंने उनकी टाइप की हुई आत्मकथा और उनसे व्यक्तिगत रूप से प्राप्त जानकारी के आधार पर उनकी जीवनी लिखी। जीवनी लेखन का कार्य उन्होंने 1943 ई. में हाथ में लिया और तीन महीने में इसे पूरा करने का निश्चय किया किन्तु इसी बीच रूस यात्रा का आमन्त्रण मिलने पर रूस जाने की तैयारी में लग गये और जीवनी लेखन का कार्य पन्द्रह दिन में ही पूरा कर रूस गये। जीवनीपरक यह पुस्तक 'सरदार पृथ्वी सिंह' बचपन, अमेरिका के रास्ते पर, काला पानी, भारत की जेलों में, अज्ञातवास, काबुल जेल की नरक यातना, सोवियत रूस में, गाँधी जी के संसर्ग में, शादी और मुक्ति आदि सत्रह अध्यायों में विभक्त है। यह पुस्तक निरन्तर संघर्षशील जीवन तथा क्रान्तिकारी देशभक्त की उमंगों एवं निर्भीकता की दास्तान है। इसकी सभी घटनाएँ यथार्थपरक होने के साथ ही रोचकता से भी भरी हैं।

## वीर चन्द्रसिंह गढ़वाली

'वीर चन्द्रसिंह गढ़वाली' (1891-1979) एक बहादुर सैनिक थे। 23 अप्रैल, 1930 का दिन था। खान अब्दुल गफ्फार खान को गिरफ्तार किये जाने के विरोध में उनके अनुयायी और बहुत-से निहत्थे सत्याग्रही पेशावर के किस्साखानी बाजार और सड़कों पर प्रदर्शन कर रहे थे। इस प्रदर्शन से नाराज ब्रिटिश अधिकारियों ने अधीनस्थ

गढ़वाली कम्पनी जिसके मुख्य चन्द्रसिंह गढ़वाली थे, को सत्याग्रहियों के ऊपर गोली चलाने का आदेश दिया। चन्द्रसिंह गढ़वाली ने उस आदेश का विरोध किया और कहा कि सत्याग्रही निहत्थे हैं, उनके ऊपर गोली नहीं चलेगी। परिणाम यह हुआ की उस कम्पनी के अधिकांश सैनिक बर्खास्त कर दिये गये। चन्द्रसिंह गढ़वाली को आजीवन कारावास की सजा हुई। उनकी चल-अचल सम्पत्ति नीलाम कर दी गयी। परिवार को अनेक कठिनाइयों से गुजरना पड़ा। राहुल जी के उनसे व्यक्तिगत सम्बन्ध थे। वह उन्हें प्यार से बड़े भाई कहते थे।

गढ़वाली जी के मुकदमें की पैरवी बैरिस्टर मुकुन्दलाल ने की थी। उन्होंने वह पत्रावली राहुल जी को उपलब्ध करा दी थी। 1933 ई. तक लिखी गयी उनकी आत्मकथा भी राहुल जी को मिल गयी थी। उनके जीवन के सम्बन्ध में उनसे व्यक्तिगत सम्पर्क करके भी राहुल जी ने अनेक जानकारियाँ प्राप्त की थीं। इस प्राप्त सामग्री के आधार पर राहुल जी ने 7 सितम्बर, 1955 को गढ़वाली जी की जीवनी को लिखना शुरू किया। इस पुस्तक में उन्होंने गढ़वाली जी का सम्पूर्ण जीवन लिया है साथ ही इस चरित्रनायक के जीवन-सूत्र का विकास, संघर्ष, घात-प्रतिघात और मनोवैज्ञानिक उतार-चढ़ाव का कलापूर्ण ढंग से वर्णन किया है। इसमें उन्होंने बाल्य, फौज में, फ्रांस को, देश में, मसोपटामिया युद्ध क्षेत्र, असहयोग का जमाना, पश्चिमोत्तर सीमान्त में, नयी चेतना, नमक सत्याग्रह, पेशावर काण्ड, गिरफ्तारी, प्रथम जेल जीवन, नाना जेलों में, गाँधी जी के पास, जनता में काम आदि छब्बीस प्रकरणों के माध्यम से वर्ष 1950 तक की घटनाओं का वर्णन किया है।

पुस्तक की भूमिका में राहुल जी ने लिखा है कि, ‘‘सन् 1857 में हमारे सैनिकों ने अपने देश की आजादी के लिए विदेशियों के खिलाफ बगावत का झण्डा उठाया था। इसके बाद यही पहली घटना थी, जबकि भारतीय (गढ़वाली) सैनिकों ने अपने देश के खिलाफ अपनी बन्दूकों का इस्तेमाल करने से इन्कार कर दिया। उस वक्त सारा देश अंग्रेजों के खिलाफ था, लेकिन सशस्त्र क्रान्ति के लिए तैयार नहीं। यदि उसकी सम्भावना होती तो इसमें शक नहीं वीर गढ़वाली सैनिक एक-एक कर-करके मर जाते, तभी उनके हाथों से बन्दूकें छूटतीं। पेशावर के इस विद्रोह से प्रेरित होकर नेता जी द्वारा संगठित आजाद हिन्द फौज में सम्मिलित होने में गढ़वाली सबसे पहले रहे। आजादी की जो प्रेरणा उस वक्त मिली, उसने द्वितीय महायुद्ध के समाप्त होते ही भारतीय नौसेना में विद्रोह कराकर अंग्रेजों को दिखला दिया कि अब तुम्हारे द्वारा प्रशिक्षित भारतीय सैनिक तुम्हारे लिये नहीं बल्कि देश की आजादी के लिए अपने हथियार उठायेंगे। देश में हुई जनजागृति और भारतीय सैनिकों के इस रुख ने बतला दिया कि अंग्रेज अब फिर भारत को गुलाम नहीं रख सकते। इस तरह पेशाबर का

विद्रोह, विद्रोहों की एक शृंखला पैदा करता है, जिसका भारत को आजाद कराने में भारी हाथ है। वीर चन्द्रसिंह इसी पेशावर विद्रोह के नेता और जनक थे।

## कप्तान लाल

दार्जिलिंग स्थित राहुल-निवास के समीप ही एक फौजी अफसर कुँवर जसवन्त चन्द लाल रहते थे, जिन्हें सब लोग लाल साहब के सम्बोधन से पुकारते थे। वह द्वितीय महायुद्ध में इम्फाल और बर्मा में तथा इसके पहले पेशावर की तरफ ब्रिटिश फौज में कप्तान थे। पड़ोस में रहने के कारण प्रायः प्रतिदिन राहुल जी की उनसे भेंट हुआ करती थी। उनसे जानकारी लेकर राहुल जी ने उनकी जीवनी वर्ष 1961 में 'कप्तान लाल' शीर्षक से लिखी। इस जीवनी में, जहाँ-जहाँ कप्तान लाल रहे, उस भूभाग का भौगोलिक परिचय देते हुए, वहाँ के लोगों के रहन-सहन एवं रीतिरिवाजों का वर्णन करने के साथ ही नागाओं और नागा प्रदेशों का भी बहुत सजीव चित्रण किया गया है। इम्फाल और बर्मा की पहाड़ियों में हुई लड़ाइयों के आकर्षक और मनोरंजक उल्लेख के कारण यह केवल जीवनी न रहकर रोचक उपन्यास-सा लगने लगता है। यह उनके लेखकीय जीवन की अन्तिम कृति है।

## सिंहल घुमक्कड़ जयवर्द्धन

'सिंहल घुमक्कड़ जयवर्द्धन' एक विस्मृत साहसी यात्री जयवर्द्धन, जिनका बौद्ध नाम इन्दसुमन है, की जीवनी है। वह जन्मजात घुमक्कड़ थे। उन्होंने तिब्बत और नेपाल के ग्रामों और जनपदों की पैदल यात्रा की थी। बौद्ध भिक्षु होने के नाते उनकी अन्य किसी प्रकार की अभिलाषाएँ नहीं थीं, न उन्हें रुपये-पैसे का ही कोई मोह था। आवश्यकतानुसार उनके श्रद्धालु भक्त उनकी सहायता कर दिया करते थे। राहुल जी से उनकी प्रथम भेंट तिब्बत में हुई थी। कई वर्ष बाद पुनः वर्ष 1961 ई. में दार्जिलिंग में जब उनकी राहुल जी से दुबारा भेंट हुई तो उनकी साहसिक गतिविधियों से प्रेरित होकर राहुल जी ने उनकी जीवनी लिखने का निश्चय किया। उन्हें अपने घर रखा और उनसे पूछ-पूछकर नोट्स लेकर उनकी जीवनी लिखी। राहुल जी इस जीवनी को विस्तार से लिखना चाहते थे किन्तु अस्वस्थता के कारण अपनी इच्छा के अनुरूप जीवनी तैयार न कर सके। जयवर्द्धन जी का स्वभाव बड़ा विचित्र था। राहुल जी के अनुसार, "उनका हृदय बहुत साफ है, लेकिन कड़वा सत्य बोले बिना बात नहीं करते। किसी जगह ज्यादा टिकने पर उनके शत्रुओं की संख्या बढ़ जाती है, विशेषकर ऐसे शत्रुओं की जो उनके द्वारा अपना स्वार्थ सिद्ध करना चाहते हैं।"

पुस्तक में तिब्बत की पृष्ठभूमि का विस्तारपूर्वक वर्णन किया गया है। इसमें उस तिब्बत की झाँकी देखने को मिलती है, जो अब दुर्लभ है। लंका और नेपाल पर भी अच्छी परिचयात्मक सामग्री दी गयी है। चरित्रनायक के जीवन के अनुभव और घुमक्कड़ी की पृष्ठभूमि में आये लोगों से उनके सम्पर्क के माध्यम से उस स्थान विशेष के समाज एवं संस्कृति का यथार्थ चित्रण भी इसमें है।

## सिंहल के वीर

'सिंहल के वीर' पुस्तक में श्रीलंका के चरितनायकों, जिनकी संख्या सात है, का जीवन-परिचय प्रस्तुत किया गया है। लेखों के शीर्षक सिंहल के प्रथम वीर विजय, प्रथम बौद्ध धर्म प्रचारक महेन्द्र, अजेय वीर दुष्ट ग्रामणी, सिंहल के त्राणकर्त्ता विजय बाहू, पोर्तुगीज दलन कर्त्ता टिकरी मण्डार आदि हैं।

## स्टालिन

स्टालिन रूस के प्रमुख राजनेता थे। उन्होंने साम्यवादी व्यवस्था को आर्थिक रूप से मजबूत करने और उसे फासिस्टवाद के घातक संकट से पार कराने का महत्त्वपूर्ण कार्य किया था। उनका जीवन पुराने युग के विनाश और नये युग के विकास की कहानी है। उन्होंने पूँजीवादी शोषण, साम्राज्यवादी गुलामी और युद्ध के विरुद्ध मेहनतकस इन्सानों की ओर से संघर्ष किया था तथा इसमें सफलता प्राप्त की थी। वह चाहते थे कि एक स्वस्थ समाज का निर्माण हो, राष्ट्रों को आजादी मिले और विश्व में शान्ति की स्थापना हो। स्टालिन की इन्हीं सब विशेषताओं से राहुल जी प्रभावित थे। उनके समय में ही उन्होंने दो वर्ष रूस में बिताये थे और उनके नेतृत्व में हुई प्रत्येक क्षेत्र में प्रगति को अपनी आँखों से देखा था। अतः उन्होंने उनकी जीवनगाथा को एक पुस्तक के रूप में उतार दिया। यह कृति 'स्टालिन' जैसे साम्यवादी नेता के जीवन एवं कृत्यों, जारशाही एवं साम्यवादियों के संघर्ष के विशद चित्रण के साथ ही रूसी जनजीवन का सजीव आकलन है। उनके निजी जीवन के बारे में भिन्न-भिन्न पुस्तकों, पत्र-पत्रिकाओं में उपलब्ध सामग्री तथा उनके मित्रों से प्राप्त जानकारी के आधार पर उनका जीवन-दृश्य इस पुस्तक में उकेरा गया है। स्टालिन का योगदान उन्हें प्रेरणादायी लगा था किन्तु उन्हें उनकी व्यक्तिपूजा खटकती थी। राहुल के अनुसार व्यक्तिपूजा साम्यवाद के खिलाफ है।

राहुल ने 1938 ई. में पहले भी सोवियत भूमि पुस्तक में स्टालिन पर एक लेख लिखा था किन्तु इससे वह सन्तुष्ट नहीं थे, अतः उन्होंने विस्तारपूर्वक श्रमिकों,

किसानों के हित में किये गये कार्यों, पूँजीवाद साम्राज्यवादी व्यवस्था के अन्त के लिए लड़ी गयी लड़ाई, खेती के सामूहिकीकरण की उनकी योजना आदि पर प्रकाश डालते हुए रूस की राजनीतिक, सामाजिक एवं धार्मिक परिस्थितियों का उनके जीवन-परिचय सहित सजीव अंकन इस कृति में किया है।

## लेनिन

रूस में आतंक का पर्याय बने जारशाही को समाप्त करने में लेनिन का बहुत बड़ा योगदान है। लेनिन बोल्शेविक पार्टी के अगुआ और मजदूर वर्ग के देने थे। लेनिन का क्रान्तिकारी जीवन अत्यन्त प्रभावशाली एवं साहस से भरा था। बोल्शेविक आन्दोलन के लिए वह किसी भी खतरे में सीधे उतरने से नहीं डरते थे। इन्हीं विशिष्टताओं ने राहुल को प्रभावित किया था और उन्होंने लेनिन के जीवन एवं उनकी उपलब्धियों पर प्रकाश डालनेवाली महत्त्वपूर्ण पुस्तक लेनिन की रचना की। इस पुस्तक में राहुल जी ने लेनिन को दुनिया के श्रमजीवियों, गरीबों की दशा में सुखद परिवर्तन लानेवाले एक महामानव के रूप में चित्रित किया है तथा उनके विचारों एवं सिद्धान्तों को बहुत सशक्त शैली में प्रस्तुत किया है।

## कार्ल मार्क्स

कार्ल मार्क्स की गणना विश्व के जाने-माने विचारकों में की जाती है। उन्होंने न केवल मानव इतिहास की नयी आर्थिक व्याख्या प्रस्तुत की बल्कि जनमानस को भी आन्दोलित कर क्रान्ति उत्पन्न कर दी। यहाँ तक कि उनके समर्थक या अनुयायी ही नहीं, उनके विरोधी तथा प्रतिद्वन्द्वी तक उनकी उपेक्षा न कर सके। राहुल सांकृत्यायन उन कार्ल मार्क्स की विचारधारा से बेहद प्रभावित थे और उनकी रचनाओं में अधिकांश स्थलों पर कार्ल मार्क्स की चिन्तनदृष्टि की छाप स्थान-स्थान पर दिखायी देती है। राहुल जी ने 'कार्ल मार्क्स' पुस्तक के माध्यम से कार्ल मार्क्स के जीवनवृत्त, उनके कृतित्व एवं उनकी चिन्तक, दार्शनिक दृष्टि पर विस्तारपूर्वक प्रकाश डाला है। पुस्तक लेखन के उद्देश्य पर प्रकाश डालते हुए उन्होंने प्राक्कथन में लिखा है कि, "नवीन मानव समाज के विधाता कार्ल मार्क्स के जीवन और सिद्धान्तों के सम्बन्ध में हिन्दी में छोटी-मोटी पुस्तकों का बिलकुल अभाव नहीं है, लेकिन जिसमें पर्याप्त रूप से मार्क्स की जीवनी, सिद्धान्त और प्रयोग मौजूद हों, ऐसी पुस्तक का अभाव जरूर खटक रहा था, केवल इसी की पूर्ति के लिए यह पुस्तक लिखी गयी। यह मेरिंग की पुस्तक 'कार्ल मार्क्स' के आधार पर है, इसके अतिरिक्त कुछ और पुस्तकों से भी मैंने सहायता ली है।"

## माओ चे तुंग

राहुल सांकृत्यायन पर साम्यवाद की गहरी छाप थी और थी मार्क्सवाद के प्रति अटूट निष्ठा। इसी निष्ठा के कारण उन्होंने कार्ल मार्क्स की जीवनी लिखी और उन नेताओं पर भी अपनी लेखनी चलायी जिन्होंने कार्ल मार्क्स को अपना ध्येय बनाया। उन्हीं नेताओं में चीन के लोकप्रिय नेता माओ चे तुंग का भी नाम है। चीन भारत एक-दूसरे के पड़ोसी देश हैं और पूर्व में दोनों के घनिष्ठ सम्बन्ध भी थे। माओ की चारित्रिक विशेषताओं से राहुल जी अप्रभावित नहीं थे। अतः उन्होंने माओ चे तुंग के व्यक्तित्व एवं कृतित्व पर प्रकाश डालनेवाली लगभग चार सौ पृष्ठों की पुस्तक 'माओ चे तुंग' की रचना वर्ष 1954 ई. में की। पुस्तक को देश के लिए उपयोगी बताते हुए भूमिका में उन्होंने लिखा है कि, ''माओ एशिया के हैं और एशिया में भी चीन के, जिसका भारत के साथ सांस्कृतिक दानादान और घनिष्ठता बहुत पुरानी है। यह कह सकते हैं कि दोनों की विचारधारा और जीवन में प्राचीनकाल से ही बहुत घनिष्ठता रही है। यद्यपि मार्क्सवाद का प्रयोग (व्यवहार) हरेक देश में उसकी परिस्थिति के अनुसार करना पड़ता है, जो सबसे मुश्किल काम है, तथापि कहना चाहिए कि मार्क्सवाद को अपने देश में व्यवहृत करने के मार्क्स, एंजेल्स, लेनिन, स्टालीन और माओ चे तुंग जैसी प्रतिभाओं की आवश्यकता है। आवश्यकता है तो प्रतिभा जरूर पैदा होकर रहेगी। हमारे देश के लिए तो माओ की जीवनी बड़ी ही लाभदायक है। पुस्तक का समर्पण उन्होंने इन शब्दों में किया है। ''भारतीय कम्युनिस्ट शहीदों को समर्पित।''

## अम्बेडकर

'अम्बेडकर' शीर्षक से लिखी गयी इस पुस्तिका में नेपाल में दिये गये बाबा साहब अम्बेडकर से सम्बन्धित भाषण संकलित हैं।

# यात्रा साहित्य

## मेरी लद्दाख-यात्रा

राहुल सांकृत्यायन का यात्रा-साहित्य सर्वाधिक समृद्ध है। उन्होंने वर्ष 1926 ई. में लद्दाख की यात्रा की थी। सम्भव है यह यात्रा वर्णन उन्होंने 1926 ई. में ही कर डाला हो किन्तु 'मेरी लद्दाख यात्रा' शीर्षक से इसका पुस्तकाकार प्रकाशन इण्डियन प्रेस,

इलाहाबाद से 1939 ई. में हुआ है। मेरठ से प्रारम्भ इस यात्रा में वह पंजाब, मुलतान, डेरागाजी खाँ, फ्रंण्टियर, पूंछ रियासत आदि स्थानों का भ्रमण करते हुए कश्मीर, जोजिला दर्रा पार करते हुए लद्दाख पहुँचे थे। इस पुस्तक में उन्होंने कुल्लू का भी वर्णन किया है। यात्रा में आये भिन्न-भिन्न स्थानों की भौगोलिक स्थिति, वहाँ की जलवायु, भाषा, परम्परा, वहाँ का प्राकृतिक सौन्दर्य, वहाँ के निवासियों के रीति-रिवाज, संस्कार, उनकी वेश-भूषा आदि पर उन्होंने सम्यक् ढंग से प्रकाश डाला है। लद्दाखियों का तिब्बती समुदाय से किस प्रकार का सम्बन्ध है? लद्दाखियों के विवाह संस्कार, रीति-रिवाज कैसे हैं? आदि को भी उन्होंने रोचक शैली में प्रस्तुत किये हैं। इस ग्रन्थ में कश्मीर के प्राकृतिक सौन्दर्य का रेखाचित्र उन्होंने इन पंक्तियों में खींचा है। "चारो तरफ घेरे हुए पहाड़ – जिनके पीछे की ओर हिमाच्छादित शिखरवाले पर्वत हैं, बीच में जगह-जगह लम्बे-लम्बे जलाशय, सूर्य की भाँति कुटिल गति से जेहलम, दूर तक सफेदे की दोहरी पंक्तियों के बीच जानेवाली सड़कें, मीलों तक शहर के बाहर भी सेब, बादाम आदि के बागों में बने हुए छोटे-छोटे सुन्दर बँगले, हरी घासों से ढँके लम्बे-लम्बे क्रीड़ाक्षेत्र, सुन्दर चिनार वृक्षों की मधुर शीतल छाया के अन्दर हरी घास के मखमली फर्शोंवाली सुभूमियाँ देखने में बड़ी सुन्दर मालूम होती हैं।"

सिन्ध और पंजाब की सन्धि पर बसे मुलतानवासियों की भाषा, वेश-भूषा एवं उनके रहन-सहन का वर्णन करते हुए उन्होंने लिखा है कि, "यहाँ की पोशाक में सिन्धियों की सादगी, जहाँ एक तरफ शामिल है, वहाँ शलवार का भी बिलकुल अत्यन्ताभाव नहीं है। देहाती लोग अधिकांश मुसलमान हैं। कहीं-कहीं कुछ हिन्दू खेती करनेवाले मिलते हैं। हिन्दू ज्यादातर शहरों में रहते हैं और व्यापार तथा नौकरी करते हैं। भाषा न तो पंजाबी है न सिन्धी।" इसी प्रकार पठानों और पुछवासियों की जीवनशैली का भी चित्र उन्होंने खींचा है।

## लंका

राहुल जी ने लंका की पहली यात्रा 1927-28 ई. में की थी। वह वहाँ दिसम्बर, 1928 ई. तक लगभग उन्नीस मास रहे। वहाँ निवास के समय उन्होंने लंकावासियों के रीति-रिवाजों, रहन-सहन का अध्ययन करने के साथ ही वहाँ के नगरों के पुराने इतिहास की भी जानकारी प्राप्त की। जनसामान्य को लंका की स्थिति से परिचित कराने हेतु उन्होंने लंका पर केन्द्रित 'लंका' शीर्षक से एक पुस्तक की रचना की जिसका प्रकाशन इण्डियन प्रेस, इलाहाबाद से हुआ है। इसमें अनुराधापुर, मोलनारूप, मुलस्सपुर, करण्डी, कोलम्बो आदि के वर्णन में लेखक के ऐतिहासिक ज्ञान के दर्शन

होते हैं। विविध विवरणों के साथ ही कोलम्बो की सैर तथा सामन्तकूट शीर्षक के अन्तर्गत यात्रा का रोचक ढंग से वर्णन किया गया है। राहुल यात्रावली भाग एक में यह पुस्तक पुनर्मुद्रित है।

## तिब्बत में सवा वर्ष

उनके द्वारा पहली बार 1929-30 में तिब्बत की यात्रा की गयी थी, जो 'तिब्बत में सवा वर्ष' शीर्षक से प्रकाशित हुई थी। इस पुस्तक में तिब्बत-यात्रा एवं बौद्ध धर्म सम्बन्धी ग्रन्थों की खोज का विवरण देने के साथ ही भारत के बौद्ध खँडहरों, कन्नौज, कौशाम्बी, सारनाथ, वैशाली, लुम्बिनी से लेकर नेपाल, शीगर्ची, यांची, ल्हासा तक की यात्रा का वर्णन किया गया है। यह पुस्तक भी राहुल यात्रावली भाग एक में संकलित है। इसी यात्रा के दौरान राहुल जी ने 22 खच्चरों पर पुस्तकों एवं अन्य सामग्रियों को भारत भेजा था। इसका खर्च श्रीलंका के आचार्य श्री धर्मानन्द महास्थविर ने वहन किया था। राहुल जी ने लिखा है कि, ''उन्हीं के (महास्थविर के) भिजवाये रुपये से बाईस खच्चर पुस्तकों और दूसरी चीजों को लेकर मैं सवा वर्ष बाद तिब्बत से लौटकर लंका चला गया।''

## मेरी यूरोप-यात्रा

राहुल जी वर्ष 1932 ई. में भदन्त आनन्द कौसल्यायन के साथ कोलम्बो से यूरोप की यात्रा पर गये थे। इस यात्रा का वर्णन उन्होंने 'मेरी यूरोप-यात्रा' पुस्तक में किया है। यूरोप की झाँकी, लन्दन टावर, कैम्ब्रिज, ऑक्सफोर्ड, पेरिस तथा जर्मनी के रोचक वर्णन इस पुस्तिका में प्रस्तुत किये गये हैं। इसका प्रथम बार प्रकाशन 1935 ई. में साहित्य सेवक संघ छपरा से हुआ था। इस पुस्तक में ऑक्सफोर्ड की चर्चा करते समय उन्हें नालन्दा की याद आती है। उन्होंने लिखा, ''मुझे तो खयाल आता था, क्या नालन्दा बिहारियों का ऑक्सफोर्ड नहीं बन सकता। वह भी राजधानी पटना से उतनी दूर है जितना कि लन्दन से उक्त विद्यालय। उनके पीछे भी सात-आठ शताब्दियों का भव्य इतिहास है। यदि उन्हें मिल्टन और स्पैन्सर जैसे कवि, न्यूटन और डार्विन जैसे वैज्ञानिक तथा दार्शनिक पैदा करने का अभिमान है, तो नालन्दा को भी दिङ्नाग, चन्द्रकीर्ति, धर्मकीर्ति और शान्तिरक्षित जैसे अद्भुत दार्शनिक, चन्द्रगोभी जैसे महावैयाकरण, सरहपाद भूसुक जैसे हिन्दी के कवि पैदा करने का सौभाग्य प्राप्त है।''

## मेरी तिब्बत-यात्रा

राहु सांकृत्यायन द्वारा तिब्बत की की गयी तीसरी यात्रा का वर्णन 'मेरी तिब्बत-यात्रा' के अन्तर्गत किया गया है। 168 पृष्ठोंवाली इस पुस्तक का प्रथम प्रकाशन 1937 ई. में छात्र हितकारी पुस्तकमाला दारागंज प्रयाग से हुआ था। यह पुस्तक डायरी शैली में लिखी गयी है तथा इसमें ल्हासा, चंग, साक्या, ग्नेनाम, नेपाल आदि की यात्राओं का सुन्दर वर्णन है। तत्कालीन तिब्बती समाज की विवाह प्रथाएँ, लोक उत्सवों, अन्य रीति-रिवाजों पर राहुल जी ने अच्छी तरह से प्रकाश डाला है।

## जापान

राहुल जी ने 1935 ई. में जापान की यात्रा की थी। इस यात्रा से सम्बन्धित पुस्तक जापान का प्रकाशन छपरा के अच्युतानन्द सिंह द्वारा किया गया था। इस पुस्तक में लेखक ने सिंगापुर, हांगकांग, शंघाई, कोबें, टोकियो, कोपासान आदि स्थानों की की गयी यात्राओं के अन्तर्गत देखे गये स्थानों, वहाँ की सामाजिकता, उनके रीति-रिवाज आदि का वर्णन किया है। यह पुस्तक प्रत्येक सैलानी एवं पर्यटक की दृष्टि में रखकर लिखी गयी है।

## ईरान

1935-36 ई. में लिखी गयी यह पुस्तक 'ईरान' प्राचीन ईरान एवं नवीन ईरान नाम से दो भागों में विभक्त है। प्रथम भाग प्राचीन ईरान में फारस एवं वहाँ के राजवंश का इतिहास प्रस्तुत किया गया है तथा द्वितीय भाग नवीन ईरान में आधुनिक ईरान की उस यात्रा का वर्णन है जो सोवियत रूस से भारत लौटते समय की गयी थीं। इसमें वाकू, तेहरान, एस्फहान और शीराज का वर्णन किया गया है तथा बताया गया है कि ईरान भारत का बड़ा पुराना सम्बन्ध रहा है और भारतीय कला कुछ रूपों में ईरान कला से भी प्रभावित है।

## किन्नर देश में

राहुल सांकृत्यायन ने मई से अगस्त, 1948 के बीच चार माह तक हिमालय के एक उपेक्षित भाग, जिसे उन्होंने किन्नर देश कहा है, की यात्रा की थी। यही यात्रा विवरण उनके द्वारा 'किन्नर देश में' पुस्तक में प्रस्तुत किया गया है। इसमें उन्होंने किन्नर लोगों के बारे में विस्तार से प्रकाश डाला है और लिखा है कि, "किन्नर या

किंपुरुष देवयोनि हैं। उनके देश की यात्रा का अर्थ है देवलोक में जाना। किन्नर देश हिमाचल का एक रमणीय भाग है जो तिब्बत की सीमा पर सतलुज की उपत्यका में 70 मील लम्बा और प्रायः उतना ही चौड़ा बसा हुआ है। किन्नर शब्द ही बिगड़कर आजकल कन्नौर हो गया है।'' पुस्तक में किन्नर या कनौरी लोगों के सामाजिक जीवन, रहन-सहन, परम्परा, रीति-रिवाज, धार्मिक अन्धविश्वास और उनकी मान्यताओं पर लघु वृत्तान्तों के माध्यम से विस्तारपूर्वक प्रकाश डाला गया है। इसमें वहाँ की भाषा के कुछ उद्धरण और लोकगीत भी संगृहीत हैं तथा किन्नरियों के सौन्दर्य एवं वहाँ के नृत्य का भी रोचक ढंग से वर्णन किया गया है।

## दार्जिलिंग परिचय

राहुल जी ने देश दर्शन से सम्बन्धित कुछ पुस्तकों की रचना की थी। दार्जिलिंग परिचय उन्हीं पुस्तकों में से एक है। इसमें इस क्षेत्र के प्राकृतिक आकार-प्रकार, इतिहास, जनजीवन, कृषि, उद्योग, व्यवसाय, यातायात, शिक्षा-पद्धति, नगरों तथा यात्रा स्थानों का विस्तार से वर्णन किया गया है।

## कुमाऊँ

कुमाऊँ पुस्तक में क्षेत्र के इतिहास, भूगोल, लोकसाहित्य और पुरातत्त्व आदि विषयों की चर्चा की गयी है।

## गढ़वाल

बारह अध्यायों में विभक्त पुस्तक गढ़वाल में क्षेत्र का परिचयात्मक विवरण प्रस्तुत किया गया है। इसमें केदारनाथ यात्रा, बदरीनाथ यात्रा का भी लेखक ने रोचक ढंग से वर्णन किया है। पुरातत्त्व की दृष्टि से ये यात्राएँ महत्त्वपूर्ण होने के साथ ही यात्रा-साहित्य में भी प्रमुख स्थान रखती हैं। पुस्तक में गढ़वाल के जनसाहित्य पर भी प्रकाश डाला गया है।

## रूस में पचीस मास

राहुल सांकृत्यायन ने अपनी तीसरी रूस-यात्रा 18 अगस्त, 1947 ई. को समाप्त की थी और इस यात्रा का विवरण उन्होंने 25 नवम्बर, 1951 ई. को लिखकर पूरा किया। इसके पश्चात् 417 पृष्ठों में समायी यह पुस्तक आलोक प्रकाशन, बीकानेर से वर्ष 1952 में 'रूस में पचीस मास' नाम से प्रकाशित हुई। इसमें उन्होंने ईरान, तेहरान,

रूस, लेनिनग्राड, इंग्लैण्ड आदि की यात्राओं का वर्णन किया है। ईरानी, रूसी, जीवन-पद्धति, साम्यवादी रूस का जनजीवन, वहाँ के लोगों के कार्यकलाप आदि को इस पुस्तक में सुन्दर ढंग से प्रस्तुत किया गया है। वर्ष 1967 ई. में यह पुस्तक 'रूस में पचीस मास' मेरी जीवन-यात्रा भाग 3 में समाहित कर राजकमल प्रकाशन दिल्ली से प्रकाशित हुई है।

## यात्रा के पन्ने

'यात्रा के पन्ने' का प्रथम संस्करण अक्टूबर, 1952 ई. में साहित्य सदन देहरादून से प्रकाशित हुआ था। 440 पृष्ठोंवाली यह पुस्तक चार भागों क्रमशः तिब्बत में, अज्ञात तिब्बत, प्रवास के पत्र और राजस्थान-बिहार में विभक्त है। तिब्बत में शीर्षक के अन्तर्गत छह अध्यायों में प्रस्थान नेपाल को, काठमाण्डू में, आगे के लिए प्रस्थान, तिब्बत में प्रवेश, तिङरी की ओर, स-स्क्या की ओर, सस्क्या में काय फुन-छोग फोटांग में तालपोथियों के पीछे, शिगर्चे में, पुनः सस्क्या में, भारत को, भारत के भीतर, उपशीर्षकों के अधीन नेपाल, तिब्बत के महत्त्वपूर्ण व्यक्तियों, स्थानों, रीति-रिवाजों, ऐतिहासिकताओं आदि के बारे में प्रकाश डाला गया है। 'अज्ञात तिब्बत' के अन्तर्गत दो अध्यायों में, उपशीर्षकों अज्ञात तिब्बत, आर्थिक स्थिति, तिब्बत में बौद्ध धर्म के प्रवेश, हमारी सांस्कृतिक निधियाँ, द्वितीय यात्रा से, तिब्बत-चीन समझौता, चीन और भारत का प्राचीन सम्बन्ध, बौद्ध धर्म का प्रवेश, फाशीन, संगीत के अधीन चर्चा की गयी है। तिब्बत के भेड़ों के विषय में उन्होंने लिखा है कि "तिब्बत की भेड़ें भी बहुत ऊँची जाति की हैं। यह हमारी भेड़ों से अधिक बड़ी होती है – जिसका अर्थ है, अधिक ऊन और मांस का लाभ। आम तौर से तिब्बती भेड़ों की ऊन अधिक मुलायम होती है, किन्तु जो बारह तेरह हजार फुट से ऊपर की भूमि पर पलती हैं, उनकी ऊन बहुत ज्यादा मुलायम होती है। पूर्वी और उत्तर-पूर्वी तिब्बत को छोड़कर बाकी सभी भागों की ऊन भारत आती है।"

पुस्तक का तीसरा भाग है, प्रवास के पत्र। इसमें पहला अध्याय 'यूरोप के पत्र,' तीन उपशीर्षकों पेरिस के पत्र, जर्मनी के पत्र तथा लंका की ओर में तथा दूसरा अध्याय भारत के पत्र, उपशीर्षकों भारत में, लद्दाख में, पुनः भारत में, के अन्तर्गत बाँटा गया है। इसमें उन्होंने पेरिस, फ्रैंकफर्ट, बर्लिन, लंका एवं भारतवर्ष के भिन्न-भिन्न भागों कलकत्ता, भागलपुर, सारनाथ, इलाहाबाद, पटना, कश्मीर, लेह, लद्दाख, कुल्लू आदि स्थानों से वर्ष 1932-33 ई. में भदन्त आनन्द कौसल्यायन को भेजे गये पत्रों को प्रस्तुत किया है। समस्त पत्र विविध महत्त्वपूर्ण जानकारियों से पूर्ण हैं।

चौथा भाग, 'राजस्थान-बिहार', चार अध्यायों में समाया हुआ है। प्रथम अध्याय में आबू, अजमेर, द्वितीय में मेवाड़ की भूमि, चित्तौड़, उज्जैन, तृतीय में दशार्ण, ग्यारसपुर उदयगिरि, चैत्यगिरि (साँची) और बीना तथा चतुर्थ अध्याय में भूकम्प की भूमि, भूकम्प, सीतामढ़ी, नेपाल की सीमा की ओर, ढाका में, मोतिहारी, बेतिया, छपरा, माँझी आदि को केन्द्र में रखते हुए रोचक शैली में स्थानों और यात्राओं का विवरण दिया गया है।

## एशिया के दुर्गम भूखण्डों में

राहुल सांकृत्यायन द्वारा 1935 ई. से 1937 ई. के मध्य चार स्थानों लद्दाख, तिब्बत, ईरान और अफगानिस्तान की यात्राओं का वर्णन एशिया के दुर्गम भूखण्डों में पुस्तक के अन्तर्गत किया गया है। इसका प्रथम प्रकाशन वर्ष 1956 ई. में हुआ है। पहले अध्याय लद्दाख में 'लाहुल' उपशीर्षक के अन्तर्गत भदन्त आनन्द कौसल्यायन को लिखे तीन वर्णनात्मक पत्रों के माध्यम से लद्दाख का ज्ञानवर्द्धक विवरण दिया गया है। राहुल जी ने इन पत्रों को कश्मीर के रास्ते लद्दाख जाकर लौटते समय लिखा था। दूसरा लेख जो कुल्लू उपशीर्षक से लिखा गया है, उसमें व्यासकुण्ड, कुल्लू, बैजनाथ मन्दिर आदि का संक्षिप्त वर्णन है। दूसरा अध्याय तिब्बत पर केन्द्रित है। इसमें 1934 ई. में की गयी तिब्बत यात्रा की रोमांचक एवं दुर्लभ ग्रन्थों की छानबीन से युक्त विविध शोधपरक विवरणों से भरी घटनाओं का उल्लेख पत्रों के माध्यम से किया गया है। इस अध्याय का अन्तिम भाग ल्हासा की ओर वर्ष 1929 ई. में की गयी तिब्बत-यात्रा के छूटे अंश से सम्बन्धित है। 1935 ई. से 1937 ई. के मध्य उन्होंने ईरान की यात्रा की थी। ईरान अध्याय को वाकू से प्रस्थान, तेहरान, इस्फहान को, शीराज को, तेहरान को वापस, मशहद को, फिर्दौसी, भारत को, फिर ईरान में उपशीर्षकों के अधीन बाँटते हुए इसके अन्तर्गत विशिष्ट स्थानों के महत्त्व उनकी विशेषताओं आदि पर प्रकाश डाला गया है। चौथे अध्याय में 1937 ई. में की गयी अफगानिस्तान की यात्राओं को, मजार शरीफ को, काबुल को, काबुल में एक सप्ताह और भारत की सीमा पर उपशीर्षकों में अनेक नवीनताओं, दुर्लभ जानकारियों को देते हुए रोचक बनाया गया है।

## चीन में कम्यून

राहुल जी ने वर्ष 1958 ई. में की गयी चीन-यात्रा के दौरान वहाँ के छह कम्यून भी देखे थे। उन्हीं की जानकारी उन्होंने चीन में कम्यून पुस्तिका में दी है।

## चीन में क्या देखा

राहुल सांकृत्यायन ने चीन बौद्ध संघ के निमन्त्रण पर जून, 1958 के अन्तिम सप्ताह से नवम्बर, 1958 के द्वितीय सप्ताह तक की चीन-यात्रा की थी। लगभग साढ़े चार माह तक वह चीन में थे। इस दौरान उन्होंने रंगून से पेकिंग, मंचूरिया, तुङहान तथा मध्यचीन आदि स्थानों की यात्रा की थी जिसका वर्णन उन्होंने 'चीन में क्या देखा' पुस्तक में किया है। इसमें उन्होंने साम्यवादी चीन में हुई प्रगति की रूपरेखा भी दी है।

## सोवियत मध्य एशिया

सोवियत मध्य एशिया पुस्तक के अन्तर्गत वहाँ के पाँच प्रजातन्त्रों कजाकिस्तान, किर्गिजिस्तान, उजबेकिस्तान, तुर्कमानिस्तान और ताजिकिस्तान के इतिहास, भूगोल, वहाँ की शिक्षा, कला, संस्कृति, वहाँ के निवासियों के रहन-सहन का स्तर एवं वहाँ पर प्रगति लाने के लिए बनी योजनाओं का विस्तार से वर्णन किया गया है। किन्हीं-किन्हीं अध्यायों में उन्होंने वहाँ की देशभक्तिपरक, उत्साहवर्द्धक, प्रकृतिपरक कविताओं का अनुवाद प्रस्तुत करके वहाँ की साहित्यिक अभिव्यक्तियों का भी परिचय दिया है। ताजिकिस्तान प्रजातन्त्र अध्याय में म. अमीन जादा की देशभक्तिपरक एक कविता के सौभाग्य प्रात शीर्षक से किये गये अनुवाद की कुछ पंक्तियाँ द्रष्टव्य हैं –

*सौभाग्य प्रात इस देश में दिखायी दे रहा है*
*हमारे सिर पर भाग्य सूर्य है प्रकाशमान।*
*अकबाल के चश्में ने इस भूमि में पानी दिया।*
*बिलकुल आबाद हरा-भरा बाग हो गया।*
*परिश्रम का हाथ स्वतन्त्र हुआ।*
*इस बाग में सैकड़ों गुलजार हँसने लगे।*

पुस्तक के प्राक्कथन में अंकित तिथि 'बापू निर्वाण छठा दिन' से ऐसा प्रतीत होता है कि यह 5 फरवरी, 1948 ई. को पूर्ण कर प्रकाशनार्थ प्रेषित की गयी है।

## सोवियत भूमि

सोवियत भूमि पुस्तक दो भागों में विभक्त है। द्वितीय सोवियत यात्रा से लौटकर वर्ष 1938 ई. में राहुल जी ने उस यात्रा-विवरण को प्रथम भाग में प्रस्तुत किया है। तीसरी

सोवियत यात्रा से लौट कर सोवियत की नयी प्रगति और महान् विजय के सम्बन्ध में और सामग्री के साथ दिया गया विवरण दूसरे भाग में प्रस्तुत किया गया है।

## जौनसार देहरादून

नौ अध्यायों में विभक्त 260 पृष्ठीय इस पुस्तक में देहरादून जनपद एवं उसके एक अंश जौनसार बावर तथा मसूरी के प्राकृतिक रूप, क्षेत्रफल, इतिहास, निवासी, आजीविका, यातायात, संचार, स्वास्थ्य, शिक्षा आदि के विषय में अनेक अछूती जानकारियों के साथ विस्तार से प्रकाश डाला गया है। वहाँ के पर्वतों, नदियों, जानवरों, निवासियों, शासकों, भिन्न-भिन्न कालों में हुई घटनाओं, वहाँ की कला, कारीगरी, भाषा, महत्त्वपूर्ण स्थानों की उपलब्धियों एवं पृष्ठभूमि आदि का विवरण इतने सुन्दर ढंग से प्रस्तुत किया गया है कि बिना पूरी पुस्तक पढ़े उसे छोड़ा नहीं जा सकता। श्रमपूर्वक लिखी गयी यह पुस्तक स्थान-स्थान पर ज्ञान के द्वार खोलती है तथा वर्णित स्थानों पर घूमने का भाव पैदा करने में पूर्णतः समर्थ है।

## नेपाल

इस पुस्तक में नेपाल के स्थानों एवं वहाँ के व्यक्तियों के इतिहास, भूगोल, लोकसाहित्य और पुरातत्त्व आदि विषयों पर चर्चा की गयी है।

## घुमक्कड़ शास्त्र

राहुल जी ने देश-विदेश की यात्राएँ कीं। इन यात्राओं में उन्हें कड़वे-मीठे कई प्रकार के अनुभवों से गुजरना पड़ा है, साथ ही उनके ज्ञानार्जन में भी भारी वृद्धि हुई है। घुमक्कड़ी को परमधर्म मानते हुए उन्होंने पर्यटकों, घुमक्कड़ों की सुविधा के लिए ग्रन्थ घुमक्कड़शास्त्र की रचना की है। इसमें उन्होंने यह सन्देश भी दिया है कि घुमक्कड़ी के अनुभवों को लिपिबद्ध करते जाना चाहिए ताकि भावी पीढ़ी उनसे लाभ उठा सके। अथातो घुमक्कड़ जिज्ञासा से शुरू यह पुस्तक अन्य पन्द्रह उपशीर्षकों, जंजाल तोड़ो, विद्या और वय, स्वावलम्बन, शिल्प और कला, पिछड़ी जातियों में, घुमक्कड़ जातियों में, स्त्री घुमक्कड़, धर्म और घुमक्कड़, प्रेम, देशज्ञान, मृत्यु दर्शन, लेखनी और तूलिका, निरुद्देश्य, तरुणियाँ कैसे करें, स्मृतियाँ में निबद्ध हैं। इसके उद्देश्य के बारे में उन्होंने लिखा है कि "घुमक्कड़ शास्त्र लिखने की आवश्यकता मैं बहुत दिनों से अनुभव कर रहा था। मैं समझता हूँ और भी समानधर्मी बन्धु हमारी आवश्यकता को महसूस कर रहे होंगे। घुमक्कड़ी का अंकुर

पैदा करना इस शास्त्र का काम नहीं, बल्कि जन्मजात अंकुरों की पुष्टि परिवर्द्धन तथा मार्गदर्शन इस ग्रन्थ का लक्ष्य है। घुमक्कड़ों के लिए उपयोगी सभी बातें सूक्ष्म रूप में यहाँ आ गयी हैं। पुस्तक की उपयोगिता पर प्रकाश डालते हुए द्वितीय संस्करण की भूमिका में उन्होंने यह व्यक्त किया है कि, "इसकी कदर हुई है, नौजवानों ही नहीं, वृद्धों में भी। तभी तो यूनिवर्सिटियों ने अपनी पाठ्यपुस्तकों में इसके अध्यायों को जगह दी।"

## हिमाचल : एक सांस्कृतिक यात्रा

हिमाचल : एक सांस्कृतिक यात्रा महापण्डित राहुल सांकृत्यायन की अनन्त इच्छाशक्ति और उनके अनथक परिश्रम का प्रतिफल है। ऐतिहासिक महत्त्व की इस पुस्तक का प्रकाशन उनके जीवन-काल में नहीं हो सका था। उनके जन्म शताब्दी वर्ष के अवसर पर इसका प्रथम संस्करण वर्ष 1994 ई. वाणी प्रकाशन दिल्ली से निकला है। यह पुस्तक दो खण्डों में विभक्त है। प्रथम खण्ड के विवरण जालन्धर खण्ड, सिरमौर, महासू, बिलासपुर, मण्डी सुकेत, काँगड़ा, चम्बा, कुल्लू, सीमान्त-कनौर स्मिती लाहुल और प्रसिद्ध ग्राम नगर शीर्षकों के अन्तर्गत है।

द्वितीय खण्ड के अध्यायों के शीर्षक मेरी हिमाचल यात्राएँ, किन्नर यात्रा, लोकभाषा, लोकगीत हैं। राहुल जी के इस यात्रा वृत्तान्त में समग्र हिमाचल प्रान्त के इतिहास, भूगोल, पुरातत्त्व धर्म, संस्कृति तथा वहाँ के सामाजिक, आर्थिक, परिवेश, लोकजीवन और वनों, पहाड़ों आदि का ऐसा प्रामाणिक और सघन वर्णन है जो निस्सन्देह अन्यत्र दुर्लभ है। शायद बहुरंगी हिमाचल की इतनी चैतन्य सांस्कृतिक परम्परा राहुल जी के ही वश की बात थी। विराट् फलक पर इस अद्भुत मनोहारी हिमाचल यात्रा कथा को महापण्डित ने बड़े मनोयोग से जिया, भोगा और लिखा है।

# राजनीति, साम्यवाद

राहुल जी व्यक्ति, समाज और देश को खुशहाल देखना चाहते थे। वह जानते थे कि यह खुशहाली एक बदलाव के माध्यम से ही आ सकती है। अतः परिवर्तन कैसे लाया जाय? विश्वबन्धुत्व कैसे स्थापित हों? इसका दिशा निर्देश करते हुए उन्होंने कई पुस्तकों की रचना की है। ये पुस्तकें साम्यवाद की नीतियों पर प्रकाश डालती हैं।

## साम्यवाद ही क्यों ?

साम्यवाद ही क्यों? पुस्तक की रचना वर्ष 1934 ई. में की गयी है। इसके लिखने के उद्देश्य के सम्बन्ध में उन्होंने पुस्तक के द्वितीय संस्करण की भूमिका में लिखा है कि, "जो दो-तीन घण्टे में साम्यवाद को समझना चाहते हैं, उनके लिए यह प्रवेशिका है।" पुस्तक में भिन्न-भिन्न अध्यायों, मनुष्य की उत्पत्ति और विकास, पूँजीवाद की उत्पत्ति, साम्यवाद क्यों पैदा हुआ, क्या पीछे लौटा जा सकता है, हमारी भयंकर दरिद्रता की दवा साम्यवाद, साम्यवाद और अच्छी सन्तान, साम्यवाद तथा धर्म और ईश्वर, साम्यवाद और स्त्रियों की परतन्त्रता, साम्यवाद और मुसोलिनी तथा हिटलर के ढंग, साम्यवाद और व्यक्तिगत स्वतन्त्रता, साम्यवाद के मन्त्रों से प्राप्त अवकाश का उपयोग, साम्यवाद का भविष्य और उसके शत्रु-मित्र के माध्यम से लेखक ने साम्यवाद के सम्बन्ध में जानकारी उपलब्ध कराने की कोशिश की है।

## दिमागी गुलामी

भारत में सामाजिक सुधार के क्षेत्र में पिछड़ेपन के क्या कारण हैं तथा इनमें सुधार के लिए किस प्रकार के प्रयास होने चाहिए, इन्हीं विषयों पर प्रकाश डालने के उद्देश्य से राहुल जी ने 'दिमागी गुलामी' पुस्तक की रचना की है। इसमें उन्होंने दिमागी गुलामी, गाँधीवाद, हिन्दू-मुस्लिम समस्या, शिक्षा में आमूल परिवर्तन, नवनिर्माण, जमींदारी नहीं चाहिए, किसानों सावधान, अछूतों को क्या चाहिए, खेतिहर मजदूर, रूस में ढाई मास लेखों के माध्यम से सरल भाषा में जनसामान्य को समय रहते जानकारी देने एवं सजग होने का सन्देश दिया है।

## क्या करें?

क्या करें? शीर्षक पुस्तक राहुल जी द्वारा राजनीतिक, सामाजिक तथा साहित्यिक विषयों पर लिखे गये नौ महत्त्वपूर्ण निबन्धों अब क्या करें? क्या जापान हमारा पड़ोसी बनेगा? सोवियत शक्ति और उसके समालोचक, रूस की पंचायती खेती, पंचायती खेती का एक प्रयोग, पंचायती खेती और सहयोग, तिब्बत की राजनीति, पुस्तकालय, हिन्दी साहित्य पर एक दृष्टि का संकलन है। इनमें पहला लेख अब क्या करें? शोषक और शोषित, कांग्रेस का नेतृत्व कांग्रेसी मन्त्रिमण्डल, रचनात्मक कार्य, हमारी परतन्त्रता तथा अन्तिम लेख 'हिन्दी साहित्य पर एक दृष्टि', हिन्दी-उर्दू, कवि-सम्मेलन, व्याकरण में संशोधन एवं लिपि सुधार जैसे उपशीर्षकों में विभाज्य है। 1939 ई. में प्रकाशित

177 पृष्ठीय यह पुस्तक ब्रिटिश सरकार द्वारा आपत्तिजनक माने जाने पर अक्टूबर, 1941 ई. में प्रतिबन्धित कर दी गयी थी।

## तुम्हारी क्षय

तुम्हारी क्षय एक पतली-सी पुस्तिका है, जिसमें छह निबन्धों, तुम्हारे समाज की क्षय, तुम्हारे धर्म की क्षय, तुम्हारे भगवान् की क्षय, तुम्हारे सदाचार की क्षय, तुम्हारी जात-पाँत की क्षय और तुम्हारे जोकों की क्षय को प्रस्तुत किया गया है। इन निबन्धों के माध्यम से उन्होंने समाज, धर्म, भगवान्, सदाचार, जात, पाँत और जोंकों (पूँजीपति शोषकों) की चर्चा करते हुए पूर्व से चली आ रही जीवन-प्रणाली पर कठोर प्रहार किया है तथा अन्धविश्वासों से मुक्त होने और नये समाज की संरचना करने के साथ ही नयी जीवन-प्रणाली अपनाने पर बल दिया है। छपरा जेल में उन्होंने इस पुस्तिका को 14 मार्च, 1939 ई. को लिखना प्रारम्भ किया था तथा 20 मार्च, 1939 को अर्थात् एक सप्ताह में लिखकर पूरा कर दिया।

## कम्युनिस्ट क्या चाहते है?

कम्युनिस्ट विचारधारा को जनसाधारण की भाषा में समझाने के लिए उन्होंने पम्फलेट कम्युनिस्ट क्या चाहते है? की रचना 1954 में की थी।

इसी प्रकार राहुल जी ने दो और पुस्तिकाओं 'आज की समस्याएँ' और 'आज की राजनीति' की रचना की है जो वर्तमान व्यवस्था पर प्रकाश डालने से सम्बन्धित हैं।

## भागो नहीं (दुनिया को) बदलो

भागो नहीं (दुनिया को) बदलो एक बहुत ही सरल सहज भाषा में लिखी गयी क्रान्तिकारी रचना है। यद्यपि भाषा की दृष्टि से यह खड़ीबोली में है। किन्तु इसमें जिन शब्दों का प्रयोग किया गया है वे आम आदमी द्वारा बोली जानेवाली ठेठ ग्रामीण भाषा के हैं। इसके माध्यम से उन्होंने अपने समाज के ऐतिहासिक विकासक्रम को समझते हुए समाज को बदलने पर जोर दिया है और यहीं नहीं उन्होंने समाज को बदलने की प्रासंगिकता भी बतायी है। साथ ही यह प्रयास किया है कि कम पढ़े-लिखे लोग भी इसे आसानी से समझ सकें। इसमें उन्होंने अपने नाम का सरलीकरण करते हुए जहाँ राहुल सांकिरतायन लिखा है वहीं मार्क्स को मरकस बाबा के नाम से प्रस्तुत किया है। इसे कहानियों और उपन्यासों के बीच की एक अनोखी राजनीतिक कथाकृति कहा गया है

किन्तु संवादशैली में होने के कारण कुछ सीमा तक इसे नाटक भी कहा जा सकता है। दुखराम, भैया, सन्तोखी, सोहनलाल, अब्दुल, सुखारी, मँगरू आदि ग्रन्थ के मुख्य पात्र हैं। इसमें अन्धविश्वासों, आडम्बरों, कुत्सित राजनीति पर प्रहार करनेवाले, दुनिया नरक है, दुनिया क्यों नरक है, जोंक पुरान, जोंकों के दुश्मन मरकस बाबा, वह देस जहाँ जोंकें नहीं हैं, भस्मासुर भूतनाथ पर चढ़ दौड़ा था, पागल सियार गाँव की ओर, लाल चीन, सान्ती का रास्ता, हिन्दुस्तान की आजादी, पण्डा मुल्ला सेठ, औरत की जाति, अछूत और सोसित, मरकस बाबा का रास्ता विदेशी है? ग्यान और भाषा, सुतन्त भारत, दुनिया जहान की बात, अनाज कैसे बढ़े? कल-कारखानों का फैलाव, कमेरों का राज, कुल बीस निबन्ध या नाटक दिये गये हैं। पुस्तक में भूमिका स्वरूप 'तनिक अरज' में उन्होंने अपना उद्देश्य इन पंक्तियों में उल्लिखित किया है।" राजनीति को थोड़े-सें पढ़े-लिखे आदमियों के हाथ में देकर अब चुप बैठा नहीं जा सकता। ऐसा करने से जनता को बराबर नुकसान उठाना पड़ा। जनता को वोट देने का अख्तियार दे देने से काम नहीं चलेगा, उसे अपनी भलाई-बुराई भी मालूम होनी चाहिए कि राजनीति के अखाड़े में कैसे दाँव-पेंच खेले जाते हैं। इस पोथी में इस बात के समझाने की मैंने थोड़ी-सी कोशिश की है। लोगों को इससे कुछ फायदा होगा या नहीं, इसे मैं नहीं कह सकता। और इतना बड़ा काम एक पोथी से हो भी नहीं सकता। मुझे उमेद है कि मेरे दूसरे भाई अपनी मजबूत कलम से और अच्छी किताब लिखेंगे, तब ज्यादा काम हो सकेगा।"

### रामराज्य और मार्क्सवाद

करपात्री जी ने एक पुस्तक लिखी थी, रामराज्य और मार्क्सवाद। इस पुस्तक में व्यक्त विचारों से विरोध प्रकट करते हुए राहुल जी ने चुटीले व्यंग्यों एवं अपने तर्कों के माध्यम से बहत्तर पृष्ठों की एक समीक्षा पुस्तक 'रामराज्य' और 'मार्क्सवाद' लिखी है।

## विज्ञान एवं दर्शन

साहित्य, इतिहास, राजनीति, पर्यटन ही राहुल जी के विषय नहीं थे। विज्ञान और दर्शन से भी उनका गहरा नाता था। इन विषयों पर उन्होंने देश-विदेश के प्रमुख विद्वानों द्वारा लिखी गयी पुस्तकों का गहन अध्ययन किया था। दर्शन के तो वह प्रकाण्ड पण्डित थे। उनकी इस रुचि की छाप विश्व की रूपरेखा, मानव समाज, वैज्ञानिक भौतिकवाद और दर्शन-दिग्दर्शन में दिखायी देती है।

## विश्व की रूपरेखा

साढ़े चार सौ पृष्ठोंवाली इस पुस्तक में आधुनिक ज्योतिष, भौतिकविज्ञान, रसायनशास्त्र, प्राणिशास्त्र, और मनोविज्ञान के कई गम्भीर विषयों पर विवेचना की गयी है। इसमें ब्रह्माण्ड या विश्व कैसे निर्मित हुआ, उसमें नक्षत्र, ग्रह, गोल आदि के साथ हमारी पृथ्वी पर भी उद्‌भिद से जीवोत्पत्ति, विकास आदि पर द्वन्द्वात्मक भौतिकवाद की दृष्टि से राहुल जी ने जानकारी दी है। इसमें विस्तारपूर्वक यह चर्चा की गयी है कि आधुनिक विज्ञान किस प्रकार साम्यवादी दृष्टिकोण का समर्थन करता है।

## मानव समाज

बड़ी सरल और सफल उक्ति है कि मनुष्य यानी मानव एक सामाजिक प्राणी है। समाज से कटने पर उसका सम्बन्ध न भाषा से रह जाता है और न चिन्तन से ही। मनुष्य की हर एक गति पर समाज की छाप है। मानव और समाज के इसी सम्बन्ध को केन्द्र में रखकर राहुल जी द्वारा 'मानव समाज' पुस्तक की रचना की गयी है। इसमें मानव जाति के सर्वतोमुखी विकास की जानकारी दी गयी है, जिसे जाने बगैर मानव समाज और उसके इतिहास को ठीक से नहीं समझा जा सकता। पुस्तक के प्राक्कथन में राहुल जी ने लिखा है कि, ''मानव समाज वैज्ञानिक भौतिकवाद के परिवार की दूसरी पुस्तक है। समाज का विकास किस तरह हुआ, इसके बारे में साइन्स के सहारे किस निष्कर्ष पर हम पहुँचते हैं, उसे यहाँ दिया गया है।'' ग्यारह अध्यायोंवाली यह पुस्तक मानव समाज का विकास, जंगली मानव समाज, बर्बर मानव समाज, सभ्य मानव समाज, भारतीय समाज, सामजवादी मानव समाज, उन्नीसवीं सदी का प्राक् मार्क्सीय समाज, वैज्ञानिक समाजवाद या मार्क्सवाद शीर्षकों में विभक्त है।

## मानव की कहानी

राहुल जी वर्ष 1960 ई. में श्रीलंका में अध्यापन कार्य के दौरान लगभग प्रतिदिन एक पत्र अपने पुत्र-पुत्रियों जया और जेता को लिखते थे। ये पत्र मानव जाति के सिलसिलेवार विकास की कहानी से ओतप्रोत हैं। इन्हीं पत्रों का संकलन 'मानव की कहानी' शीर्षक से पुस्तक के रूप में प्रकाशित है।

## दर्शन-दिग्दर्शन

राहुल सांकृत्यायन द्वारा लिखा गया 'दर्शन-दिग्दर्शन' मौलिकता लिये हुए एक स्मरणीय एवं असाधारण ग्रन्थ है। इस ग्रन्थ के माध्यम से हिन्दी में पहली बार यूनानी,

इस्लामी, यूरोपीय और भारतीय दार्शनिक विचारधाराओं का विश्लेषणात्मक परिचय और मार्क्सवादी दृष्टि से समीक्षा प्रस्तुत की गयी है। तीन हजार वर्षों के दार्शनिक ऊहापोह का बुद्धिवादी मानवतावादी दृष्टिकोण से किया गया यह अध्ययन एक विराट् सर्वग्राही ऐतिहासिक प्रयत्न है। पुस्तक की भूमिका में उन्होंने इसके महत्त्व को इन पंक्तियों में रेखांकित किया है, "मैंने यहाँ दर्शन को विस्तृत भूगोल के मानचित्र पर एक पीढ़ी के बाद दूसरी पीढ़ी के सामने रखते हुए देखने की कोशिश की है। मैं इसमें कितना सफल हुआ हूँ, इसके कहने का अधिकारी मैं नहीं हूँ। किन्तु मैं इतना जरूर समझता हूँ कि दर्शन को समझने का यही ठीक तरीका है और मुझे अफसोस है कि अभी तक किसी भाषा में दर्शन का इस तरह का अध्ययन करने का प्रयत्न नहीं किया गया है।" उन्होंने दर्शन-दिग्दर्शन के अन्त में भारतीय और विदेशी दार्शनिकों का एक तुलनात्मक चार्ट दिया है तथा उन विविध पुस्तकों का नामोल्लेख किया है, जिनके अध्ययन से इस ग्रन्थ को लिखने में उन्हें सहायता मिली है।

पुस्तक की उपलब्धियों पर प्रकाश डालते हुए डॉ. प्रभाकर माचवे ने लिखा है कि, "इस ग्रन्थ मे वेद, उपनिषद्, सांख्य, चार्वाक से लगाकर यूनानी दर्शन, बौद्ध दर्शन, इस्लामी दर्शन पर बहुत ही मार्मिक सामग्री है। राहुल ने विश्व के दार्शनिकों को मार्क्स के वैज्ञानिक भौतिकवाद की कसौटी पर निर्भीक और मौलिक विश्लेषण-विवेचन किया है। यहाँ दर्शन कोई आसमान से उतरी हुई अमूर्त प्रेरणा या दैवी प्रसाद की तरह नहीं है। परन्तु मनुष्य अपनी तर्कशक्ति से पक्ष-विपक्ष में विचार करके, समाज के बदलते हुए मानवीय समूह सम्बन्धों के अनुसार कैसे दर्शन गढ़ता जाता है, इस सारी कहानी को बड़े ही युक्तिपूर्ण और न्यायसंगत रूप में पेश किया गया है। आधुनिक यूरोप की विविध विचारधाराओं को भी दिया है। बेर्गसा, बट्रेण्ड रसेल, विलियम जेंस, विटिगन्सटाइन तक की चर्चा है। डार्विन, नीत्से, मार्क्स आदि तो हैं ही।

सबसे महत्त्वपूर्ण देन बौद्धों के सौत्रान्तिक, योगाचार, विज्ञानवाद, शून्यवाद, माध्यमिक आदि अलग-अलग विचारधाराओं के बारीक विवेचन के साथ-साथ इस्लाम के बड़े दार्शनिक इब्नेसिना, इब्नेरोश्द, अल गज्जाली आदि पर हिन्दी में पहली बार इतनी प्रामाणिक सामग्री पालि और फारसी भाषाओं के आधार पर इस बड़े ग्रन्थ में दी गयी है। सबसे अच्छी बात यह है कि यह ग्रन्थ दर्शन जैसे शुष्क विषय पर होने पर भी बहुत ही महत्त्वपूर्ण और सरल भाषा में लिखा गया है। बिल ड्यूरेण्ट ने अंग्रेजी में 'स्टोरी ऑफ फिलासफी' लिखकर जैसा काम किया, हिन्दी में इस पुस्तक ने एक पूरी पीढ़ी को जो गाँव से शहर की ओर, कृषक जीवन से औद्योगिक जीवन की ओर आ रही थी, भौतिकवादी दृष्टि से दृष्टि दी। और सच्चे अर्थ में विश्व की चिन्ता धारा के स्थान और विशेष योगदान का दर्शन कराया है। पुस्तक का नाम दर्शन-दिग्दर्शन

सार्थक है।'' 847 पृष्ठोंवाली यह पुस्तक सन् 1940-41 के बीच हजारीबाग और देवली जेल में बन्दी जीवन के रूप में रहते हुए लिखी गयी है।

## वैज्ञानिक भौतिकवाद

वैज्ञानिक भौतिकवाद में अट्ठारहवीं और उन्नीसवीं शताब्दी के यूरोपीय चिन्तन को सूत्र रूप में भारतीय सन्दर्भ के साथ प्रस्तुत किया गया है। इस पुस्तक में आज के वैज्ञानिक युग की उस व्यवस्था पर प्रकाश डाला गया है, जिसमें साइन्स के नाम पर मृत विचारों की अपेक्षा नये वैज्ञानिक विचारों के आलोक में मानवीय नैतिकता, धर्म, समाज, दर्शन, मूल्यवत्ता और मानवीय सम्बन्धों की व्याख्या की गयी है। पुस्तक के माध्यम से राहुल जी ने हीगेल फायरबाख और कार्ल मार्क्स के चिन्तन और दर्शन का निरूपण करते हुए स्पष्ट किया है कि मार्क्सवादी दर्शन सदियों से विकसित हो रहे भौतिकवादी चिन्तन का सबसे वैज्ञानिक और तार्किक विचार दर्शन है। पुस्तक तीन अध्यायों में विभक्त है। प्रथम कार्य-कारण (हेतुवाद) को कार्य-कारण या हेतु तथा सत्य और असत्य का ज्ञान, द्वितीय मूढ़ विश्वास अध्याय को धर्म और धार्मिक तत्त्व, आचार-विचार और दृष्टि के विकार एवं तृतीय को भूत या भौतिक तत्त्व, भौतिकवाद, द्वन्द्ववाद (वैज्ञानिक) भौतिकवाद, परिवर्तन की घटना श्रृंखला उपशीर्षकों में विभाजित कर इतिहास, दर्शन, समाजशास्त्र और धर्म आदि की पूरी व्याख्या प्रस्तुत की गयी है।

# पुरातत्त्व

अपनी यात्राओं के दौरान राहुल जी पुरातात्त्विक महत्त्व के स्थानों को देखना नहीं भूलते थे। पुरातात्त्विक निबन्धावली, आजमगढ़ की पुराकथा, आजमगढ़ के ग्रामनामों में इतिहास पुस्तकें उनके पुरातात्त्विक प्रेम की परिचायक हैं।

## पुरातत्त्व निबन्धावली

'पुरातत्त्व निबन्धावली' अपने विषय की एक ऐसी अद्वितीय कृति है जो पुरातत्त्ववेत्ताओं, प्राच्यविद्याविशारदों, नृतत्त्वशास्त्रियों एवं विविध विषयों के अन्य विद्वान् पाठकों के बीच समान रूप से लोकप्रिय सिद्ध हुई हैं। इसमें राहुल जी द्वारा भिन्न-भिन्न समय पर अनेक पत्र-पत्रिकाओं में लिखे गये अट्ठारह शोधपूर्ण लेखों पुरातत्त्व, काल-निर्णय में ईंटें और गहराई, बसाढ़ की खुदाई, श्रावस्ती, जेतवन, ज्ञातृ, कथरिया, थारू, महायान बौद्ध धर्म की उत्पत्ति, वज्रयान और चौरासी सिद्ध, हिन्दी के प्राचीनतम कवि और उनकी कविताएँ, बौद्ध नैयायिक, मागधी हिन्दी का विकास,

हिन्दी स्थानीय भाषाओं के वृहत् संग्रह की आवश्यकता, तिब्बत में भारतीय साहित्य और कला, सारन (बिहार), सहोर और विक्रमशिला, भारतीय जीवन में बुद्धिवाद, तिब्बत में चित्रकला का संकलन है। पुस्तक के अन्त में दिये गये परिशिष्ट में भारत, श्रावस्ती एवं जेतवन के मानचित्र तथा चौरासी सिद्धों एवं पुरालिपियों के चित्र पुस्तक की उपयोगिता को बढ़ाने में सहायक हैं। पुस्तक के लेखकीय निवेदन से स्पष्ट है कि इसे पुस्तकाकार 30 मार्च, 1937 में तैयार कर लिया गया था।

### आजमगढ़ की पुरा कथा

आजमगढ़ के लिए बनी गजेटियर समिति के सदस्य के रूप में राहुल जी का भी नाम था। गजेटियर निर्माण के कार्य से वह फरवरी, 1957 ई. में आजमगढ़ के पुरातात्त्विक स्थलों के बारे में जानकारी लेने हेतु आये। 11 फरवरी से 16 फरवरी तक उन्होंने आजमगढ़ के अनेक ऐतिहासिक, पुरातात्त्विक स्थानों की यात्रा की। इस यात्रा के विषय में उनका कहना था, कि, ''वस्तुतः इस यात्रा का उद्देश्य केवल जन्मभूमि का दर्शन करना नहीं था, बल्कि गजेटियर कम्पनी का सदस्य होने के कारण मैं अपनी जिम्मेदारी समझता था कि उसके लिए कुछ नयी चीजें दूँ। एक इतिहासकार के तौर पर इससे बढ़कर मैं क्या दे सकता था, जिले के पुरातत्त्व के परिचय के सम्बन्ध में कुछ नयी सामग्री एकत्रित कर दूँ।''

राहुल जी ने आजमगढ़ जनपद के स्थानों भैरवस्थान, नन्दना, बौड़रा, अराँव, सरायमीर, फूलपुर, दुर्वासा, निजामाबाद, पन्दहा, चक्रपानपुर, बछवल, डीहा, कनैला, किसुनपुर, दौलताबाद, आजमगढ़, मेंहनगर, खजुरी, सिंहपुर, पल्हना, डोभाँव, पलिगढ़, घोसी, निधियाँव, गोंठा, बेलौली, रजादेपुर, धनछुला, कुड़हन, अमिला, रियाँव, सिपाह, सियरही, शिवली मंजिल आदि पर घूमकर वहाँ की पुरातनता, वहाँ के मन्दिरों, मूर्तियों, ऐतिहासिक पात्रों आदि की जानकारी प्राप्त की और प्राप्त विवरण को एक बृहद लेख के रूप में लिपिबद्ध किया जो सम्मेलन-पत्रिका में 'आजमगढ़' की पुरातात्त्विक यात्रा' शीर्षक से प्रकाशित हुआ था। अभी तक यह कृति पुस्तक रूप में प्रकाशन योग्य होने पर भी नहीं छप सकी है।

## आजमगढ़ के ग्रामनामों में इतिहास

गजेटियर कमेटी के सदस्य के रूप में आजमगढ़ आने पर राहुल जी ने यहाँ के स्थानों के अवलोकनोपरान्त एक लम्बे लेख 'आजमगढ़ की पुरातात्त्विक यात्रा' की रचना की थी। इसी अवधि में उनका ध्यान इस जनपद के ग्रामों के नामों की ओर

गया। इनमें भी उन्हें ऐतिहासिकता, पुरातनता की गूँज सुनायी पड़ी। छान-बीन के पश्चात् ईस्वी पूर्व कालों से लेकर मुस्लिम-काल तक ग्रामों के जो नामकरण हुए, उन पर राहुल जी ने विस्तारपूर्वक प्रकाश डाला है। इस सम्बन्ध में उनके द्वारा लिखा गया लम्बा लेख 'आजमगढ़ के ग्रामनामों में इतिहास' जनपद के ग्रामों के बारे में जानने का एक महत्त्वपूर्ण स्रोत है। इस लम्बे लेख का भी पुस्तकाकार प्रकाशन अभी तक नहीं हो सका है।

## बौद्धधर्म व संस्कृति तथा इस्लाम धर्म

बौद्ध मनीषी के रूप में विख्यात राहुल जी को श्रीलंका निवास में पालि में उपलब्ध बौद्ध धर्म एवं दर्शन से सम्बन्धित पुस्तकों को पढ़ने का अवसर मिला था। पालि पर ध्यान देनेवाले वह पहले हिन्दीभाषी व्यक्ति थे। उन्होंने लिखा है कि, "हिन्दीभाषियों में पालि की ओर ध्यान देनेवाला मैं पहला आदमी था। मुझे कितनी अड़चनों का सामना करना पड़ा था, जीवन-यात्रा के दूसरे भाग के पढ़नेवाले अच्छी तरह से जान सकते हैं। मेरे प्रारम्भ करते समय पालि का विशाल वाङ्मय बिलकुल अपरिचित-सा था। धम्मपद को छोड़ और किसी पुस्तक का हिन्दी में अनुवाद नहीं हुआ था और न इस विशाल साहित्य में क्या-क्या हुआ है, इसे जानने का हिन्दी में कोई साधन न था। मैंने, फिर आनन्द जी ने और बाद में भिक्षु जगदीश काश्यप जी ने हिन्दी को पालि साहित्य से समृद्ध किया। उस पालि के अध्ययन के आधार पर ही उनके द्वारा हिन्दी में रचित सम्पादित एवं अनूदित बौद्ध साहित्य का अपना अलग ही स्थान है।

### बुद्धचर्या

पालि त्रिपिटिक में उल्लिखित बुद्ध की जीवनी और उपदेशों को एक स्थान पर एकत्रित कर प्राप्त की गयी सामग्री के आधार पर राहुल जी ने बुद्धचर्या की रचना उस समय की जब वह 1930 ई. में लंका प्रवास पर थे। उनके द्वारा इस 612 पृष्ठीय पुस्तक की रचना 68 दिनों में की गयी है। पुस्तक के प्राक्कथन में उन्होंने लिखा है कि, "भगवान बुद्ध की जीवनी और उपदेश दोनों ही इस ग्रन्थ में सन्निविष्ट हैं। बुद्ध की जीवन घटनाएँ पालि त्रिपिटक में जहाँ-तहाँ बिखरी हुई हैं, मैंने उन्हें यहाँ संग्रह किया है, साथ ही रिक्त स्थान को त्रिपिटक की अट्ठकथाओं से पूरा कर दिया है। पालि का अनुवाद यहाँ प्रायः शब्दशः हुआ है। कुछ विद्वानों ने कहा भी कि शब्दशः का ख्याल छोड़कर स्वतन्त्र अनुवाद होना चाहिए, किन्तु मैंने यहाँ, त्रिपिटक में आयी, भौगोलिक, ऐतिहासिक, सामाजिक, राजनीतिक सामाग्रियों को भी एकत्रित कर दिया है। स्वतन्त्र अनुवाद होने पर ऐतिहासिकों

के लिए उनका मूल्य कम हो जाता है, इसलिए मैंने वैसा ही किया। मेरी इस राय से आचार्य नरेन्द्रदेव भी सहमत रहे। इस तरह भाषा कुछ खटकती-सी जरूर मालूम होगी, किन्तु सौ-पचास पृष्ठ पढ़ जाने पर वह साधारण-सी बन जायेगी और पालि के मुहावरे घर की हिन्दी एवं स्थानीय भाषाओं से – विशेषकर पूर्वी अवधी तथा बिहार की भाषाओं से – बिलकुल मिलते-जुलते हैं, इसलिए कोई दिक्कत न मालूम होगी।'' भूमिका में उन्होंने 'भारत में बौद्ध धर्म का उत्थान एवं पतन' विषय पर प्रकाश डाला है। पुस्तक पाँच खण्डों में विभक्त है। परिशिष्ट के अन्तर्गत दी गयी ग्रन्थ-सूची, नामानुक्रमणी एवं शब्दानुक्रमणी से सन्दर्भ अर्थ आदि को समझने में सहायता मिलती है।

राहुल जी ने इस पुस्तक का समर्पण अपने पिताश्री को इन शब्दों में किया है। ''मेरे गृहत्याग से जिनके अबार्धक्य जीवन के अन्तिम वर्ष दुखमय बन गये, उन्हीं सांकृत्य सगोत्र, मलाव – पाण्डेय, स्वर्गीय पिता श्री गोवर्धन की स्मृति में।''

## धम्मपद

मूलरूप में यह ग्रन्थ पालि भाषा में है किन्तु राहुल जी ने वर्ष 1933 ई. में संस्कृत में इसका छायानुवाद करने के साथ ही हिन्दी में अनुवाद किया है।

## मज्झिम निकाय

राहुल जी ने 4 जुलाई से 16 सितम्बर, 1933 ई. के मध्य दूसरी लद्दाख-यात्रा के दौरान लेह में हेचिस गुम्बा के आश्रम में रहकर मज्झिम निकाय का हिन्दी में अनुवाद किया है। मज्झिम निकाय बौद्ध धर्म के प्रमुख ग्रन्थ सुत्तपिटक का दूसरा निकाय है। राहुल जी के अनुसार यह ग्रन्थ तीन पण्णासक में अर्थात् मूल पण्णासक, मज्झिम पण्णासक और उपरिपण्णासक में विभक्त है। प्रथम दो पण्णासकों में पचास सूत्र हैं और अन्तिम में बावन।

## विनय पिटक

बौद्ध धर्म के प्रमुख साहित्य त्रिपिटक में विनयपिटक का दूसरा स्थान है। इसे भिक्षु-भिक्षुणियों का आचारशास्त्र भी कहा जाता है। दूसरी तिब्बत-यात्रा के दौरान ल्हासा में बैठकर वर्ष 1934 ई. में राहुल जी ने इस विनयपिटक का पालि से हिन्दी में अनुवाद किया था। इसकी उपयोगिता पर प्रकाश डालते हुए उन्होंने लिखा है कि, 'विनयपिटक भिक्षुओं के आचार नियमों के जानने के लिए तो उपयोगी है ही साथ ही वह पुराने अभिलेखों तथा फाह्यान, इ-चिङ आदि के यात्रा विवरणों को समझने के लिए

भी बहुत सहायक है। यही नहीं विनय में तत्कालीन राजनैतिक, सामाजिक अवस्था की सूचक बहुत-सी सामग्री मिलती है।''

## दीर्घ निकाय

त्रिपिटिकों में प्रथम सुत्तपिटक का पहला निकाय है दीर्घनिकाय। इसी बौद्धग्रन्थ दीघनिकाय का राहुल जी ने पालि से हिन्दी में अनुवाद किया है। दीघनिकाय में सीलक्खन्ध, महा और पाथिकवग्ग नाम के तीन वग्ग, चौंतीस सूत्र और चौंसठ भाणवार हैं।

## बौद्ध संस्कृति

बौद्ध संस्कृति की रचना 1949 ई. में की गयी है किन्तु इसका प्रकाशन-वर्ष 1953 ई. आधुनिक पुस्तक भवन, कलकत्ता से हुआ है। यह पुस्तक शान्तिनिकेतन के तत्कालीन पुस्तकालयाध्यक्ष और वृहत्तर भारत के गम्भीर अध्येता श्री प्रभात कुमार मुखोपाध्याय को इन शब्दों में समर्पित की गयी है – ''विश्वभारतीस्थ श्री प्रभात कुमार मुखोपाध्याय महाशये त्वदीयं वस्तु गोविन्दं तुभ्यमेव समर्पये।'' लगभग पाँच सौ पृष्ठोंवाली इस पुस्तक के प्राक्कथन में उन्होंने लिखा है कि, ''भारतीय संस्कृति देश की सीमा से बाहर प्रायः बौद्ध धर्म के साथ गयी, लेकिन यह भी कहना पड़ेगा कि जहाँ तक इण्डोनेशिया, इण्डोचीन और अफगानिस्तान का सम्बन्ध है, सांस्कृतिक प्रचार और प्रसार के इस काम में ब्राह्मणधर्मी भी पीछे नहीं रहे। स्वतन्त्रता खोने के साथ उन देशों से भारत का सम्बन्ध नहीं रह गया, जो कि भारतीय संस्कृति से आज भी अनुप्राणित हैं। इस विस्तृत सम्बन्ध को फिर से सामने रखने में बौद्ध धर्म के ज्ञान ने हमारी बड़ी सहायता की, इसमें सन्देह नहीं। यदि हम भारत के पुरातनकाल के उस कर्मठ जीवन के बारे में जानना चाहते हैं तो एशिया की मुख्य-मुख्य भाषाओं में अब भी मौजूद बौद्ध साहित्य तथा बृहत्तर भारत का इतिहास और भूगोल हमारी कूपमण्डूकता दूर करने में सहायक हो सकते हैं।''

इस पुस्तक में राहुल जी ने भारत, श्रीलंका, वर्मा इण्डोनेशिया, इण्डोचीन, अफगानिस्तान, मध्य एशिया, तिब्बत, मंगोलिया, कोरिया तथा जापान में विकसित बौद्ध संस्कृति पर विस्तार से प्रकाश डाला है।

## बौद्ध दर्शन

पाँच अध्यायों, गौतम बुद्ध के मूलभूत सिद्धान्त, गौतम बुद्ध, नागसेन, बौद्ध सम्प्रदाय और बौद्ध दर्शन का चरम विकास में विभक्त पुस्तक 'बौद्ध दर्शन' में बौद्ध

दर्शन सम्बन्धी सभी मान्यताओं पर सांगोपांग चर्चा करके बौद्ध दर्शन को सुस्पष्ट करने का प्रयास किया गया है। साथ ही बौद्धकालीन कई प्रमुख बौद्ध दार्शनिकों के जीवन एवं योगदान पर भी प्रकाश डाला गया है। पुस्तक में धर्मकीर्त्ति पर विशेष बल देते हुए बौद्ध चिन्तन को समझाने की कोशिश की गयी है तथा धर्मकीर्त्ति द्वारा न्याय वैशेषिक दर्शन, सांख्य दर्शन, मीमांसा दर्शन, जैन दर्शन तथा अन्य मतों का जिन तर्कों के आधार पर खण्डन किया गया है, उन पर भी चर्चा की गयी है। पूरी पुस्तक में बुद्ध से लेकर धर्मनीति तक के विषयों की सम्यक् विवेचना की गयी है।

## महामानव बुद्ध

राहुल जी ने गौतम बुद्ध की पच्चीसवीं शताब्दी के अवसर पर लिखे गये लेखों को महामानव बुद्ध ग्रन्थ से संगृहीत किया है। इसमें महात्मा बुद्ध का जीवनवृत्त तथा उनके उपदेशों पर प्रकाश डाला गया है।

## तिब्बत में बौद्ध धर्म

महापण्डित राहुल सांकृत्यायन को बौद्धधर्म के अध्ययन की दृष्टि से तिब्बत एक अति आवश्यक एवं महत्त्वपूर्ण देश लगा था। अतः उन्होंने अपने प्राण जोखिम में डालकर भी तिब्बत की क्रमशः वर्ष 1929, 1934, 1936 एवं 1938 ई. में चार बार यात्रा की और वहाँ उपलब्ध संस्कृत एवं बौद्ध धर्म से सम्बन्धित अनेक दुर्लभ ग्रन्थों का अध्ययन-मनन कर समाज हित के लिए उन्हें सार्वजनिक किया। तिब्बत प्रवास में प्राप्त जानकारियों को उन्होंने तिब्बत में बौद्ध धर्म ग्रन्थ के माध्यम से बड़े ही महत्त्वपूर्ण ढंग से प्रस्तुत किया है। इसको उन्होंने निम्नलिखित छह कालखण्डों में विभाजित किया है।

प्रारम्भ युग 640 – 823 ई.<br>
शान्तरक्षित युग 823 – 1042 ई.<br>
दीपंकर युग 1042 – 1102 ई.<br>
स सक्य युग 1102 – 1376 ई.<br>
चोङ – ख – प युग – 1376 – 1664 ई.<br>
अन्तिम युग 1664 – 1912 ई.

पुस्तक में परिशिष्ट के माध्यम से भी उन्होंने भोटदेशीय मासो के नाम, बौद्ध विद्वान् और उनके आश्रयदाता, तिब्बत में भारतीय ग्रन्थों के कुछ प्रधान अनुवादक, उनके सहायक और ग्रन्थ आदि विषयों का गम्भीरतापूर्वक विवेचन किया है। इसमें

उन्होंने तिब्बत में बौद्धधर्म के उन्नयन के साथ-साथ उन ऐतिहासिक व राजनैतिक घटनाक्रमों का भी सविस्तार वर्णन किया है तथा तिब्बत देश की विस्तृत जानकारी दी है। इस पुस्तक की रचना-वर्ष 1935 ई. में की गयी है तथा इसका प्रथम संस्करण वर्ष 1935 ई. में किताब महल प्रकाशन, इलाहाबाद से निकला है।

### इस्लाम धर्म की रूपरेखा

इस्लाम धर्म की रूपरेखा पुस्तक में हजरत मुहम्मद के जीवनवृत्त, इस्लाम के प्रचार, इस्लाम के सिद्धान्त, कुरान का प्रयोजन एवं वर्णन शैली, दर्शन, इस्लामपरक कुछ लघुकथाओं, तत्कालीन सामाजिक-धार्मिक नीतियों आदि को प्रस्तुत किया गया है। यह ग्रन्थ लिखने का प्रयोजन स्पष्ट करते हुए उन्होंने स्वयं बताया है कि, ''ग्रन्थ लिखने का प्रयोजन हिन्दुओं को अपने पड़ोसी मुसलमान भाइयों के धर्म की जानकारी कराना है, जिसके बिना दोनों ही जातियों में एक-दूसरे के सम्बन्ध में अनेक भ्रम आये दिन उत्पन्न हो जाया करते है।'' अपने निवेदन में उन्होंने यह भी कहा है कि, ''हिन्दू धर्म में जैसे अनेक सम्प्रदाय तथा उनके सिद्धान्तों में परस्पर भेद है, वैसे ही इस्लाम की भी अवस्था है। इस कठिनाइयों से बचने के लिए मैंने कुरान के मूल को उन शब्दों में केवल भाषा के परिवर्तन के लिए इस्लाम धर्म को देखने का प्रयत्न किया है।''

## इतिहास

### मध्य एशिया का इतिहास

'मध्य एशिया का इतिहास' राहुल जी का सर्वाधिक महत्त्वपूर्ण ग्रन्थ है। 1951 ई. में इस ग्रन्थ को लिखने में उन्होंने हाथ लगाया और 1952 ई. के अन्त तक इसे दो खण्डों में लिखकर पूरा कर दिया। पुस्तक के लिए सामग्री जुटाने में उन्होंने बीस वर्षों तक का समय लिया तथा इसके लिए कई भाषाएँ सीखीं। वर्ष 1956 ई. में पुस्तक के दोनों खण्ड बिहार राष्ट्रभाषा परिषद् पटना से प्रकाशित हुए। इसका अंग्रेजी में अनुवाद न्यू एज पब्लिशर्स कलकत्ता से छपा। पुस्तक में भारत एवं भारतीय उपमहाद्वीप के साथ ही उत्तर एवं दक्षिण एशिया के हजारों वर्षों के इतिहास और सांस्कृतिक जागरण तथा उत्थान का विवरण प्रस्तुत किया गया है। पुस्तक का प्रथम खण्ड 573 पृष्ठों का है जिसमें 122 राजाओं का तथा द्वितीय खण्ड 890 पृष्ठों का है जिसमें 376 से अधिक राजाओं का ऐतिहासिक विवरण दिया गया है। प्रथम भाग को लिखने में लगभग 132

और द्वितीय भाग को लिखने में लगभग 225 से अधिक पुस्तकों की सन्दर्भ के लिए सहायता ली गयी है। पहला भाग निम्नलिखित भागों में बँटा हुआ है –

1. प्रागैतिहासिक मानव (एक लाख वर्ष पूर्व से 3000 ई.पूर्व तक)
2. धातु युग (3000 से 700 ई. पूर्व तक)
3. उत्तरापथ (600 ई. पूर्व से 720 ई. तक) शक, वू-सुन, तुर्क, पश्चिमी तुर्क
4. दक्षिणापथ (ई. पूर्व 550 से 673 ई. तक) आश्वायनी, कंग, ग्रीक बाख्तरी, शक, छेफताल, तुर्क
5. उत्तरापथ (सन 766 ई. से 940 ई. तक) आमूज, करलूक
6. दक्षिणापथ (सन् 673 ई. से 900 ई. तक) अरब, उमैया वंश, अब्बासी, ताहिरी
7. उत्तरापथ (सन् 940 ई. से 1212 ई. तक) कराखनी, करखिताई
8. दक्षिणापथ (सन् 892 ई. से 1229 ई. तक) सामानी, कराखानी, गजनवी, सल्जूकी, गोरी, ख्वारेज्मी, चिंगिस खान।

द्वितीय भाग निम्नलिखित पाँच उपविभागों में विभक्त है –

1. उत्तरापथ – (1200 ई. से 1550 ई. तक) चीन में मंगोल वंश, सुवर्ण-ओई, श्वेत-ओई, रूस-रुरिक वंश।
2. दक्षिणापथ – (1224 ई. से 1747 ई. तक) चगताई वंश, हुलाक वंश, तैमूर वंश, शैवासी वंश, अस्वाखानी, खीवा खान।
3. उत्तरापथ (1598 ई. से 1801 ई. तक) – रूस का प्रसार, रोमनीक वंश, श्वेता-ओई, नोगाई, मुगोलिस्तान के रवन सिविर खान, जुंगर साम्राज्य वोल्गा कल्यक, कजाक-ओई।
4. दक्षिणापथ (1747 ई. से 1917 ई. तक) – जारशाही खोकन्द के खान, बुखारा के अमीर रवीवा के खान, तुर्क मान एवं अन्य छोटे-छोटे राज्य।
5. बोल्शेविक क्रान्ति (1917 ई. से 1929 ई. तक) – रूस में क्रान्ति, उजबेकिस्तान में क्रान्ति, कजाकिस्तान में क्रान्ति, किर्गिस्तान में क्रान्ति, ताजिकिस्तान में क्रान्ति।

इस पुस्तक को लिखने के लिए वह क्यों प्रेरित हुए, इस सम्बन्ध में उन्होंने इसकी भूमिका में लिखा है कि, "भारत के इतिहास की जगह मध्य एशिया के इतिहास पर मैंने क्यों कलम चलायी, यह प्रश्न उठ सकता है। उत्तर आसान है। भारत में इतिहास पर लिखनेवाले बहुत हैं। जिसका अभाव है उसकी पूर्ति करना जरूरी था। यही विचार इस प्रयास का कारण हुआ।" पुस्तक के वैशिष्ट्य पर डॉ. नामवर सिंह ने अपने एक वक्तव्य में कहा था कि, "उनके पाण्डित्य को देखना हो कि राहुल क्या जानते थे, और

इतिहास, दर्शन, धर्म तथा संस्कृति की कितनी बड़ी परम्पराओं से उनका परिचय था, तो मध्य एशिया का इतिहास देखें।'' इस ग्रन्थ पर राहुल जी को वर्ष 1958 ई. में साहित्य अकादमी पुरस्कार मिल चुका है। इसकी समीक्षा करते हुए डॉ. भगवतशरण उपाध्याय ने लिखा कि, ''हिन्दी जगत् राहुल जी की इस उपलब्धि को गौरव की चीज के रूप में ग्रहण करेगा क्योंकि पूरब और पश्चिम की किसी भी भाषा ने आज तक इस प्रकार की स्थायी गौरवशाली कृति प्रस्तुत नहीं की है। और हो सकता है, स्मृति-ग्रन्थों की भीड़ में कदाचित् राहुल जी भुला दिये जायँ, किन्तु मैं कहूँगा, वे अपने उपकृत हिन्दी पाठकों के बीच सदा स्मरणीय रहेंगे।''

## ऋग्वैदिक आर्य

ऋग्वैदिक आर्य पुस्तक में ऋग्वेदकालीन आर्यों की सम्पूर्ण जीवनचर्या एवं उनकी भौगोलिक, राजनीतिक, सांस्कृतिक, सामाजिक और शैक्षिक परिदृश्य पर शोधपूर्ण ढंग से प्रकाश डाला गया है। इस पुस्तक की विषयवस्तु चार भागों में विभक्त है। प्रथम भाग भौगोलिक है, जिसमें सप्तसिन्धु तथा आर्यजन पर, द्वितीय भाग सामाजिक, आर्थिक में वर्ण और धर्म तथा खान-पान पर तृतीय भाग राजनीति में ऋग्वेद के ऋषि, दस्यु, आदिम आर्य राजा, शम्बर, दिवोदास, सुदास, राज्यव्यवस्था पर एवं चतुर्थ भाग जो सांस्कृतिक है, में शिक्षा, स्वास्थ्य, वेश-भूषा, क्रीड़ा विनोद, देवता (धर्म) ज्ञान विज्ञान, आर्य-नारी, भाषा और काव्य विषयों पर विस्तारपूर्वक चर्चा की गयी है। अन्त में परिशिष्ट एक, दो-तीन एवं चार के अन्तर्गत पाठक को सुविधा की दृष्टि से विवरण उपलब्ध कराये गये हैं। ऋग्वेदकालीन आर्यों के बारे में समूची जानकारी देनेवाली यह पुस्तक प्रसिद्ध वेदज्ञ क्षेत्रेशचन्द्र चट्टोपाध्याय को समर्पित की गयी है।

## अकबर

राहुल जी दिसम्बर, 1955 में जब दिल्ली गये थे तो वहाँ उन्होंने अब्दुर्रहीम खानखाना की समाधि का भी अवलोकन किया था। इसके बाद जनवरी, 1956 ई. में वाराणसी आने पर वह काशी हिन्दू विश्वविद्यालय स्थित कला भवन गये जहाँ उन्हें रहीम की तस्वीर भी देखने को मिली। रहीम पर ध्यान जाने के पश्चात् उनके मन में रहीम की जीवनी लिखने का विचार पैदा हुआ। इसी क्रम में अकबर के दूसरे रत्नों पर भी लिखने का मार्ग प्रशस्त होने लगा। इस प्रकार अकबरी रत्नों पर कलम चलने के साथ ही अकबर पर भी पर्याप्त सामग्री मिल गयी और उन्होंने अकबर पर भी लगभग चार सौ पृष्ठों की एक पुस्तक लिख दी। उस समय तक अकबर के

जीवन पर प्रकाश डालनेवाली अंग्रेजी में एक पुस्तक उपलब्ध थी, जिसे विन्सेण्ट स्मिथ ने लिखा था। एक और किताब दरबार अकबरी जो शमशुलउल्मा मौलाना मुहम्मद हुसेन आजाद द्वारा लिखी गयी थी, उसका हिन्दी अनुवाद भी सामने आ चुका था।

राहुल जी ने इन दोनों पुस्तकों से प्रेरणा प्राप्त कर अकबर के चरित्र को और अधिक महत्त्वपूर्ण ढंग से प्रस्तुत करने की दृष्टि से अकबर ग्रन्थ की रचना की। राहुल जी ने इस पुस्तक का समर्पण इन शब्दों, "समर्पण, आधुनिक युग में अकबर को ठीक से समझने का प्रयत्न करनेवाले भारतीय शमशुलउल्मा मौलाना मुहम्मद हुसेन आजाद और अकबर की विशद जीवनी के लेखक विन्सेण्ट स्मिथ को कृतज्ञतापूर्वक" में किया है। राहुल जी ने अकबर को अशोक और गाँधी के बीच का एक सांस्कृतिक पैगम्बर कहा है। प्राक्कथन में उन्होंने लिखा है कि, "अकबर का रास्ता आज बहुत हद तक हमारा रास्ता बन गया है। अकबर 16वीं सदी नहीं, बल्कि 20वीं सदी का हमारे देश का सांस्कृतिक पैगम्बर है। पर आज भी इसे समझनेवाले हमारे देश में कितने आदमी हैं? कितने यह मानने के लिए तैयार हैं कि, "अशोक और गाँधी के बीच में उनकी जोड़ी का एक ही पुरुष हमारे देश में पैदा हुआ, यह अकबर था? अकबर को इससे निराश होने की आवश्यकता नहीं थी, क्योंकि उसका ही रास्ता एकमात्र रास्ता था, जिसके द्वारा हमारा देश आगे बढ़ सकता था।"

अकबर पुस्तक में तत्कालीन सभी सामाजिक पहलुओं की सविस्तार चर्चा की गयी है। ग्रन्थ में कुल 27 अध्याय हैं जिनमें पूर्वार्द्ध के 14 अध्यायों में अकबर के सहकारी और विरोधी तत्त्वों का लेखा-जोखा प्रस्तुत किया गया है। उत्तरार्द्ध के 13 अध्यायों में अकबर महान् के आरम्भिक जीवन से लेकर अन्तिम जीवन तक के सम्पूर्ण ऐतिहासिक तथ्यों को बहुत विस्तार के साथ और ठोस प्रामाणिक आधारों पर उजागर करने की चेष्टा की गयी है।

## साहित्य

### साहित्य निबन्धावली

'साहित्य निबन्धावली' में राहुल जी के अधिकतर साहित्य सम्बन्धी भाषण एवं निबन्ध संगृहीत हैं। पुस्तक के प्राक्कथन में उन्होंने आशा व्यक्त की है कि 20वीं शताब्दी के अन्त तक विश्व की किसी भाषा के साहित्य में हिन्दी साहित्य पिछड़ा नहीं रहेगा। इस निबन्ध-संग्रह में दिसम्बर, 1933 ई. में बड़ौदा में हुए भारतीय प्राच्य सम्मेलन के हिन्दी विभाग, 10 अप्रैल, 1934 ई. को रंगून की हिन्दी साहित्य गोष्ठी

के प्रथम वार्षिक अधिवेशन जनवरी, 1936 में आयोजित मुँगेर जिला साहित्य सम्मेलन, बलिया हिन्दी प्रचारिणी सभा के तेरहवें वार्षिक अधिवेशन (15.12. 1936), बिहार प्रान्तीय साहित्य सम्मेलन राँची (दिसम्बर, 1938) सारन हिन्दी साहित्य सम्मेलन (1938), अखिल भारतीय (हिन्दी) प्रगतिशील लेखक सम्मेलन के प्रयाग में हुए प्रथम अधिवेशन (सितम्बर, 1947), अखिल भोजपुरी सम्मेलन (द्वितीय) के अवसर (दिसम्बर, 1947, गोपालगंज, छपरा) पर खाँटी भोजपुरी में, अखिल भारतीय हिन्दी साहित्य सम्मेलन के 35वें अधिवेशन (हिन्दी नगर बम्बई दिसम्बर, 1947) एवं चतुर्थ वैशाली महोत्सव (21 अप्रैल, 1948) के सभापति/अध्यक्ष पद से दिये गये भाषणों तथा मई से अगस्त, 1948 के बीच के वक्तव्यों और पत्र-पत्रिकाओं में प्रकाशित महत्त्वपूर्ण लेखों, साहित्य चर्चा, राष्ट्रीय भाषाओं का प्रश्न, संन्यासी अखाड़ों की जनतन्त्रता, सोवियत के दो भारतीय तत्त्वज्ञ, यूरोप के रोमनी भारतीय का अनूठा संकलन है।

## राहुल निबन्धावली

राहुल जी ने विविध विषयों पर अनेक महत्त्वपूर्ण फूटकर लेखों की रचना की थी जो पत्र-पत्रिकाओं में छपे थे किन्तु उनके संग्रह पुस्तकाकार छपने से वंचित रह गये थे। उनके कुछ ऐसे ही लेखों, निबन्धों का संग्रह रामशरण शर्मा मुन्शी ने किया है जो राहुल निबन्धावली (साहित्य) में उनके सम्पादन में, कमला सांकृत्यायन की भूमिका के साथ वर्ष 1970 ई. में पीपुल्स पब्लिशिंग हाउस (प्रा.लि.) नयी दिल्ली से प्रकाशित है। इस निबन्धावली में, मैं कहानी लेखक कैसे बना, प्रेमचन्द स्मृति, भारतेन्दु और पुश्किन, सरस्वती का प्रकाशन, साहित्यिक प्रगति में बाधाएँ, लोकगीत और रेडियो, साहित्यकार का दायित्व, ऐतिहासिक उपन्यास, कौरवी जन साहित्य, ग्वालियर और हिन्दी कविता, मारवाड़ी और पहाड़ी भाषाओं का सम्बन्ध, हिन्दी की मूल भाषा कौरवी बोली है, हिन्दी लोकसाहित्य, उत्तर प्रदेश के लोकगीत, चौरासी सिद्ध, सिद्ध कवियों की गाथा, महाकवि स्वयंभू, हिन्दी में पारिभाषिक शब्दों का निर्माण, आचार्य रघुवीर का परिभाषा निर्माण आदि कुल उन्नीस लेख संकलित हैं।

## राहुल रचनामृत

राहुल जी के बहुत-से निबन्ध पत्र-पत्रिकाओं में बिखरे पड़े हैं। उनमें से कई निबन्धों के संग्रह साहित्य निबन्धावली, राहुल निबन्धावली में प्रकाशित हो चुके हैं। उनके अतिरिक्त और भी बहुत-से इतिहास, संस्कृति, पुरातत्त्व विषयक निबन्ध राहुल

रचनावली में संकलित हैं। इस संकलन का सम्पादन डॉ. प्रभात शास्त्री ने किया है। यह ग्रन्थ हिन्दी साहित्य सम्मेलन प्रयाग से वर्ष 1993 ई. में प्रकाशित हुआ है। इसमें रूसी भाषा और भारत, हमारे इतिहास पर लगी कालिमा, हिन्दी ही राष्ट्रभाषा, राष्ट्रभाषा का नेहरू जी द्वारा विरोध, हिन्दी पत्र कैसे आगे बढ़े, नये युग में हिन्दी, मध्य एशिया में ताम्रयुग, तिब्बत में तीसरी बार प्रवेश, बौद्ध धर्म की देन, भारतीय मुद्रा, सिंहल भाषा, बौद्ध सिद्ध साहित्य के अलावा चार वे लेख हिन्दी में पारिभाषिक शब्दों का निर्माण, आचार्य रघुवीर का परिभाषा निर्माण, भारतेन्दु और पुश्किन तथा हिन्दी की मूल भाषा कौरवी बोली है, भी सम्मिलित हैं, जो पूर्व राहुल निबन्धावली में आ चुके हैं। इन सोलह लेखों के अतिरिक्त दो वे महत्त्वपूर्ण लम्बे लेख, जो पुस्तकाकार नहीं छप सके, जैसे जिला आजमगढ़ के ग्रामनामों का इतिहास और आजमगढ़ की पुरातात्त्विक यात्रा भी शामिल हैं।

## साहित्य का इतिहास, कोष एवं अन्य सम्पादित ग्रन्थ

राहुल जी ने प्राचीन हिन्दी साहित्य, संस्कृत साहित्य, पालि एवं अपभ्रंश के अनेक दुर्लभ ग्रन्थों की खोज की थी। तिब्बत-यात्रा के दौरान, बहुत-से बौद्ध ग्रन्थ जो लुप्त होने के कगार पर थे, उनका भी उन्होंने पता लगाया और मठों, विहारों से उन्हें प्राप्त कर अपने सम्पादन के साथ विद्वज्जन के समक्ष प्रस्तुत किया। हिन्दी साहित्य के अन्तर्गत लोकसाहित्य का इतिहास, प्राचीन भाषा पालि का इतिहास, संस्कृत तिब्बती भाषा से सम्बन्धित कोशों के मिर्माण में उनका बहुत बड़ा योगदान है।

### हिन्दी काव्यधारा

हिन्दी काव्यधारा 8वीं शताब्दी से 13वीं शताब्दी तक के अपभ्रंश साहित्य के काव्यांशों का चयन एवं संकलन है। इसमें राहुल जी ने सिद्ध-सामन्त युग के 47 अपभ्रंश कवियों सरहपा, स्वयंभू, कण्हपा, डोंम्बिया आदि की पंक्तियों का मूल छन्द में ही हिन्दी अनुवाद किया है और विस्तृत भूमिका लिखी है। इन कवियों ने लगभग एक हजार वर्ष पूर्व जान-बूझकर जात-पाँत की जकड़बन्दी को तोड़ा और कर्मकाण्ड का विरोध किया। इसके माध्यम से उन्होंने अपभ्रंश और हिन्दी की अभिन्नता को स्थापित किया है तथा स्वयंभू को केवल अपभ्रंश का ही नहीं अपितु भारतीय साहित्य का उत्कृष्ट कवि घोषित किया है। इस ग्रन्थ में उन्होंने यह सिद्ध किया है कि हिन्दी काव्य का आरम्भ 769 ई. में हुआ था न कि आचार्य रामचन्द्र शुक्ल के इतिहास के अनुसार 993 ई. में। उनके अनुसार 'वीरगाथा काल' का नाम 'सिद्ध

सामन्त काल होना चाहिए। उनके अनुसार 'सरहपाद' ही हिन्दी का आदि गौरवग्रन्थ है। सहजयान के प्रवर्तक कवि सरहपा इस संकलन में प्रारम्भिक कवि के रूप में रखे गये हैं। वर्ष 1944 ई. में लिखी गयी इस पुस्तक का प्रकाशन 1945 ई. में किताब महल, इलाहाबाद से हुआ है। इसका एक संस्करण राहुल प्रकाशन, मसूरी से भी निकला है।

## आदि हिन्दी की कहानियाँ और गीतें

वर्ष 1905 ई. में राहुल जी नैनीताल के जिस मकान ओकलाज में रह रहे थे, उसी के दूसरे हिस्से में रहनेवाले एक परिवार में एक अस्सी वर्षीया वृद्धा रामन माई भी रहती थीं। उनका अधिकांश जीवन मुजफ्फरनगर और मेरठ जिलों के ग्रामीण वातावरण में बीता था। विद्यालयी शिक्षा नहीं के बराबर थी किन्तु उनकी स्मृति में कौरवी बोली की कहानियाँ और गीत काफी संख्या में विद्यमान थे। उनके ही मुँह से सुनकर उन्होंने पहली कौरवी कहानी 4 अप्रैल, 1950 ई. को लिखी, फिर कुछ और कहानियाँ और गीत भी धीरे-धीरे लिख डाली। इन्हीं कहानियों और गीतों का संकलन जिन्हें वर्ष 1950 ई. में ही पूरा कर लिया गया था, 1953 ई. में 'आदि हिन्दी कहानियाँ और गीतें' शीर्षक से राहुल पुस्तक प्रतिष्ठान पटना से प्रकाशित हुआ। राहुल जी का मत था कि आधुनिक खड़ीबोली हिन्दी की माँ है, आगरा मेरठ में बोली जानेवाली कौरवी। इन लोकगीतों और लोककथाओं पर हरियाणवी और ब्रज का प्रभाव है।

## दक्खिनी हिन्दी काव्यधारा

इस पुस्तक के लेखन में राहुल जी ने जनवरी, 1951 ई. में हाथ लगाया। सम्बन्धित सामग्री तो वह 1949 ई. में हैदराबाद में हुए हिन्दी साहित्य सम्मेल के अधिवेशन के समय से ही जुटा रहे थे। 14वीं, 15वीं शताब्दी में उत्तर भारत से दक्षिण पहुँचे हुए मुस्लिम विजेताओं एवं उनके अधीनस्थों ने जिस हिन्दी का प्रचार और उपयोग किया, उसे ही दक्खिनी हिन्दी कहा गया। इस दक्खिनी हिन्दी में मुस्लिम सन्त कवियों ने काफी रचनाएँ की हैं। उन्हीं कविताओं का संकलन करके राहुल जी ने अपनी विद्वत्तापूर्ण भूमिका के साथ इस पुस्तक को प्रस्तुत किया है। अपनी भूमिका में उन्होंने प्रतिपादित किया है कि न केवल भाषा, परन्तु विचार वस्तु में भी दक्षिण के मुस्लिम सन्तों की इन रचनाओं में कई भारतीय बिम्ब कैसे अपनाये गये, और सूफी कविता को स्थानीय लोक कविता के कल्पना बन्धों के साथ कैसे एकाकार किया गया।

पुस्तक के वक्तव्य में आचार्य शिवपूजन सहाय ने लिखा है कि, "विद्वदवर राहुल जी के अन्वेषणों से पहले की बहुतेरी धारणाएँ बदल चुकी हैं। उनके अनुसन्धानों ने हिन्दी साहित्य को भी प्रभावित किया है। उसके इतिहास में कई महत्त्वपूर्ण परिवर्तन हुए हैं। पहले वीरगाथा काल से ही उसके इतिहास का आरम्भ माना जाता था। किन्तु उनकी खोज से उस काल से चार-पाँच सौ वर्ष पहले का सिद्धकाल माना जाने लगा। इस प्रकार हिन्दी साहित्य के इतिहास का आरम्भिक समय बारहवीं शताब्दी के बदले सातवीं-आठवीं शताब्दी निश्चित हो गया।"

राहुल जी ने दक्खिनी हिन्दी काव्यधारा को तीन कालों आदिकाल (1400-1500), मध्यकाल (1500-1657) और उत्तरकाल (1657-1840) में विभाजित किया है। इसमें आदिकाल के अन्तर्गत बन्दानेबाज, शाह मीरांजी अशरफ, फिरोज, बुरहानुद्दीन जानम, एकनाथ, शाह अली और वजही मध्यकाल के अन्तर्गत मुहम्मद कुल्ली, अब्दुल, अमीन, गौवासी, तुकाराम, मीरा हुसैनी, अफजल, मुकी जी, कुतुबी, अब्दुल्लाह कुतुब, सनअती, खुशनूद, रूस्तमी, निशाती एवं उत्तर काल में नस्रती, मीरांजी खुददानु, तवई, गुलाम अली, इश्रती, जईफी, मुहम्मद अमीन, वज्दी, वली दकनी, वली वेल्लोरी, हाशिम अली, कयासी, बाकर आगाह और तुराव दरवनी कुल छत्तीस रचनाकारों की उनके परिचय एवं उनकी साहित्यिक विशेषताओं सहित चर्चा की गयी है।

पुस्तक के महत्त्व पर प्रकाश डालते हुए डॉ. अब्दुल बिसमिल्लाह ने लिखा है कि, "राहुल सांकृत्यायन की दक्खिनी हिन्दी काव्यधारा अनेक दृष्टियों से बहुत महत्त्वपूर्ण है। पहली बात तो यह है कि जिन रचनाकारों को उर्दू के आलोचकों ने उर्दू रचनाकार माना, उन्हें राहुल जी ने हिन्दी रचनाकार के रूप में प्रस्तुत करने का साहस किया। इसका मुख्य कारण दक्खिनी साहित्यकारों की भाषा का अपना स्वरूप है, जो खड़ीबोली हिन्दी के अधिक निकट है। राहुल जी के समक्ष यह बहुत बड़ा सबूत था।" यह पुस्तक 1952 ई. में लिखी जा चुकी थी किन्तु बिहार राष्ट्रभाषा परिषद् से वर्ष 1959 ई. में प्रकाशित हुई। इसका एक संस्करण राहुल प्रकाशन, मसूरी में भी निकला है।

## सरहपाद का दोहाकोष

राहुल जी 1934 ई. में अपनी दूसरी तिब्बत-यात्रा के दौरान तालपोथियों की खोज में साक्या पहुँच गये थे। उनके साथ गेशे धर्मवर्द्धन भी थे। वहाँ एक मन्दिर के पुजारी से गेशे को तालपत्रों का एक बण्डल मिला था, जिसे गेशे ने लेकर राहुल जी को दे दिया था। राहुल जी उस बण्डल को अपने साथ लेते आये। इस तालपत्र में

ही सरहपाद के दोहाकोष के पन्ने भी थे। बीस वर्ष बाद 1954 ई. में एक दिन उन्होंने उन तालपत्रों को खोलकर देखा तो उनमें 11वीं, 12वीं सदी की तिथि में सरह के 163 दोहे निकले। राहुल जी ने उन दोनों को उतारना शुरू कर दिया। और उनका हिन्दी छायानुवाद करते हुए अपनी 79 पृष्ठों की भूमिका लिखकर उसे सम्पादित कर दिया। इस कार्य में राहुल जी को कठिन परिश्रम करना पड़ा था। पाँच सौ पृष्ठों का यह ग्रन्थ सरहपाद का दोहाकोष 1957 ई. में बिहार राष्ट्रभाषा परिषद्, पटना से प्रकाशित हुआ।

## हिन्दी साहित्य का इतिहास (भाग 16)

राहुल जी को लोकसाहित्य से विशेष लगाव था। हिन्दी साहित्य का इतिहास भाग 16 के सम्पादन से उनकी इस विशेष रुचि का पता चलता है। इसे यदि हिन्दी लोकसाहित्य का विश्वकोष कहा जाय तो कोई अतिशयोक्ति नहीं होगी। यह कृति अपने आप में बेजोड़ है। इसमें उन्होंने लोकसाहित्य के किसी पक्ष को छोड़ा नहीं है। ग्रन्थ के सम्पादन में उन्हें डॉ. कृष्णदेव उपाध्याय का सहयोग मिला था। इस ग्रन्थ के लिए उन्होंने डॉ. सत्येन्द्र, डॉ. श्याम परमार, देवेन्द्र सत्यार्थी, गोविन्द चातक, मोहन उप्रेती आदि विद्वानों से हिन्दी की उन्नीस बोलियों भोजपुरी, मैथिली, मगही, अवधी, ब्रज, बुन्देलखण्डी, राजस्थानी, मालवी, निमाड़ी और हिमांचल प्रदेश की कई पहाड़ी उपभाषाओं पर विस्तृत लेख लिखवाये थे। इस ग्रन्थ की लगभग दो सौ पृष्ठों में लिखी गयी प्रस्तावना बहुत महत्त्वपूर्ण है।

## पालि साहित्य का इतिहास

पालि साहित्य का बरसों बरस गहन अध्ययन और शोध, चिन्तन करने के बाद इस महत्त्वपूर्ण ग्रन्थ 'पालि साहित्य का इतिहास' का सृजन राहुल जी ने वर्ष 1961 ई. में श्रीलंका में रहते हुए किया था। यह ग्रन्थ तीन मुख्य खण्डों भारत में पालि, सिंहल में पालि और अन्यत्र पालि में विभक्त है। प्रथम खण्ड भारत में पालि के अन्तर्गत आठ अध्यायों में क्रमशः सुत्तपिटक – दीघनिकाय, मज्झिम निकाय, संयुक्त निकाय, अंगुत्तर निकाय, खुद्दक निकाय, विनयपिटक, अभिधम्म पिटक, पिटक वाह्य पालि ग्रन्थ की चर्चा की गयी है। द्वितीय खण्ड सिंहल में पालि नौ अध्यायों क्रमशः बुद्धघोष युग, अनुराधपुर युग, पोलन्नरूव युग, ज-वुद्रोणि काल, जयवर्द्धनपुर (कोड़े) काल, अन्धकार युग, संघ की पुनः स्थापना, आधुनिक युग और द्रविड़ प्रदेश में स्थविरवाद तथा पालि में बँटा हुआ है। तृतीय खण्ड अन्यत्र पालि में बर्मा में पालि, थाई जाति में थेरवाद तथा

पालि, कम्बोज और लाव में थेरवाद तथा पालि और आधुनिक भारत में पालि उपशीर्षकों के अधीन विचार किया गया है। पालि साहित्य के अध्ययन के लिए यह एक बहुपयोगी ग्रन्थ है।

## तुलसी रामायण (संक्षेप)

भारत सरकार के प्रकाशन के लिए राहुल जी ने तुलसी कृत रामकथा को संक्षेप में प्रस्तुत किया है।

# कोश

## शासन शब्दकोश

अखिल भारतीय हिन्दी साहित्य सम्मेलन के वर्ष 1947 ई. में बम्बई में हुए अधिवेशन के सभापति पद से राहुल जी ने परिभाषाओं के निर्माण के बारे में एक प्रस्ताव रखा था। इसे स्वीकार करते हुए राजर्षि पुरुषोत्तमदास टण्डन ने इस कार्य की जिम्मेदारी राहुल जी को ही सौंप दी, जिसे उन्होंने स्वीकार कर लिया। इस कार्य में उन्हें डॉ. विद्यानिवास मिश्र और डॉ. प्रभाकर माचवे दो सहयोगी भी मिले। काफी परिश्रम के पश्चात् उनके द्वारा शासन शब्दकोश के लिए सोलह हजार शब्दों का संग्रह किया गया। इस संकलन से लोकसभा, सचिवालय, सामान्य प्रशासन तथा न्यायालयों के उपयोग के लिए एक बड़े अभाव की पूर्ति हुई है। इस कोश में मूल अंग्रेजी शब्द के बाद, दूसरे कालम में, जितने भी प्रचलित प्रतिशब्द, हिन्दी शब्दकोषों में उपलब्ध थे, जिनमें डॉ. रघुवीर के द्वारा दिये गये नये शब्द भी थे, वे सब दिये गये हैं। पर पहले कालम में राहुल ने अपनी पसन्द के यानी अधिक उपयुक्त शब्द दिये हैं, जिनमें सरलतर और अधिक प्रचलित शब्द दिये गये हैं।

शब्द निर्माण के सम्बन्ध में उन्होंने शासन शब्दकोश की भूमिका में लिखा है कि, "**प्रचलित शब्द :** जनप्रचलित शब्द रखने की पूरी कोशिश की जायेगी। पारिभाषिक शब्द भी आखिर जनसाधारण के प्रयोग के लिए ही तो बन रहे हैं। वे केवल विशेषज्ञों के लिए ही नहीं हैं। बढ़ती हुई साक्षरता और औद्योगिकीकरण के साथ-साथ जनता व्यावहारिक विज्ञान को अपनी ही भाषा में समझेगी। परन्तु जनप्रचलित शब्दों के लेने में यह ध्यान रखा जाय कि ये शब्द सारे भारत की दृष्टि से लिये जायें। पारिभाषिक शब्द कुछ ऐसे भी हो सकते हैं, जो भिन्न-भिन्न प्रान्तों में भिन्न-भिन्न अर्थों में प्रयुक्त होते हैं। उनमें से कई संस्कृत के तत्सम रूप भी हैं – वहाँ प्रधानता ऐसे रूपों को दी

जाये जो अधिकाधिक प्रान्तों में बोले जाते हों। यदि कुछ नये शब्द भी बनाने पड़ें तो दूसरे विकल्प देते समय, सर्वभारतीय शब्द ही दिये जायें।

**अप्रचलित शब्द :** नये शब्द बनाते समय दो पद्धतियाँ सुझायी जाती हैं। **एक** अन्तरराष्ट्रीय शब्दों को ज्यों-का-त्यों लिया जाय, और **दो**, सब शब्द केवल संस्कृत से लिये जायें। दोनों पद्धतियों की चरम सीमा तक पहुँचाना ठीक नहीं। दोनों विचारों के ग्राह्य अंश हैं, उसे लेकर तीसरा मध्यमार्ग स्वीकार करना होगा।''

## तिब्बती-हिन्दी शब्दकोश

राहुल सांकृत्यायन ने तिब्बती-हिन्दी शब्दकोश तैयार करने में काफी श्रम किया था। इससे सम्बन्धित अधिकतर सामग्री वह चीन-यात्रा से अपने साथ लाये थे। वर्ष 1961 ई. में तैयार यह ग्रन्थ उनके जीवन-काल में नहीं छप सका था। वर्ष 1972 ई. में इसका केवल प्रथम खण्ड साहित्य अकादमी से प्रकाशित हुआ था। ग्रन्थ के प्रथम खण्ड की भूमिका में उन्होंने लिखा है कि, ''तिब्बती-हिन्दी कोश की बहुत जरूरत थी। तिब्बत हमारा पड़ोसी देश है, इससे हमारा तेरह सौ वर्षों का घनिष्ठ सम्बन्ध है। हमारे पाँच हजार ग्रन्थों का अनुवाद कर तिब्बत ने सुरक्षित रखा है, जिनमें अधिकांश अब मूल भाषा संस्कृत या अपभ्रंश में नहीं मिलते। हमारे सांस्कृतिक इतिहास को उनकी आवश्यकता है। उनमें से कुछ को फिर से संस्कृत या हिन्दी में करना होगा। इस काम में यह कोश भी सहायक होगा, क्योंकि यहाँ तत्सम शब्दों का भी प्रयोग है।''

## तिब्बती-संस्कृत कोश

अपनी पहली तिब्बत-यात्रा में राहुल जी ने (1929-30) ल्हासा में तिब्बती-संस्कृत कोश के लगभग सोलह हजार शब्द तैयार किये थे। इसके बाद 1958 ई. में अपनी चीन-यात्रा में भी काफी सामग्री जुटायी थी। तत्पश्चात् जब वह श्रीलंका गये तो वहाँ उन्होंने इस कोश को पूरा किया। यह ग्रन्थ अप्रकाशित ही रह गया।

कोशों की इसी शृंखला में उनके द्वारा लिखा गया एक राष्ट्रभाषा कोश भी है। तिब्बती सीखने की दृष्टि से उन्होंने तिब्बती बाल शिक्षा, तिब्बती व्याकरण और पाठ अध्ययन के लिए तीन भागों में पाठावली की भी रचना की है। संस्कृत ज्ञान से सम्बन्धित तथा तिब्बत से प्राप्त कुछ पोथियों के आधार पर भी उनके द्वारा कई पुस्तकें अनूदित, सम्पादित की गयी हैं।

## संस्कृत पाठमाला (भाग एक से पाँच तक)

राहुल सांकृत्यायन 1927-28 ई. में जब श्रीलंका के विद्यालंकार विहार में संस्कृत के अध्यापक बनकर गये, उसी समय उन्होंने वहाँ के विद्यार्थियों को पढ़ाने के लिए पाँच संस्कृत पुस्तकें लिखी थीं, जिनमें चार भाषा और पाँचवीं छन्द अलंकार सिखलाने के लिए थी। वे वहीं सिंहली भाषा में सिंहली अक्षरों में छपी थीं। उनके मन में उसी समय यह विचार आया था कि इन्हें हिन्दी में लिखकर प्रकाशित कराया जाय तो अच्छा रहेगा। इस विचार को उन्होंने कार्य रूप देना प्रारम्भ कर दिया और पाँचों पुस्तकें संशोधित परिवर्द्धित रूप में तैयार हो गयीं। इनमें पाठों को सरल रीति से पढ़ने पर ध्यान दिया गया है तथा पाठों के रूप में संस्कृत के कितने ही ग्रन्थों के उद्धरण भी दिये गये हैं।

## संस्कृत काव्यधारा

संस्कृत काव्यधारा पचास कवियों की कविताओं का संग्रह है। इसकी पृष्ठ संख्या लगभग ग्यारह सौ है। इस पुस्तक का समर्पण राहुल जी ने अपने पुत्रों को इन शब्दों में किया है। ''जया और जेता को, जो कभी अपने पिता की इस कृति को पढ़ेंगे।''

## पालि काव्यधारा

लंका में विद्यालंकार परिवेण में सरलता से उपलब्ध ग्रन्थों के आधार पर राहुल जी ने 'पालि काव्यधारा' की रचना 1955 ई. में की थी। इसे प्रकाशन हेतु साहित्य अकादमी दिल्ली ने स्वीकार किया था किन्तु यह प्रकाशित न हो सका।

## अभिधर्म कोश

'अभिधर्म कोश' बौद्ध दार्शनिक वसुबन्धु की रचना है। वसुबन्धु का काल लगभग 400 ई. के आसपास का है। श्रीलंका निवास के दौरान राहुल जी ने एक संस्कृत टीका के साथ इसका सम्पादन 1928 ई. में किया था। इस कार्य में उन्होंने बेल्जियम के विद्वान् लुई दला बेली पूसे द्वारा फ्रेंच भाषा में सम्पादित अभिधर्म कोश से काफी सहायता ली है। अपने द्वारा सम्पादित ग्रन्थ अभिधर्म कोश को उन्होंने, ''प्रमथ्य चीन पोद्‌भाषामये क्षीर महार्णवम येनोधृतं कोषरत्नं लक्ष्मै श्री पूषिणेऽर्पये'' के शब्दों में श्री पूसे को समर्पित किया है।

## वादन्याय

तिब्बत की दूसरी यात्रा में ङोर के बिहार से राहुल जी को तालपोथियों के 38 बण्डल मिले थे। उनमें धर्मकीर्त्ति के वादन्याय की दो मूल पोथियाँ भी थीं। राहुल जी ने चार दिन तक लगातार श्रम करके उस पूरी पुस्तक को लिख लिया था। मूल रूप में संस्कृत में यह ग्रन्थ विलुप्त हो गया था। राहुल जी ने 1936 ई. में इस ग्रन्थ का सम्पादन किया था और इसके बाद इसका प्रकाशन बिहार रिसर्च सोसाइटी पटना से हुआ।

## प्रमाणवार्तिक भाष्य

प्रमाणवार्तिक धर्मकीर्त्ति की रचना है। इसका नालन्दा के प्रख्यात आचार्य और धर्मकीर्त्ति के शिष्य प्रज्ञाकर गुप्त ने भाष्य किया है। इनका काल लगभग सातवीं शताब्दी का है। यह कृति मूल रूप में संस्कृत में उपलब्ध नहीं थी। राहुल जी ने 1934 ई. में की गयी तिब्बत-यात्रा में साक्या तथा सलु मठ से प्राप्त दो दुर्लभ पाण्डुलिपियों के आधार पर इसका सम्पादन किया है, जिसका प्रकाशन काशीप्रसाद जायसवाल शोध संस्थान पटना से हुआ है।

## अध्यर्धशतक

'अध्यर्धशतक' कनिष्क के समकालीन मातृचेट की रचना है। इसका उल्लेख मंजुश्री मूल कल्प और ह्वेनसांग के यात्रा-वृत्तान्त में मिलता है। ह्वेनसांग के नालन्दा आगमन के समय इसका नियमित रूप से पाठ किया जाता था। इसमें बुद्ध के गुणों का बर्णन 153 श्लोकों के माध्यम से किया गया है। राहुल सांकृत्यायन और डॉ. काशीप्रसाद जायसवाल ने वर्ष 1935 ई. में संयुक्त रूप से इसका सम्पादन किया था। इसका प्रकाशन बिहार रिसर्च सोसाइटी पटना से हुआ है।

## विग्रह व्यावर्तिनी

'विग्रह व्यावर्तिनी' की रचना नालन्दा के प्रसिद्ध आचार्य नागार्जुन ने की है। यह ग्रन्थ मूल रूप से संस्कृत में विलुप्त हो गया था। राहुल जी ने तिब्बत में रहते हुए इसकी प्रतिलिपि तैयार की थी। इसमें नागार्जुन कृत 72 श्लोक संस्कृत पद्य में निबद्ध हैं तथा संस्कृत गद्य में इसकी व्याख्या भी उन्होंने स्वयं ही प्रस्तुत किया है। इसका सम्पादन राहुल जी ने वर्ष 1935 ई. मे किया था।

## वर्तिकालंकार

तिब्बत की तीसरी यात्रा के दौरान राहुल जी को यह ग्रन्थ 'वर्तिकालंकार' एक मठ से प्राप्त हुआ था। राहुल जी द्वारा यह पुस्तक 1953 ई. में सम्पादित की गयी है।

## हेतु बिन्दु

तिब्बत की दूसरी यात्रा के समय राहुल जी को ङोर के विहार से यह पुस्तक हेतु बिंदु मिली थी। इस ग्रन्थ को राहुल जी ने तिब्बती अनुवाद और संस्कृत टीका के सहारे मूल संस्कृत में करके सम्पादित किया था। इसकी रचना धर्मकीर्त्ति ने की है। उनका काल 600 ई. माना जाता है। सम्पादनोपरान्त इसका प्रकाशन 1949 ई. में हुआ है।

## विज्ञप्ति मातृता सिद्धि

1934 ई. में तिब्बत जाने के पूर्व लंका प्रवास के समय राहुल जी ने वसुबन्धु की रचना 'विज्ञप्ति मातृता सिद्धि' जिसे ह्वेनसांग ने चीनी भाषा में अनुवाद किया था, के कुछ अंशों को चीनी भिक्षु वाङमोल की सहायता से संस्कृत में अनुवाद करके सम्पादित किया था जो बिहार एण्ड उड़ीसा रिसर्च सोसाइटी के जर्नल में 1934 ई. में छपा था।

## सम्बन्धपरीक्षा (धर्मकीर्त्ति)

'सम्बन्ध परीक्षा' धर्मकीर्त्ति की रचना है। राहुल जी ने इसका संस्कृत में अनुवाद किया है। 1944 ई. में यह जायसवाल रिसर्च इन्स्टीट्यूट पटना से छपा है।

## प्रमाणवर्तिका वृत्ति

'प्रमाणवर्तिका वृत्ति' मनोरथ नन्दिन की रचना है। इसका प्रथम बार सम्पादन राहुल सांकृत्यायन द्वारा किया गया है। इस कृति का प्रकाशन बिहार रिसर्च सोसाइटी पटना द्वारा किया गया है।

## प्रमाणवार्तिक

'प्रमाणवार्तिक' 1500 श्लोकों में रचित बौद्धन्याय का एक प्रौढ़ ग्रन्थ है। इसकी रचना धर्मकीर्त्ति ने की है। दिङ्नाग के अनन्य शिष्य ईश्वरसेन से धर्मकीर्त्ति ने प्रमाण

समुच्चय का अध्ययन किया था। उन्होंने प्रमाण समुच्चय में कुछ त्रुटियाँ पायीं अतः उन्होंने संस्कृत पद्य में इसका सम्पादन किया है।

इनके अतिरिक्त प्रमाणवार्तिक (स्ववृत्ति टीका), विनयसूत्र गुणप्रभू, निदान परीक्षा, सूत्र कृतांग, महापरिनिर्वाण सूत्र आदि ग्रन्थों का भी राहुल जी द्वारा अनुवाद एवं सम्पादन किया गया है।

राहुल जी ने पुरातत्त्व निबन्धावली में संगृहीत दो लेखों महायान की उत्पत्ति और चौरासी सिद्ध का अंग्रेजी में अनुवाद लन्दन निवास के समय किया था। कुछ और निबन्ध भी उन्होंने अंग्रेजी में लिखे थे। उन सभी लेखों का संकलन अंग्रेजी में प्रकाशित एक पुस्तक 'सेलेक्टेड एस्सेज ऑफ राहुल सांकृत्यायन' में किया गया है। राहुल जी द्वारा संस्कृत में भी कई निबन्ध लिखे गये हैं। उनका भी एक संग्रह बन सकता है, जो अभी अप्रकाशित है।

जानकारी में आयी राहुल जी की उपर्युक्त प्रकाशित कृतियों के अलावा अभी बहुत-सी ऐसी रचनाएँ हैं जो किन्हीं कारणों, जैसे पत्र-पत्रिकाओं में दबी पड़ी होने, डायरियों से निकल पाने, प्रकाशक के यहाँ से अनछपी रह जाने आदि से प्रबुद्ध जन के समक्ष न आने से वंचित रह गयी है, या आउट ऑफ प्रिण्ट हो जाने के कारण पुनर्प्रकाशन की बाट जोह रही हैं।

❒

# राहुल सांकृत्यायन का विचार-स्वातन्त्र्य

उनके मन में जो आया सो किया और जो चाहा सो कहा। कहीं कोई शील-संकोच नहीं, कहीं कोई भय नहीं। उनकी प्रवृत्तियों को समाज अच्छा कहेगा या बुरा, इसका भी उन्हें कोई मलाल न था। यानी आद्योपान्त स्वच्छन्दता का परिचायक था उनका व्यक्तित्व। बचपन से ही अपनी इच्छा के मुताबिक घर छोड़कर भागने-पराने की प्रवृत्ति ने उन्हें ढीठ बना दिया था। ग्यारह साल की उम्र में शादी हुई। इस रिश्ते से उन्हें खुशी नहीं हुई और बिना, किसी हिचक, बिना किसी सामाजिक निन्दा का ख्याल किये सरल हृदया अपनी उस प्रथम परिणीता को परित्यक्ता का रूप दे दिया। ऐसा उन्होंने क्यों किया? उनके ही शब्दों में ध्यातव्य है –

''ग्यारह वर्ष की अबोध अवस्था में मेरी जिन्दगी को बेचने का घरवालों को अधिकार नहीं, यह उत्तर उस वक्त भी मैं अपने बुजुर्गों को दिया करता, जो कि ब्याह के प्रति अपना कर्त्तव्य मुझे समझाते। मेरा उस वक्त का ज्ञान बहुत परिमित था, तो भी मैं इसे घर और समाजवालों का अन्याय समझता था और उसे बर्दाश्त करने के लिए तैयार न था। 1909 ई. के बाद घर शायद ही कभी जाता था, 1913 के बाद तो वह भी खत्म हो गया। और 1917 की प्रतिज्ञा के बाद तो आजमगढ़ जिले से मेरा यह तिलाक़ – जो वस्तुतः अस्वीकृत अबोध विवाह के लिए जरूरी भी न था – कहीं बढ़कर था और मैंने उसी रूप में लिया था, इसलिए मैं समझता हूँ उक्त घटना ब्याह के लिए समाज की जगह मुझे जिम्मेदार ठहराना गलत होगा। मैंने उसे कभी ब्याह न समझा, न उसकी जिम्मेदारी अपने ऊपर मानी।'' इस प्रकार इस विवाह के लिए उन्होंने समाज को दोषी ठहराया है।

यद्यपि इस सम्बन्ध में उन्होंने अपना स्पष्टीकरण दे तो दिया किन्तु दिल में झलके दर्द ने 'कनैला की कथा' पुस्तक का समर्पण इन शब्दों ''समर्पण – उसी प्रथम परिणीता को, जिसका सारा जीवन मेरी महत्त्वाकांक्षाओं का शिकार हुआ।'' में कराते हुए द्रवित हृदय की पीड़ा का भी दर्शन करा दिया है। फरवरी, 1957 ई. में राहुल जी गजेटियर कमेटी के सदस्य के रूप में आजमगढ़ की पुरातात्त्विक यात्रा पर आये थे। इस अवधि में उनका आगमन अपने ग्राम कनैला में भी हुआ था। ग्राम छोड़ने के पहले

वह अपनी प्रथम परिणीता को भी देखना चाहते थे। उन्होंने लिखा कि, "कनैला छोड़ने से पहले अपनी प्रथम परिणीता को देखने का निश्चय कर चुका था। वह अब चारपाई पकड़े थी। देखकर करुणा उभर आना स्वाभाविक था। आखिर मैं ही कारण था, जो इस महिला का आधी शताब्दी का जीवन कितना नीरस और दुर्भर हो गया। मैं प्रायश्चित्त करके भी उनको क्या लाभ पहुँचा सकता था? एक बार देखा। वह अपने आँसुओं को रोक नहीं सकीं। फिर मैं घर में से बाहर चला आया।"

1917 ई. की घटना है। घूम-घामकर वह वाराणसी पहुँचे हुए थे। पिता को वहाँ उनकी उपस्थिति का जब पता चला तो वह उन्हें वापस बुलाने के लिए गये। केदार (राहुल सांकृत्यायन का मूल नाम) घर जाने के लिए तैयार नहीं थे। उन्होंने अपने पिता से कहा, "मैं आपके भावों को, अपनी बेकरारी को समझता हूँ, किन्तु साथ ही मेरा जीवन भी किसी भविष्य की लालसा रखता है, जिसकी जो अस्फुट झाँकी मुझे मिल रही है, उसके कारण जबर्दस्त-से-जबर्दस्त खतरे, मृत्यु के साक्षात् दर्शन तक भी अब मुझको अपने पथ से विचलित नहीं कर सकते। मैं कनैला के अयोग्य हूँ, मैं आपके काम का नहीं रहा। यदि ऐसा ही करना था तो मुझे गाय-भैंस की चरवाही में लगा दिये होते, मेरी दुनिया कनैला की सीमा में परिसीमित हो जाती। अब जोर देने का भयंकर परिणाम होगा, आपको मेरे जीवन से हाथ धोना पड़ेगा।"

केदार के इस कथन का पिता के ऊपर असर तो पड़ा लेकिन पिता-पुत्र दोनों की दो प्रतिज्ञाओं के साथ। जहाँ पिता ने कहा कि अब मैं तुम्हारे मार्ग में बाधक नहीं बनूँगा और यहीं काशी में अपना जीवन बिता दूँगा, वहीं केदार ने भी प्रतिज्ञा कर ली कि, "अब से पचास वर्ष की उम्र खत्म होने तक आजमगढ़ जिले की सीमा के भीतर भी कदम नहीं रखूँगा।" दोनों की प्रतिज्ञाएँ पूरी हुईं। केदार ने पिता का यह अन्तिम दर्शन किया था। पिता की प्रतिज्ञा ने यदि पुत्र के भविष्य का मार्ग प्रशस्त किया तो पुत्र पिता के उस अन्तिम दिन को विस्मृत न कर सका। ख्याति प्राप्ति के पश्चात् 1930 ई. में लिखी गयी पुस्तक 'बुद्धचर्या' का समर्पण उन्होंने पिता गोवर्धन पाण्डेय को ममत्व-भरे इन शब्दों में किया है।" मेरे गृहत्याग से जिसके अबार्धक्य जीवन के अन्तिम वर्ष दुखमय बन गये, उन्हीं संकृत गोत्र, मलाव पाण्डे, स्वर्गीय पिता श्री गोवर्धन की स्मृति में।" इन घटनाओं से स्पष्ट है कि वह जो निर्णय ले लेते थे, उससे पीछे नहीं हटते थे।

यह सनातनधर्मी से आर्यसमाजी बने, फिर बौद्ध धर्म के प्रति आस्था रखते हुए मार्क्सवाद को अपनी जीवन-शैली बना लिया। जाति, धर्म, सम्प्रदाय की कट्टरता और रूढ़ियों एवं समाज में व्याप्त विषमता एवं अन्धविश्वास के वह प्रबल बिरोधी थे और विरोध करते समय यह नहीं सोचते थे कि आस्था पर प्रहार करने से आस्थावान् हिन्दू

और मुसलमान उनके विरोधी बन जायेंगे। उनका यह विरोध कभी-कभी पूर्वग्रहग्रस्त हो जाया करता था। गोरखपुर के गीता प्रेस से हिन्दू समाज के बहुत-से धार्मिक एवं चारित्रिक उत्थान-विषयक ग्रन्थ प्रकाशित हुए हैं। इन ग्रन्थों के प्रति हिन्दू समाज श्रद्धान्वित भी है किन्तु राहुल जी को यहाँ से छपे ग्रन्थों में पाखण्ड का दर्शन होता था। उन्होंने लिखा है कि, ''गेशे को हिन्दुस्तान की चीजें दिखानी थीं। उन्हें हम गीता प्रेस में भी ले गये। छापाखाना तो वहाँ ला जर्नल प्रेस जैसा देख आये थे। मैंने कहा, यह है चीन से भी सस्ती अफीम की दुकान। यहाँ मनुष्यता के कलंक, हिन्दुओं के पाखण्डों को मजबूत करने के लिए कागज स्याही के रूप में सस्ती-से-सस्ती अफीम बेची जाती है। तारीफ यह है कि पुराने जुग में राजाओं ने भी अफीम बेचने के लिए दूसरी जाति – ब्राह्मण को ठेका दिया था, लेकिन अब कलियुग में धन है बनियों के हाथ में, बनिये कपास खरीदने से देश-विदेश में उसे ढोने, सूत कातने, कपड़ा बुनने, फिर देश-विदेश पहुँचाने, बेचने, कागज के रूप में बदलने आदि सभी नफों को अपने ही हाथों में जैसे रखते हैं, उसी तरह अब वह धर्म का भी सारा धन्धा अपने हाथ में रखना चाहते हैं। मैंने गेशे से कहा – तिब्बत के योगियों के नाम से अगर तुम भी बड़े-बड़े चमत्कारों को बतलाओ, तो उसे सच्चा बनाकर छापकर 30 करोड़ हिन्दुओं में पहुँचाने की जिम्मेदारी यह दुकान लेने को तैयार हो।''

गीताप्रेस के कार्यों के प्रति उनके मन में घृणा की भावना क्यों पैदा हुई? समझ से परे है, जबकि गीता प्रेस ने लुप्त होते हुए अनेक प्राचीन ग्रन्थों को संरक्षित करने, भारतीय जनमानस में भक्ति, प्रेम, चरित्र और आदर्श की लहर पैदा करने में महत्त्वपूर्ण योगदान दिया है। गीताप्रेस के प्रकाशनों में कहीं किसी साम्प्रदायिक विद्वेष की परिकल्पना भी नहीं है। लगता है कि ग्रन्थों में हिन्दू देवी-देवताओं के महिमामण्डन की उन्हें गन्ध मिली है, जो उन्हें स्वीकार्य नहीं था किन्तु उन्हें सोचना चाहिए था कि चमत्कारिक घटनाएँ तो लगभग सभी धर्मग्रन्थों में विद्यमान हैं।

उनका यह प्रहार केवल हिन्दू संस्था पर ही नहीं हुआ है, इस्लाम के प्रकरण को भी उन्होंने नहीं छोड़ा है। जामिया मिल्लिया दिल्ली में हिन्दी की उपेक्षा और उर्दू के प्रति सम्मान की भावना के साथ ही वहाँ के विद्यार्थियों में विलगाव की भावना पैदा किये जाने की प्रवृत्ति पर भी उनके विरोधी स्वर मुखर हुए हैं। उनके अनुसार, ''यह ठीक है कि जामिया मिल्लिया में अब भी हिन्दी की उपेक्षा है और उर्दू को सर्वेसर्वा रखा जा रहा है। यहाँ के विद्यार्थियों में ऐसे भाव पैदा किये जाते हैं, जिसके कारण यहाँ से निकले तरुण-तरुणियाँ अपने को विशाल भारतीय जाति का अभिन्न अंग न मान पुराने पृथकत्व को कायम रखें। एक नौजवान इतिहास के प्रोफेसर ने मेरी उर्दू 'वोल्गा से गंगा' की भेंट की हुई कापी को इसलिए फाड़कर फेंक दिया कि उसमें अकबर के

एक मुसलमान अमीर की लड़की का ब्याह हिन्दू अमीर के लड़के से कराया गया था। इससे सन्देह और बढ़ जाता है। लेकिन, समय ऐसे प्रतिभागी लोगों का सहायक नहीं हो सकता। हिन्दी जाति एक होकर रहेगी, धर्म चाहे जो माने या न माने। मैं समझता हूँ जामिया के सभी लोग ऐसे अदूरदर्शी नहीं हैं।''

फरवरी, 1957 ई. में जब राहुल जी गजेटियर समिति के सदस्य के रूप में पुरातात्त्विक स्थलों को देखने के लिए आजमगढ़ आये थे तो वह शिबली मंजिल भी गये थे। मंजिल के विद्वानों में भी उत्पन्न भिन्नता की भावना को भी उन्होंने इन शब्दों में प्रदर्शित किया है। ''मंजिल की स्थापना उस समय हुई थी जब हिन्दू मुसलमान के धर्म और संस्कृति को एक-दूसरे का परम शत्रु बतलानेवाले अंग्रेजों का शासन था। यहाँ विद्वानों में भी वह विलगाव की भावना पूरी तौर से काम कर रही थी। अब दिशा-परिवर्तन की आवश्यकता है। वैसा न करने पर निराशा होनी स्वाभाविक है।''

राहुल जी वर्ष 1947 ई. में अखिल भारतीय हिन्दी साहित्य सम्मेलन के बम्बई अधिवेशन के अध्यक्ष चुने गये थे। अपने अध्यक्षीय भाषण में भी उन्होंने ईमानदारी के साथ वैसे ही कमेण्ट किया है जैसे पूर्व में हिन्दू-मुसलमानों के सम्बन्ध में किया जा चुका है। वह हिन्दू-मुसलमान को अलग धर्म के रूप में नहीं बल्कि भारतीय के रूप में देखना चाहते थे। अपने भाषण में उन्होंने इस्लाम की अलगाववादी दृष्टि की ओर संकेत करते हुए कहा था कि इस्लाम को भारतीय बनना चाहिए। भाषण का वह अंश निम्नानुसार है –

''उनका भारतीयता के प्रति यह विद्वेष सदियों से चला आया है सही, किन्तु नवीन भारत में कोई भी धर्म भारतीयता के पूर्णतया स्वीकार किये बिना फल-फूल नहीं सकता। ईसाइयों, पारसियों और बौद्धों को भारतीयता से एतराज नहीं, फिर इस्लाम ही को क्यों? इस्लामी की आत्मरक्षा के लिए भी आवश्यक है कि वह उसी तरह हिन्दुस्तान की सभ्यता, साहित्य, इतिहास, वेश-भूषा, मनोभाव के साथ समझौता करें, जैसे उसने तुर्की, ईरान और सोवियत मध्य एशिया के प्रजातन्त्रों में किया। धर्म को समाज के हर क्षेत्र में घुसेड़ना आज के संसार में बर्दाश्त नहीं किया जा सकता। अभी हमारे राष्ट्रीय मुसलमान भाई भी नहीं समझ पाये हैं कि उनकी सन्तानों को नवभारत में कहाँ तक जाना है। नवीन भारत ऐसे मुसलमानों को चाहेगा, जो अपने धर्म के पक्के हों, किन्तु साथ ही उनकी भाषा, वेश-भूषा और खान-पान में दूसरे भारतीयों से कोई अन्तर न हो, भारत के गौरवपूर्ण इतिहास के प्रति आदर रखने में वे दूसरे से पीछे न हों। भारतीय संघ के मुसलमानों की भी आज की तीसरी पीढ़ी में हिन्दी के अच्छे-अच्छे कवि और लेखक उसी परिमाण में होंगे, जिस परिमाण में वे आज उर्दू में हैं। वह समय भी नजदीक आयेगा, जबकि हिन्दी साहित्य सम्मेलन का सभापति कोई हिन्दी का

धुरन्धर साहित्यकार मुसलमान होगा। आखिर पाकिस्तान के आधे से अधिक हिस्से में अरबी लिपि और अरबी मिश्रित भाषा न होने से पूर्वी बंगाल में इस्लामी को खतरा नहीं है, फिर हिन्दी से उन्हें क्यों खतरा मालूम होता है। यदि बुद्धि को प्रमाण मानते हैं, तो हिन्दी को उन्हें अपनाना चाहिए, नहीं तो भवितव्यता तो उधर ले ही जा रही है।

जहाँ तक सारे संघ की राष्ट्रभाषा और राष्ट्रलिपि का सम्बन्ध है, तर्क और तजरुबा सभी हिन्दी के पक्ष में हैं। हमारे कुछ नेता अभी नारद मोह के शिकार हैं और वे सारी शक्ति इसके विरुद्ध लगा रहे हैं, किन्तु मुझे आशा नहीं कि उनकी बात स्वीकृत होगी। हठ करने पर उसमें तो सन्देह नहीं, कि व्यवहार्य न होने से उर्दू लिपि और भाषा का दूसरे प्रान्तों में प्रचार होने से रहा, हाँ खामखाह के झगड़े जरूर पैदा हो सकते हैं। ''इस अभिव्यक्ति में उनके राष्ट्र, राष्ट्रभाषा एवं साम्प्रदायिक सद्‌भाव के प्रति प्रेम का स्पष्ट दर्शन होता है।''

हिन्दू-मुस्लिम एकता के वह पक्षधर थे। उन्हें वह व्यक्ति पसन्द आता था जिसमें धर्मों के प्रति समन्वय की भावना हो। बिहार शरीफ में अपने साथ गये ड्राइवर मेंहदी मियाँ के बारे में उन्होंने लिखा। ''मेंहदी मियाँ धोती-कुर्ता पहने थे। होटलवाला ब्राह्मण भी उन्हें थाली में भोजन देने के लिए तैयार था। जब तक उनका नाम न पूछे, तब तक कोई नहीं कह सकता था कि वह मुसलमान हैं। वस्तुतः भारत के लिए ऐसे ही हिन्दू-मुसलमानों की जरूरत है।''

राहुल भगवान् के अस्तित्व को अस्वीकार करते थे। वह कहते हैं कि, ''मैंने बीमारी में भी कभी भगवान् या राम का नाम नहीं लिया। मैं सारी बीमारी में न चिल्लाता, न आह करता, न अकबक बोलता था। यह सुनकर बड़ी खुशी हुई कि मैंने राम या भगवान् का नाम बेहोशी में भी नहीं लिया – मेरे नास्तिक होने का यह एक पक्का सबूत था।'' वह जानते थे कि उनकी कतिपय रचनाओं से हिन्दू आस्था पर आघात पहुँचता है, फिर भी उनकी दृष्टि में जो सच था, साक्ष्यों सहित प्रस्तुत करना अपना कर्त्तव्य समझते थे। मैथिलीशरण गुप्त के बहाने उन्होंने इस शिकायत को इन शब्दों में उजागर भी कर दिया है। ''बाबू मैथिलीशरण को शिकायत थी, कि मैं अपने लेखों में कभी-कभी ऐसे निष्ठुर प्रहार कर जाता हूँ कि कितने ही श्रद्धालु हिन्दू-हृदय बहुत पीड़ा अनुभव करते हैं।''

राहुल का बौद्ध प्रतिमाओं के प्रति विशेष आकर्षण था। उनकी यात्राओं में प्राप्त या देखी गयी अधिकांश मूर्तियों में उन्हें बुद्ध का ही दर्शन होता था। बदरीनाथ की मूर्ति के विषय में उनका कहना था कि, ''वस्तुतः यह प्रतिमा पद्मासन भूमि स्पर्श मुद्रानुमा बुद्ध की है। इसमें मुझे कोई सन्देह नहीं।'' आजमगढ़ जनपद के पल्हना देवी मन्दिर में स्थित मूर्ति को भी उन्होंने, काले पत्थर के पद्मासन बुद्ध के आसनबद्ध दो

पैर, बताया है। उनके अनुसार, "यहाँ कोई विशाल बुद्ध मन्दिर था, जिसमें यह मूर्ति स्थापित थी। मन्दिर और मूर्ति 13वीं शताब्दी के आरम्भ में प्रथम तुर्क आक्रमण में ध्वस्त कर दिये गये। फिर वह जमीन में मिट्टी के नीचे दब गये। किसी को खुदाई में यह मूर्ति शायद इसी तरह उतान मिली। उस समय यहाँ बौद्धों का कहीं नामोनिशान नहीं रह गया था, इसलिए मूर्ति के पानेवाले नहीं जान सकते थे कि यह किसकी मूर्ति है। पायी हुई मूर्तियाँ बहुत जल्दी पुजारियों की जीविका का साधन हो जाती हैं। इस प्रकार पद्मासन बद्ध बुद्ध के पैर पल्हना देवी बन गये।"

खानपान के मामले में वह पूरी तरह से औघड़ प्रकृति के थे। इस औघड़पन के ही कारण वह भिन्न-भिन्न रीति-रिवाजों-वाले देशों में स्वयं को समायोजित कर पाने में सफल हुए। उन दिनों, जो उनके यात्रा के काल थे, विदेशों में शायद ही कहीं शाकाहारी भोजन उपलब्ध होता रहा हो। सर्वत्र मांसाहार का ही प्रचलन था। इस आहार व्यवस्था में ढलकर मांसाहारी परिवारों और समाज के सम्पर्क में आकर स्वाभाविक था कि उनकी रुचि आमिष भोजन की ओर झुके लेकिन यह रुचि उनके मन में इस कदर बसी कि उन्होंने अपने ग्रन्थों में भी तर्क सहित आमिष आहार को प्रमुखता से महत्त्व दिया। बिना यह विचार किये कि उनके इस लेखन से बहुमत भारतीय जनमानस की भावना आहत होगी।

उन्होंने अपने उपन्यासों, कहानियों, आत्मकथा आदि में अनेक स्थानों पर मांसाहार की महिमा का बखान किया है। गुणाकर मुलें ने 'महापण्डित राहुल सांकृत्यायन : जीवन और कृतित्व' में लिखा है कि, "राहुल जी सामिष या निरामिष, जैसा भी भोजन मिलता, ग्रहण कर लेते थे। मगर अपने साम्यवादी होने का ढिंढोरा पीटने में उन्हें बड़ा आनन्द आता था। वे अपने निरामिषाहारी मित्रों, परिचितों पर व्यंग्यवाण छोड़ने से प्रायः नहीं चुकते थे। बौद्ध संस्कृति के प्राक्कथन मे लिखते हैं – द्विवेदी जी (आचार्य पं. हजारीप्रसाद द्विवेदी) कहने को तो उन ब्राह्मणों में हैं जिनके यहाँ अनादि काल से नामांसों मधुपर्को भवति' (बिना मांस के पूज्य अतिथि की सेवा नहीं की जा सकती।) के महावाक्य को माना जाता रहा, और मांस को कभी अभक्ष्य नहीं समझा गया, लेकिन हैं वह निरामिषाहारी। स्वयं निरामिषाहारी होते हुए भी शान्ति निकेतन की पुण्य भूमि में पूर्वजों के महावाक्य का उल्लंघन न कर उन्होंने मधुपर्क का प्रबन्ध मेरे लिये किया, इससे उनका सौहार्द और स्नेह प्रकट होता है।"

इसी प्रकार डॉ. जयशंकर त्रिपाठी ने भी अपने लेख 'महापण्डित राहुल की रचना में पूर्वग्रह' में उल्लेख किया है कि राहुल जी निश्छल व्यक्ति थे, अपने पूर्वग्रह के साथ वे ज्ञान औरं सत्य की खोज में अडिग रहकर श्रम करनेवाले थे। अथक श्रम तो उनके जैसा कोई कर नहीं सकता था। बौद्ध हो जाने पर भी उनको अपने ब्राह्मणत्व का

अभिमान था। सांकृत्यायन उनका जन्म का गोत्र था जिसको उन्होंने अपने नाम के साथ जोड़ रखा था। लेकिन वे जिस ब्राह्मणत्व का अभिमान रखते थे, उस ब्राह्मणत्व की परिभाषा कुछ दूसरी थी। इस सम्बन्ध में 1933 की ओरियण्टल कान्फ्रेन्स की चर्चा करना अनुचित न होगा। यह कान्फ्रेन्स बड़ौदा में हुई थी तथा डॉ. काशीप्रसाद जायसवाल इसके अध्यक्ष थे, कान्फ्रेन्स के अन्य दो स्कन्धों के अध्यक्ष पंजाब यूनिवर्सिटी के वाइस चान्सलर डॉ. बूलर और महापण्डित राहुल सांकृत्यायन थे। श्री भगवतशरण उपाध्याय, डॉ. काशीप्रसाद जायसवाल के लिटरेरी सेक्रेटरी थे। उपाध्याय जी पटना में डॉ. जायसवाल और राहुल जी के सामने बैठे थे, कान्फ्रेन्स के आयोजकों ने उनसे पूछा था कि वे क्या पसन्द करेंगे – यूरोपियों के साथ ठहरना और यूरोपियन खाना या भारतीयों के साथ ठहरना भारतीय खाना। उपाध्याय जी इसका उत्तर देने में कुछ असमंजस और परेशानी में पड़ गये, तब तक काषायवंश, पण्डित सन्यासी महापण्डित राहुल सांकृत्यायन ने उनसे कहा – परेशानी किस बात की है? तुम्हें निर्णय करना है कि ब्राह्मण भोजन करोगे या जैन भोजन? दोनों में से एक निश्चित कर मन्त्री को लिख दो।'' उपाध्याय जी ने संस्मरण के रूप में लिखा है कि मैं ब्राह्मण और जैन भोजन का अन्तर समझ न सका। जैन भोजन की रूपरेखा तो थोड़ा-बहुत समझता था, परन्तु ब्राह्मण होकर भी इस ब्राह्मण भोजन का रहस्य स्पष्ट न कर सका। मैंने जब कुछ शंकित होकर उनकी ओर देखा तो उन्होंने मेरी समस्या समझी और कहा – ''ओ, समझे नहीं, ब्राह्मण भोजन का अर्थ है संसार के सारे खाद्य पदार्थ – अन्न, वनस्पति, मांस, मछली सम्मिलित हैं और जैन भोजन का मतलब है – साग, सब्जी, घास-पात।''

1957 ई. की घटना है जब वह आजमगढ़ गजेटियर समिति के सदस्य के रूप में अपने गृह जनपद आये थे। यहाँ वह एक पत्रकार ज्योति स्वरूप सिंह के यहाँ रुके हुए थे। भोजन में गोश्त भी बना था। श्री सिंह ने उस भोजन-काल का वर्णन करते हुए लिखा है कि, ''मैंने राहुल जी के कान में कहा कि खाना तैयार है, गोश्त भी है। कहाँ लाऊँ? राहुल जी ने चट से कहा – हाँ ले आइये। यहीं ले आइये। थाली मेज पर रखते ही पगड़ी टीकाधारी पण्डित लोग अपनी-अपनी कुर्सी लेकर भागे सड़क के उस पार नीम के पेड़ के नीचे। राहुल जी हँसने लगे। कहा – भला देखा, एतना उत्तम पदारथ एह लोगन के ना जँचत बाय। करमहीन नर पावत नाहीं।''

अपनी आत्मकथा, जिसे राहुल जी ने 'मेरी जीवन-यात्रा' के नाम से बिना किसी तथ्य को छिपाये तटस्थ रूप से लिखा है, में भी उन्होंने स्थान-स्थान पर सामिष भोजन की अच्छाइयों का उल्लेख किया है और निरामिषहारियों का उपहास उड़ाने में पीछे नहीं रहे हैं।'' ''शाम के वक्त रोज मांस बनता था और धन्वन्तरि, घाटे जैसे कुछ ही अभागे

थे, जो मांस नहीं खाते थे।'' की पंक्ति में उन्होंने शाकाहारियों को अभागा कहा है। रूस-निवास में पत्नी लोला के घर पर ईस्टर के समय बने भोज की अच्छाई उन्होंने इन शब्दों में वर्णित किया है – ''भोजन भी अच्छा था। दो सप्ताह के बछड़े के मांस का सूप, उसके बाद भेड़ का मांस, बैकन, केक भी, पनीर और दूसरी चीजों को मिलाकर बहुत स्वादिष्ट पासख बना था।'' बिस्मिल के हाथ का बना गोश्त खाने से वंचित रह जाने पर उन्होंने एक जगह इस प्रकार का अफसोस व्यक्त किया है – ''निराला जी ने अपने मांसपाचन की कला का एक से अधिक बार प्रयोग मेरे लिये किया था। बिस्मिल जी जब तारीफ करते थे, तो मुँह में पानी भर आता था। सभी खानेवाले मांस की पहचान नहीं रखते। बकरे का मांस खास-खास जगह का विशेष महत्त्व रखता है, फिर उसके पकाने में भी विशेष विधान है। बिस्मिल जी ने कहा कि एक दिन आइये, मैं गोश्त बनाकर खिलाऊँगा। तब से इलाहाबाद पचीसों मर्तबा गया, महीनों रहा, लेकिन कभी नदी नाव संयोग नहीं बना कि बिस्मिल के हाथ का गोश्त खाता।''

एक बार यात्रा के समय समस्तीपुर स्टेशन के प्लेटफार्म पर बिकती हुई मछलियों को जब उन्होंने देखा तो उनके मन में जो विचार उठे, उन्हीं की भाषा में द्रष्टव्य है – ''मुझे समस्तीपुर में स्टेशन में सुन्दर स्वादिष्ट बनी हुई मछलियाँ प्लेटफार्म पर बिकती दिख पड़ीं तो मैंने समझा सचमुच ही मिथिला स्वर्ग का एक कोना है। किसी मैथिल ने इनके बारे में कहा था कि, अमृत कहीं दूसरी जगह नहीं बल्कि 'ब्रूमोवयं सकल शास्त्र विचार दक्षाः जम्बीर नीर परिपूरित मत्स्यखण्डे।' नींबू के रस में बनी मछलियों का खण्ड कितना स्वादिष्ट होता है, इसे सौभाग्यवान् जानते हैं और सकल शास्त्र के महापण्डित होने के बाद भी ब्राह्मण ही ऐसे हैं जो पुरानी आर्यप्रथा को अपनाये हुए काशी हो या और कहीं, मत्स्य और मांस के भोजन से परहेज नहीं करते। पश्चिम के मलेच्छों में जाने पर कभी-कभी उन्हें अपने परमप्रिय खाद्य को छोड़ना पड़ता है और उसके लिए देश लौटकर प्रायश्चित्त करने के बाद जब जम्बीर नीर परिपूरित मत्स्य खण्ड मिलता है तो वह अपने को कृतार्थ समझते हैं। मैथिलों के साहस की दाद क्यों न दी जाये। मत्स्य, कच्छप और वराह इन तीनों अवतारों को जब वह चट कर गये, 'इति संचित्य भगवान् नारसिंह वपुर्दधौ' (तीन अवतारों के खा जाने से डरकर विष्णु ने नरसिंह का अवतार लिया।) यदि सिंह मात्र का अवतार लिया हो तो, तो भी खैरियत नहीं थी।''

वह कहते थे कि दूध में तो नहीं लेकिन मांस में दिलचस्पी जरूर है। ''खाली दूध का एक प्याला भी पीना मेरे लिये मुश्किल है। घी से भी भरसक मैं बचना चाहता हूँ, हाँ मांस में मेरी दिलचस्पी जरूर रहती और वह तो रसोई-घरों में रोज मिलता ही था।'' राहुल जी की दृष्टि में मांसाहार भी फलाहार है। ''पेशाब में चीनी बढ़ने से अब उसकी

तरफ उपेक्षा नहीं की जा सकती थी। उसकी चिकित्सा के लिए कई तजरबे कर सका था, आयुर्वेदिक दवाइयाँ भी खायी थीं। 30 सितम्बर को एक सप्ताह के लिए मैंने निरन्तर भोजन करने का निश्चय कर लिया और अण्डा, मांस, मछली तथा फल यही भोजन में रखे। मैं इसे फलाहार कहता था और सचमुच ही यदि फल के अतिरिक्त दूध को भी फलाहार माना जा सकता है तो इसको क्यों नहीं?

शाकाहार को वह घास-पात कहते थे और मुर्गा के मांस को चरबी कम करने वाली ओषधि। एक मुस्लिम होटल का वर्णन करते हुए उन्होंने लिखा है कि, "भोजन के लिए जब हम इधर-उधर तलाश करने लगे तो मुस्लिम भोजनशाला का पता चला। भात और मुर्गी का मांस तैयार था, इसलिए जहाँ तक मेरा सम्बन्ध था, मैं अपने इलाहाबादी मोमिन भाई को हज़ार हजार दुआ देने के लिए तैयार था और हिन्दू, मुसाफिरों को इस वृक्ष की सुखद छाया से लाभ उठाने का अवसर नहीं था। काश्यप जी भी आधा ही फायदा उठा सकते थे; क्योंकि आनन्द जी की तरह वह भी घास-पात में फँसे हुए थे। मैं उनसे कहता था, भले मानुष, मुर्गी का मांस खाओ, शरीर की चर्बी कम होगी, बदन कुछ हलका होगा, मन में कुछ फुर्ती आयेगी। लेकिन सकल पदारथ एहि जग माहीं, करमहीन नर पावत नाहीं। उन्होंने सिर्फ रोटी तरकारी खायी।"

राहुल जी के अनुसार भगवान् ने मछलियों को आदमी के खाने के लिए बनाया है लेकिन गंगा नदी की बड़ी-बड़ी मछलियों के स्वच्छन्द विचरण पर उन्हें क्षोभ होता है। "अप्रैल का अन्त था, काफी गर्मी पड़ रही थी। किन्तु वस्तुतः गंगा यहाँ गंगा थीं जिसके शीतल निर्मल जल की महिमा ऋषियों ने हजारों वर्षों से गायी हैं और आगे भी गायी जायेगी। नहाने में आनन्द आता था। हमने जाकर स्नान किया। हाथ-हाथ भरके रोहित मत्स्य यहाँ स्वच्छन्द विचर रहे थे। भगवान् ने इन्हें आदमी के खाने के लिए बनाया है, लेकिन वहाँ कोई उन्हें पूछता नहीं।"

राहुल जी के कहानी-संग्रह 'वोल्गा से गंगा' में एक कहानी है 'सुपर्ण यौधेय'। इसमें उन्होंने लिखा है कि, "ब्राह्मण संकृति के पुत्र, किन्तु स्वतः क्षत्रिय राजा रन्तिदेव अतिथि-सेवा के लिए बहुत प्रसिद्ध थे। वह सतयुग के सोलह महान् राजाओं में थे। रन्तिदेव के भोजनालय में प्रतिदिन दो हजार गायें मारी जाती थीं। उनका गीला चमड़ा, रसोई में रखा जाता था, उसी का टपका हुआ जल जो बहा, वही एक नदी बन गया। चर्म से निकलने के कारण उसका नाम चर्मण्वती पड़ा। रन्तिदेव के यहाँ अतिथियों के खाने के लिए गोमांस के पकानेवाले दो हजार रसोइये थे और जिस पर भी ब्राह्मण अतिथि इतने बढ़ जाते कि रसोइयों को मांस की कमी के कारण सूप ज्यादा ग्रहण करने की प्रार्थना करनी पड़ती थी।" इन कथनों के साक्ष्य में उन्होंने महाभारत के वनपर्व, शान्तिपर्व, द्रोणपर्व के उद्धरणों को भी प्रस्तुत किया है। इसी प्रकार 'दिवोदास'

उपन्यास में भी उन्होंने गोमांस भक्षण की चर्चा की है। 'वर्षों' के तजुरुबे से मालूम हुआ कि प्रतिदिन कितने गव्यादनीय की आवश्यकता पड़ती है। उनकी गायों को मारकर उनका चमड़ा एक ओर जमा कर दिया जाता और बड़े मांसखण्ड विशाल ताम्रपात्रों में डालकर उबाले जाते।''

मुस्लिम होटलों की प्रशंसा करते हुए उन्होंने कतिपय हिन्दू परिवारों के रसोई-घरों में गन्दगी को सम्पूर्ण हिन्दू समाज के रसोइयों की गन्दगी बता दिया है जबकि आज भी अधिकांश हिन्दू रसोईघरों में स्वच्छता का पूरा ध्यान रखा जाता है। ''सस्ते और पुष्टिकारक भोजन देने में हिन्दुस्तान में मुसलमान होटल सबसे अच्छे हैं, यह मेरी धारणा है। एक प्याला चाय और एक सींख कबाब के लिए जब होटलवाला भाई चार पैसे माँगने लगा, तो मेरे आश्चर्य का कोई ठिकाना नहीं रहा। मैं समझता हूँ, इस वक्त (सितम्बर, 1944) जबकि मैं इन पंक्तियों को लिख रहा हूँ, एक प्याला चाय और एक सींख कबाब का वही दाम नहीं होगा, तो भी मैं कोई हिन्दू होटल, जो इतना सस्ता खाना दे, हाँ वह नाक-भौं सिकोड़कर यह कह सकते हैं कि मुसलमानों के यहाँ सफाई नहीं, उनके यहाँ जूठ मीट का कोई विचार नहीं। हिन्दू घरों में जहाँ रसोई के पास ही आँगन के एक कोने में नाबदान सड़ा करता है, वहाँ जरूर बहुत सफाई है। अपने गुरुओं का थूक और जूठ खानेवाले, यदि जूठ-मीट की बात करें तो यही कहना होगा कि लज्जा तेरा सत्यानाश हो।''

ऊपर वर्णित घटनाएँ उनके व्यक्तिगत जीवन से जुड़ी हैं। इसी प्रकार और भी अनेक विवरण हैं जिनसे उनके पूर्वग्रह की गन्ध आती है किन्तु सबके बावजूद वह कबीर थे जो ''बरसै कम्बल भींगे पानी'' की उलटवाँसी कहते थे तथा उन्हीं की भाषा में समाज-सुधार की बात करते थे। उनके जीवन में निरन्तर उतार-चढ़ाव आते रहे। उनके मन की धाराएँ कभी एकरस होकर नहीं बहीं बल्कि उनमें परिवर्तन-दर-परिवर्तन होते रहे। बड़े-से-बड़े अवरोध कभी उनके लिए बाधक नहीं बन सके। बचपन से भागने-पराने की प्रवृत्ति ने देशाटन की ओर ढकेला, भारत के तीर्थों की यात्राएँ कीं, धार्मिक स्थलों की गतिविधियों का जायजा लिया। अब शरीर में पर लग गये थे, पैरों में चक्र के निशान बन गये थे। दुर्गम पहाड़ों, समुद्रों, जंगलों को लाँघते हुए उन्होंने भिन्न-भिन्न संस्कृतियों सभ्यताओंवाले देश को नाप डाला।

नाममात्र की विद्यालयी शिक्षा इतिहास बन गयी। ज्ञानार्जन की धुन ने पुस्तकों से प्रेम करना सिखा दिया, उनका मस्तिष्क विश्वज्ञान कोश के रूप में ढल गया था। उनके अपने देश ने भले ही उन्हें मास्टरी का मौका नहीं दिया लेकिन विदेशों में वह यूनिवर्सिटी में पढ़ानेवाले प्रोफेसर के रूप में जाने गये। किसानों, मजदूरों पर होनेवाले अत्याचार उन्हें स्वयं पर हो रहे अत्याचार प्रतीत होते थे। उनका साथ देना, उनके लिए

लड़ाई लड़ना, भारतीय-समाज को अन्धविश्वासों, रूढ़ियों से मुक्त कराना, उनमें प्रगतिशीलता का भाव भरना, वह अपना फर्ज समझते थे। यही नहीं उन पर कभी पत्नी त्याग, कभी पिता के शोक का कारण, कभी धार्मिक कर्मकाण्ड और शाकाहार का विरोध, अधेड़ावस्था में कम उम्र कन्या से विवाह आदि आरोपों की बहुत-सारी बौछारें हुईं, उनकी विचार-सरणि के ढेरों विरोध हुए लेकिन उनसे वह कभी विचलित नहीं हुए। लगाये गये आरोपों, विरोधों के कारण को परिस्थितिजन्य बताकर तार्किक ढंग से, लिखित रूप से उनका सामना किया। उनमें कुछ था तभी तो काशी के ब्राह्मण समाज ने उन्हें महापण्डित की उपाधि से विभूषित किया।

स्पष्ट है कि सारी सहमति-असहमति के बावजूद उनका लेखकीय स्वरूप अपने ढंग का अकेला था व्यक्तित्व विराट् था, जिसका कोई मकाबला नहीं है। उनके द्वारा की गयी संघर्षपूर्ण साहसिक यात्राओं ने देश-विदेश की अनेक संस्कृतियों, रीति-रिवाजों, ऐतिहासिकताओं, पुरातात्त्विकताओं आदि को सामने ला दिया है।

## सन्दर्भ —

1. अभिनव कदम अंक 16-17, राहुल सांकृत्यायन : स्वप्न और संघर्ष 1
2. मेरी जीवन-यात्रा भाग 2
3. मेरी जीवन-यात्रा भाग 3
4. मेरी जीवन-यात्रा भाग 4
5. राहुल रचनामृत – सं. प्रभात शास्त्री
6. सम्मेलन-पत्रिका अंक 76

□

# राहुल सांकृत्यायन : भारतीय विद्वानों की दृष्टि में

महापण्डित राहुल सांकृत्यायन द्वारा साहित्य, समाज, संस्कृति, दर्शन, इतिहास, पुरातत्त्व, राजनीति आदि विविध क्षेत्रों में किये गये योगदान को शताधिक विद्वानों ने सराहा है। उनके व्यक्तित्व एवं सृजन पर शोधकर्त्ताओं की भी एक बड़ी संख्या है। यहाँ उनके सम्बन्ध में कुछ प्रमुख भारतीय अध्येताओं के विचार उनके ही शब्दों में व्यक्त हैं।

आश्चर्य है कि देश में इतनी सारी यूनिवर्सिटियाँ हैं, उनमें से किसी ने राहुल जी जैसा स्कालर पैदा क्यों नहीं किया? ये तो प्राचीन साहित्य के समुद्र में तैरनेवाले व्यक्ति हैं।

**पं. जवाहरलाल नेहरू**

राहुल जी कदाचित् वह पहले भारतीय बौद्ध संन्यासी हैं, जिन्होंने तीन वर्ष तिब्बत में रहकर पालि का ज्ञान प्राप्त किया और वहाँ से बौद्ध साहित्य की लगभग दस हजार प्राचीन पुस्तकें लेकर भारत लौटे। आपने वह सब पुस्तकें पटना म्यूजियम को भेंट कर दी। ऐसा साहस, ऐसी प्रतिभा, ऐसा अध्यवसाय बहुत कम किसी ने पाया होगा। आजमगढ़ के एक ग्राम में एक साधारण ब्राह्मण कुल में आपका जन्म हुआ। आपने हिन्दी मिडिल पास किया और कुछ दिन नौकरी की तलाश में रहे। इसी बीच में आपको बौद्ध धर्म से प्रेम हो गया और आपने उसकी दीक्षा ले ली। आपकी बुद्धि इतनी प्रखर है कि थोड़े ही दिनों में आपने संस्कृत, पालि, अंग्रेजी, बँगला, फ्रेंच आदि भाषाओं का ज्ञान प्राप्त कर लिया और पुरातत्त्व के प्रकाण्ड पण्डित हो गये। फिर तो स्वर्गीय श्री धर्मपाल जी से आपका परिचय हो गया और आपकी प्रतिभा और विद्वत्ता के कारण सभी आपका सम्मान करने लगे। धर्मपाल जी ही की प्रेरणा से आपने तिब्बत की भीषण यात्रा की। तिब्बत में बाहरवालों का कितना बहिष्कार किया जाता है, यह सभी जानते हैं, पर राहुल जी ने तिब्बती भाषा पर ऐसा अधिकार कर लिया कि आप तिब्बत के ही समझे जाने लगें और फिर तो आपकी हरेक संग्रहालय, हरेक विहार में रसाई हो गयी। आपने वहाँ बौद्ध धर्म का

खूब अध्ययन किया और हजारों पुस्तकें संग्रह कीं। वह सारा साहित्य आपने यहाँ आकर पटना म्यूजियम को भेंट कर दिया, जैसा हम पहले कह चुके हैं। आपने इसके बाद कैलास की यात्रा की। फिर बौद्ध धर्म का प्रचार करने के लिए इंग्लैण्ड और यूरोप के अन्य देशों की यात्रा की। थोड़े दिन हुए आपने 'बुद्धचर्या' नामक पुस्तक लिखी है, जो भगवान् बुद्ध का प्रामाणिक जीवन-चरित्र है। हर्ष की बात है कि इस वर्ष नागरी प्रचारिणी सभा काशी ने आपको उक्त पुस्तक की रचना के लिए पारितोषिक देकर आपका सम्मान किया है। कई महीने हुए आपने भागलपुर से निकलनेवाली हिन्दी पत्रिका 'गंगा' के पुरातत्त्वांक का सम्पादन किया था। और उसमें आपके कई पाण्डित्यपूर्ण लेख प्रकाशित हुए थे। आपके ही परिश्रम से पुरातत्त्वांक इतना सफल हुआ। अब आप तिब्बत की दूसरी यात्रा करने का विचार कर रहे हैं और आप उधर से लद्दाख, काशगर आदि स्थानों में बौद्ध धर्म की ऐतिहासिक खोज करने जायेंगे। आप ऊँचे डील के बलिष्ठ, तेजस्वी, सौम्य पुरुष हैं, बड़े ही मिलनसार और विनोदशील। यूरोप के किसी व्यक्ति ने यह तिब्बत-यात्रा की होती तो, सारी दुनिया में उसका प्रोपेगैण्डा होता, पर भारत में आज भी ऐसे धर्मवीर पड़े हुए हैं जो यथार्थ बुद्धि से बड़े काम करके भी उसका विज्ञापन नहीं करते। हमारी हार्दिक कामना है कि आपकी यह नयी यात्रा सफल हो और आप अपना यात्रा वृत्तान्त लिखकर हमारे युवकों के सामने साहसिकता और लगन का आदर्श रखें।

**प्रेमचन्द, मई 1933 ई. (प्रेमचन्द : विविध प्रसंग भाग-3)**

राहुल जी केवल बुद्ध के ही पुत्र नहीं, बल्कि वे भारत के सपूत हैं। वे भारत के राजनीतिक कार्यों को प्राथमिकता देते हैं। उन्होंने राजनीतिक विषयों पर हिन्दी में लिखना शुरू किया। उनमें असीमित लेखनी शक्ति है और साथ ही महानवक्तृता शक्ति है। मैंने ही उनसे अनुरोध किया कि आप राजनीति छोड़ दें और वे सहमत भी हो गये। परन्तु अनेक बार मैंने अपने अन्तःकरण में झाँककर देखा है, जहाँ विवेक तथा साहित्य और इतिहास के प्रति मेरे प्रेम के बीच संघर्ष चलता रहा है और मैं अनेक बार अपने निर्णय के प्रति संशयशील हो उठता हूँ। क्या मैं राहुल जी एवं अपने देश के करवट लेते हुए भाग्य के बीच आ खड़ा हुआ था? क्या मैंने भारत को एक-दूसरे गाँधी या जवाहरलाल से वंचित कर दिया? क्या मैंने यह उचित कार्य किया? क्या मैंने गलत कार्य किया? हमारा देश सहस्रों वर्षों से अपनी छाती पर जिस असहाय बोझ को ढो रहा है एवं जिन शृंखलाओं में जकड़ा है, उस बोझ को दूर करने एवं शृंखलाओं को काटने में यह शूरवीर निर्भीक संन्यासी क्या नहीं कर सकता था। सही मायने में राहुल

सांकृत्यायन एक स्तर पर गाँधी से भी अधिक जनप्रिय एवं समुदाय के निकट हैं। उन्होंने एशिया के प्रत्येक देश तथा यूरोप के अधिकांश देशों की सामाजिक पद्धति को देखा एवं उनका अध्ययन किया है।

**डॉ. काशीप्रसाद, जायसवाल**

हिन्दी-जगत् राहुल जी की इस उपलब्धि (मध्य-एशिया का इतिहास) को गौरव की चीज के रूप में ग्रहण करेगा क्योंकि पूरब और पश्चिम की किसी भी भाषा ने आज तक इस प्रकार की स्थायी गौरवशाली कृति प्रस्तुत नहीं की है। और हो सकता है, स्मृतिग्रन्थों की भीड़ में कदाचित् राहुल जी भुला दिये जायँ, किन्तु मैं कहूँगा, वे अपने उपकृत हिन्दी पाठकों के बीच सदा स्मरणीय रहेंगे।

**डॉ. भगवतशरण उपाध्याय**

मैं गोष्ठियों, सम्मेलनों, समारोहों में वैसे तो बेधड़क बोलता हूँ, लेकिन जिस सभा, सम्मेलन या गोष्ठी में महापण्डित राहुल सांकृत्यायन होते हैं, वहाँ बोलने में मैं सहमता हूँ। उनके व्यक्तित्व एवं अगाध विद्वत्ता के समक्ष मैं अपने को बौना महसूस करता हूँ और सोचता हूँ कोई ऐसी बात न बोल जाऊँ जिस पर राहुल जी को टिप्पणी करनी पड़े।

**आचार्य हजारीप्रसाद द्विवेदी**

गौरवपूर्ण उन्नत ललाट, विशाल भूधराकार शरीर राहुल जी अनायास ही प्राचीन आर्यों का हमें स्मरण दिलाते हैं।

**डॉ. प्रकाशचन्द्र गुप्त**

बहुत सोचने पर भी मैं सन्त और पण्डित राहुल में भेद नहीं कर सकता। उनके अन्दर के सन्त और पण्डित का विकास, समान रूप से हुआ है। उन दोनों का स्थान ऊपर नीचे नहीं, बल्कि आमने-सामने है। जहाँ उनकी विद्या अपरिमेय है, वहाँ उनका साधुत्व भी शिशु-सा सरल और निरभ्र आकाश के समान मलहीन है। मानवमात्र पर उनकी दृष्टि एक-सी रहती है और देशभक्ति के मिथ्याभिमान से वे परे हैं। भारतीय होते हुए भी, तिब्बत में रहते उन्हें कोई अभाव नहीं सताता, मानो सारी मेदिनी ही उनके लिए एक समान हो। पहली ही दृष्टि में वे आपकी श्रद्धा पर अधिकार कर लेते हैं। आपको ऐसा लगता है, मानो स्वर्ग से सद्यः अवतीर्ण कोई देवदूत आपके सामने खड़ा हो। बात-बात में अहिंसा, मैत्री और शील का आदर्श बिखेरते हुए वे ऐसे दीखते

हैं, मानो बौद्धकालीन संस्कृति अतीत के म्यूजियम से निकलकर वर्तमान तक सदेह चली आयी हो।

**डॉ. रामधारी सिंह 'दिनकर'**

राहुल जी की सबसे बड़ी विशेषता उनकी रूढ़ियों के चौखटों के बाहर रहकर मुक्त चिन्तन और मुक्त लेखन है। जो भी तर्कवादी धर्म या समाजशास्त्र उनके सामने आते गये, उन्हें वे ग्रहण करते गये एवं उन धर्मों के उन शास्त्रों के जीवन-दर्शन समाज-विज्ञान के मूल तत्त्वों को अपनाते हुए उनके बाह्य ढाँचे को छोड़ते चले गये। सनातन धर्म से आर्यसमाज, आर्यसमाज से बौद्ध धर्म और बौद्धधर्म से साम्यवादी मानव धर्म, यही राहुल जी की धार्मिक मान्यता के विकास और परिवर्तन का क्रम है। इसी प्रकार काश्तकारी से जमींदारी, जमींदारी से महन्ती, महन्ती से कांग्रेस, कांग्रेस से किसान आन्दोलन, किसान आन्दोलन से साम्यवाद राहुल जी के सामाजिक चिन्तन का क्रम है। राहुल जी ने प्राचीन खँडहरों से गणतन्त्रीय प्रणाली खोज निकाली। धार्मिक आन्दोलन के मूल में जाकर सर्वहारा के धर्म को पकड़ लिया। पूँजीवाद, सामन्तवाद, महाजनी सभ्यता और व्यक्ति द्वारा व्यक्ति, वर्ग द्वारा वर्ग, देश द्वारा देश के शोषण के कर्मयोगी विरोधी बने। इतिहास के पृष्ठों में साधारण और अभिजात के स्थान पर साधारण और दलित को स्थापित किया, उन्हें अपना लक्ष्य, अपना कथ्य बनाया। जनता, जनता का राज, मेहनतकश मजदूर और श्रमजीवियों की बँधुआ जीवन्त मुक्ति उनकी चेतना के, उनकी रचनाओं के मूलाधार बने।

**रामेश्वर शुक्ल 'अंचल'**

समाजवादी विचारधारा को, सोवियत रूस के सन्देश को, किसान मजदूर इन्कलाब के सन्देश को, राजनीति के पेचीदा मसलों को आसान बनाकर सरल-से-सरल भाषा में विशाल जनता तक पहुँचाने में अकेले राहुल ने जितना काम किया है, उतना सारे कम्युनिस्ट लेखकों ने मिलकर भी नहीं किया।

**अमृत राय**

राहुल जी ने अपनी पुस्तकों में जितने तथ्य दिये हैं, उनमें से कई तथ्यों की प्रामाणिकता पर काफी विवाद हुआ। उन्होंने लिखा था कि सभ्यता का विकास वोल्गा नदी से शुरू हुआ। वे काफी तथ्य अंग्रेजी लेखकों की पुस्तकों से लेते थे। 'वोल्गा से गंगा' का बँगला अनुवाद हुआ है। इसकी भूमिका में देवीप्रसाद चट्टोपाध्याय ने कई तथ्यों की प्रामाणिकता पर सवाल खड़े किये हैं। राहुल जी ने अध्ययन काफी किया था

और कई दूसरी भाषाओं से तथ्य इकट्ठे किये थे। दामोदर धर्मानन्द कौशाम्बी ने अपनी पुस्तक 'भारतीय संस्कृति' में लिखा है कि जहाँ से जो तथ्य लिया जाता है, उसका सन्दर्भ देना चाहिए। राहुल ने ऐसा नहीं किया।

मातृकुल और पितृकुल से विरासत में उन्हें अच्छा स्वास्थ्य तथा लम्बा कद मिला है, सरल और मधुर स्वभाव मिला है। पढ़ते-लिखते, नोट लेते, संशोधन सम्पादन करते, दुष्पाठ्य लिपि बाँचते कभी मैंने ऊबते नहीं देखा। काम का उनका दिन सोलह घण्टे से कम नहीं होता अट्ठारह घण्टे का भले हो जाय। कड़ा-से-कड़ा बुखार हो तो भी अनशन से क्लांत शरीर हो तो भी, पुस्तक वाचन उनका चालू रहता है। अपने जेल जीवन में राहुल जी ने काफी लिखा है। 50 के बाद की अधिकांश कृतियाँ जेल की ही लिखी हैं।

### नागार्जुन

राहुल जी को जितना मैं जान पाया, उसके आधार पर मैं यह स्वीकार नहीं कर सकता कि वह नास्तिक थे। मेरी दृष्टि में नास्तिक वेद निन्दक या ईश्वर में विश्वास न करनेवाला नहीं होता। नास्तिक वह है जो इन्सानियत से नफरत करता है। जो अपने को वह दिखाता है, जो वह नहीं है। और अगर यह सत्य है कि 'वर्क इज बैडीज बेस्ट प्रेयर टू द डिवाइन' तो मैं नहीं समझता कि राहुल जी से बढ़कर कोई आस्तिक हो सकता है। उन्होंने जितना और जैसा काम किया, उसकी थाह लेना सागर की थाह लेना है जो अपनी अपार सम्पदा, अपूर्व सौन्दर्य, रहस्यपूर्ण विविधता के कारण बेचैन भी है और संयत भी। उसका रौद्ररूप उफनता, उमड़ता है, पर सीमाएँ कभी नहीं तोड़ता।

### विष्णु प्रभाकर

उन्होंने जब जो कुछ सोचा, जब जो कुछ माना, वही लिखा, निर्भय होकर लिखा। चिन्तन के स्तर पर राहुल जी कभी भी न किसी साम्प्रदायिक विचार-सरणि से बँधे रहे और न संगठित सरणि से। वह साधु न चले जमात जाति के साधु पुरुष थे।

### भदन्त आनन्द कौसल्यायन

हिन्दी और हिमालय उनकी दो बड़ी निष्ठाएँ थीं। संस्कृत भाषा और उससे जुड़ी हुई पालि, प्राकृत और अपभ्रंश तथा वर्तमान भाषाएँ एक ओर और इसकी संवादी या उससे संवाद स्थापित करनेवाली तिब्बती, चीनी एवं अन्य सभी भाषाएँ दूसरी ओर, उन्हें मनुष्य के मनुष्य से जुड़ने के प्रयत्न के रूप में महान् उपलब्धि दिखती थीं। पर

कहीं-न-कहीं, उनके मन में, जिस जनपद में वे जन्मे, उसके लिए और उस जनपद की भाषा के लिए और इसी कारण समस्त जनपदी भाषाओं के लिए गहरा लगाव था। वे शास्त्र और लोक को एक-दूसरे का पूरक मानते थे। जीवन में इतने मोड़ों पर उन्होंने इतनी राहें बदलीं, इतने मत बदले, घर बदले और इसके बावजूद वे ठेठ हिन्दुस्तानी मन के कारण ही कहीं-न-कहीं एक अखण्ड अन्वेषी बने रहे। इस कारण ही उनकी रचनाओं में वैविध्य है, मतभेद है, त्वरा है, समस्त रचनाओं के भीतर से एक ईमानदारी झाँकती है। जिस समय जैसा उन्होंने माना, वैसा लिखा।

**डॉ. विद्यानिवास मिश्र**

राहुल जी ने कोई लम्बा बैंक खाता या जमा की हुई राशि नहीं छोड़ी। कभी कोई सवेतन नौकरी नहीं की। वे सदा निम्न मध्य वित्त वर्ग के रहे। इसी से सर्वहारा के निकट रहे। राहुल की सबसे बड़ी विशेषता उनकी नवीन अन्वेषण के प्रति रुचि थी। वे रूढ़ि और गतानुगतित्व के अन्ध आग्रही कभी नहीं रहे। इसी कारण उनका सत्ता, सम्पत्ति, संस्थावाले, पोंगापन्थियों से बराबर संघर्ष होता रहा – जीवन में और लेखन में भी। यही विचार क्रान्ति उनके सारे राजनैतिक विश्वास का आधार थी।

**प्रभाकर माचवे**

राजनीतिक विचारों में वामपन्थ के समर्थक होने पर भी राहुल जी भारतीयता के प्रति गहन आस्था सदैव रखते थे, क्योंकि जिस धरती, मिट्टी और पंचतत्त्व से उनका निर्माण हुआ था, उनके प्रति उस भारत के प्रति उनकी तार्किक और प्रखरोज्ज्वल महर्षियों की भाँति निष्ठा थी। इसीलिए अपनी मातृभूमि भारत के प्रति प्रेम ही नहीं बल्कि अनन्तमोह था। उनके दिल में भारत की गरीब जनता के लिए असीम वेदना थी। भारत के लिए ही वे अपना जीवन सौंप देना चाहते थे। तीसरी सोवियत यात्रा से लौटने का प्रमुख कारण था, अपनी मातृभूमि भारत जो सदियों से गुलामी के जंजीर से युक्त की गयी थी, उसकी पवित्र और स्वाधीन भूमि का स्पर्श करने और वहीं की मिट्टी में समा जाने की इच्छा। अतः स्वाधीनता समारोह के दो दिन बाद 17 अगस्त, 1947 के दिन स्वाधीन भारत के बम्बई महानगर में उन्होंने पैरा रखा। उसी वर्ष वे अखिल भारतीय हिन्दी साहित्य सम्मेलन के सभापति निर्वाचित हुए।

**डॉ. कमला सांकृत्यायन**

समय बीत जाने पर राहुल जी की कल्पना हम अभी भी एक पौराणिक नायक की भाँति ही करते हैं, क्योंकि अपने जीवन-काल में ही – उन बीते दिनों में जब न साधन

हुआ करते थे और न ही कहीं से अनदान मिला करते थे – राहुल जी ने ऐसे कारनामें कर दिखाये, जो एक सामान्य व्यक्ति की सामर्थ्य के बाहर थे।

**भीष्म साहनी**

राहुल सांकृत्यायन के निधन से हिन्दी-संसार सत्य ही निर्धन हो गया है।

इसमें कोई अतिशयोक्ति नहीं कि बीसवीं शताब्दी में उनकी जैसी बहुमुखी प्रतिभा का व्यक्ति हिन्दी-संसार में दूसरा नहीं था।

साहित्य की कोई ऐसी विधा नहीं जिस पर उनकी लेखनी नहीं चली। कम ही लोगों को शायद मालूम होगा कि उन्होंने कविताएँ भी लिखी थीं।

बौद्ध साहित्य और दर्शन के वे जैसे प्रकाण्ड पण्डित थे वैसे भारतवर्ष में कम ही होंगे। उनके द्वारा और उनकी प्रेरणा से कितना बौद्ध साहित्य हिन्दी में आया है – यह किसी से छिपा नहीं है।

भारत विद्या विशारद के रूप में उन्होंने अन्तरराष्ट्रीय ख्याति पायी थी।

इतिहासकार के रूप में मध्य एशिया का जैसा इतिहास उन्होंने लिखा है, वैसा शायद ही किसी अन्य भाषा में हो।

यह उन्हीं की शोध का परिणाम था, जिसने हिन्दी के प्रारम्भिक इतिहास को ही बदल दिया। हिन्दी में शोध कार्य को जितनी प्रेरणा उन्होंने दी शायद ही किसी और ने दी हो।

जैसे उनकी लेखनी गतिशील थी, वैसे वे स्वयं निरन्तर गतिशील थे। तीन बार उन्होंने तिब्बत की कठिन यात्रा की। कई बार उन्होंने विश्व भ्रमण किया। ज्ञान और कार्य के लिए उनकी आत्मा निरन्तर बेचैन रहा करती थी। सबके ऊपर वे अपने विचार कर्म की स्वतन्त्रता के दायी थे। संसार की कोई रूढ़ि-कोई लीक उन्हें बाँध कर नहीं रख सकती थी। वे जन्मजात विद्रोही थे।

यह उन्हीं की प्रतिभा थी जिसने अज्ञान-अन्धकार और अनाचार के विरुद्ध उनके विद्रोह को सृजनात्मक रूप दिया था।

उनके अभाव की पूर्ति होना असम्भव है।

**राहुल जी के निधन पर डॉ. हरिवंश राय 'बच्चन' की श्रद्धांजलि**

❑

# राहुल सांकृत्यायन : विदेशी विद्वानों की दृष्टि में

जीवन और समाज से जुड़ा कोई भी ऐसा विषय नहीं है जिस पर राहुल की लेखनी न चली हो। उनके लेखन की चिन्तनधारा अपनी थी और लेखनी अनवरत प्रवहमान् थी, बिना इस बात की चिन्ता के कि कोई उससे सहमत है या नहीं। निर्द्वन्द्व होकर उन्होंने लिखा और खूब लिखा, साधिकार,-ससाक्ष्य। उनकी प्रतिभा का लोहा अनुयायी मानते ही थे, विरोधी भी उनकी अपरिमित कार्यक्षमता एवं तार्किक मेधा को स्वीकार करते थे। उनके पाण्डित्य की धाक हिन्दुस्तान में ही नहीं विदेशों में भी फैली। गुजराती, मराठी, उड़िया, बंगाली, उर्दू, सिन्धी, तमिल, तेलुगू, कन्नड़, मलयालम आदि भारतीय भाषाओं के साथ ही बर्मी, रूसी, अंग्रेजी, नेपाली, जापानी आदि भारतेतर भाषाओं में भी उनकी कृतियों के अनुवाद हुए, अनेक विद्वानों द्वारा उन पर शोध कार्य भी किये गये।

रूस के प्रमुख भारतविद् आचार्य श्चेरवात्स्की एवं ए. पी. वारान्निकोव से उनके अच्छे सम्बन्ध थे तथा इन विद्वानों के विषय में उन्होंने लिखा भी है। जापान के डॉ. तोशिओ तनाका ने मौलिक रूप से राहुल सांकृत्यायन के व्यक्तित्व और कृतित्व पर गहन और विस्तृत शोध किया है। उन्होंने 1957 ई. में राहुल सांकृत्यायन का घुमक्कड़शास्त्र तथा राहुल सांकृत्यायन की मेरी जीवन-यात्रा लेख लिखा था। जापान के ही प्रो. कात्सुरो कोग़ा ने राहुल जी के एक लेख 'जातियों की समस्या' का ज़ापानी भाषा में अनुवाद किया है। अन्य हिन्दी विद्वान् ताकेसी फुजुई ने राहुल सांकृत्यायन के व्यक्तित्व एवं कृतित्व से प्रभावित होकर राहुल प्रोजेक्ट की स्थापना की है तथा राहुल की प्रसिद्ध कृति 'मेरी जीवन-यात्रा' के जापानी भाषा में अनुवाद कार्य में संलग्न हुए। पश्चिमी जर्मनी के एक विद्वान् द्वारा गोटिनजेन विश्वविद्यालय से उनकी तिब्बत की पाण्डुलिपियों में से एक पर शोधकार्य किया गया है। एक अन्य जर्मनी विदुषी ने हमवोल्ट विश्वविद्यालय से 'राहुल जी के ऐतिहासिक उपन्यास सिंह सेनापति का अध्ययन' विषय पर शोध किया है। बाबरा गोर्के ने भी राहुल जी पर केन्द्रित कई शोधपत्रों की रचना की है।

बौद्ध साहित्य एवं संस्कृत धर्मशास्त्रों के विश्वविख्यात फ्रान्सीसी मनीषी प्रो. सिल्ब्रा लेबी उनके प्रशंसक थे। उन्होंने 12 जनवरी, 1935 ई. को लिखे एक पत्र में इस

आशय का उल्लेख किया है कि, "मैं अन्तरराष्ट्रीय बौद्ध विश्वविद्यालय समिति को इसलिए धन्यवाद देता हूँ कि उसने कृपा कर मेरा नाम अपनी परिषद् के लिए चुना है। यहाँ पर मैं यह निवेदन कर देना चाहता हूँ कि मेरे जीवन तथा मेरे प्रयत्नों का एक बड़ा भाग बौद्धधर्म विषयक ज्ञान के प्रचार में व्यय हुआ है। और जब तक मुझमें कार्य करने की शक्ति है, तब तक मैं प्रसन्नतापूर्वक इसी उद्योग में लगा रहूँगा। न तो भारतवर्ष और न मानव समाज ही बौद्ध धर्म से बढ़िया कोई दूसरा फल उत्पन्न करने में सफल हो सका है। खास तौर से मुझे खुशी होगी, भिक्षु राहुल सांकृत्यायन के साथ काम करने में, क्योंकि मैं भिक्षु राहुल की गणना बौद्ध धर्म के वर्तमान सर्वश्रेष्ठ विद्वानों में करता हूँ और उन्हें बौद्ध धर्म आदर्शों का एक प्रतिनिधि मानता हूँ।" प्रोफेसर सिल्बा ने राहुल जी के कई लेखों का अनुवाद फ्रेन्च भाषा में किया है तथा वे एशियाटिक जर्नल के अंकों में प्रकाशित भी हुए हैं।

ज्ञातव्य है कि वर्ष 1932 ई. में अपनी पेरिस-यात्रा के दौरान उन्होंने आचार्य सिल्बा लेबी के घर जाकर उनसे मुलाकात की थी तथा देखा था कि सत्तर वर्ष की उम्र में भी यह वृद्ध प्रतिदिन दस-दस बारह-बारह घण्टा अनुसन्धानात्मक कार्यों में बिताते हैं तथा दुनिया के किसी भी कोने में जाने के लिए तैयार रहते थे। रूस के विद्वान् आचार्य श्चेरवात्स्की का वह काफी सम्मान करते थे। आचार्य भी उनके शोध कार्यों के प्रशंसक थे। राहुल जी ने अपने द्वारा सम्पादित धर्मकीर्त्ति की रचना 'प्रमाणवार्तिक' का समर्पण श्चेरवात्स्की को किया है। राहुल जी द्वारा धर्मकीर्त्ति के ग्रन्थों का पता लगा लेने पर उन्हें सर्वाधिक खुशी हुई थी। उन्होंने लिखा, "राहुल जी ने धर्मकीर्त्ति के ग्रन्थों का पता लगाकर उन्हें प्राप्त करने का जो आश्चर्यजनक कार्य किया है, उनका समाचार पढ़कर हम लोगों को अत्यन्त हर्ष हुआ। धर्मकीर्त्ति भारतवर्ष के काण्ट थे। अब तक हमें उनके ग्रन्थों के अनुवाद चीनी और तिब्बती में पढ़ने पड़ते थे, पर अब तो मूल ग्रन्थ ही मिल गया। मैं और मेरे साहयक डॉ. वस्ट्रीकाव भारतवर्ष पहुँचकर उन ग्रन्थों को देखना चाहते हैं।"

रूसी साहित्यकार ए. प्लेस्कोव ने अपने लेख 'राहुल सांकृत्यायन : सोवियत भारतविदों के संस्मरण' में इस आशय का उल्लेख किया है कि महापण्डित राहुल सांकृत्यायन प्रमुख भाषाशास्त्री, शब्दशास्त्री और दार्शनिक थे। नयी और पुरानी पीढ़ी के सोवियत भारतविदों में उनकी स्मृतियाँ आज भी जीवित हैं। ब्लादिमिर कल्यानोव, जिन्होंने मूल संस्कृत से रूसी भाषा में महाभारत का अनुवाद किया है, हेरमिटेज म्यूजियम के भारतीय विभाग में शोध सहायिका और भारतीय कला की विशेषज्ञ तात्याना ग्रेक, मानवशास्त्र संस्थान लेनिनग्राड में आदि भारतीय जाति पर शोध प्रस्तुत करनेवाली बैर्टा वाल्चोक, मराठी व्याकरण की लेखिका और लेनिनग्राड यूनिवर्सिटी में

अध्यापिका तात्याना कैटेनिना एवं अन्य कई सोवियत भारततत्त्ववेत्ताओं के वह सम्मानित गुरु थे।

इटैलियन विदुषी, फ्रान्चेस्का आर्सेनी ने 'हिन्दी का लोकवृत्त' पुस्तक में राहुल की चर्चा इन पंक्तियों में की है। "प्राचीन भारतीय इतिहास और स्थापत्य कला, राजनीति विज्ञान बौद्ध धर्म और साम्यवाद पर एक सौ पचास से अधिक किताबें लिखनेवाले अत्यन्त उर्वर लेखक, संस्कृत और तिब्बती मूल पाठ के सम्पादक और अनुवादक, कई यात्रा सम्बन्धी किताबों और चार खण्डों में आत्मकथा के लेखक, राहुल काफी प्रसिद्ध हुए और अपनी विद्वत्ता और मध्य तथा पूर्वएशिया की असाधारण जानकारी के कारण हिन्दी साहित्य के जगत् में बहुत लोकप्रिय हुए।"

❐

# महापण्डित राहुल सांकृत्यायन की जीवन झाँकी

1893 मूल नाम केदारनाथ पाण्डेय, पैतृक स्थान कनैला जिला आजमगढ़, किन्तु आजमगढ़ जनपद के ही ग्राम पन्दहा (ननिहाल) में वैशाख कृष्ण अष्टमी रविवार संवत् 1950, तदनुसार 9 अप्रैल, 1893 ई. को जन्म। माँ का नाम कुलवन्ती देवी, पिता का नाम गोवर्धन पाण्डेय। सांकृत्य गोत्री सरयूपारीण ब्राह्मण।

1899 रानी की सराय प्राइमरी पाठशाला में प्रारम्भिक शिक्षा का आरम्भ

1902 घर से बाहर बनारस से विन्ध्याचल तक की पहली यात्रा, जहाँ यज्ञोपवीत संस्कार हुआ।

1903 कक्षा तीन के विद्यार्थी जीवन में 'सैर कर दुनिया की गाफिल' शेर से प्रभावित।

1904 ग्यारह वर्ष की उम्र में विवाह।

1906 निजामाबाद के मिडिल स्कूल में पंजीयन।

1907 बैल की बिक्री से मिले 22 रुपये चुराकर कलकत्ता की पहली यात्रा।

1908 निजामाबाद से उर्दू मिडिल उत्तीर्ण।

1909 हिन्दी मिडिल उत्तीर्ण, कलकत्ता की दूसरी यात्रा एवं मार्कामैनी की नौकरी।

1910 अयोध्या होते हुए हरिद्वार की यात्रा।

1911-12 वाराणसी में संस्कृत अध्ययन, परसा मठ के महन्त से भेंट, महन्त के साथ परसा पहुँचने पर महन्त द्वारा बाबा रामउदारदास नामकरण तथा मठ का उत्तराधिकारी घोषित।

1913 परसा मठ से घर कनैला वापसी, पुनः भागकर दक्षिण भारत के भिन्न-भिन्न स्थानों एवं अन्य दर्शनीय स्थलों की यात्रा।

1914 परसा मठ की व्यवस्था में संलग्न, जुलाई से सितम्बर तीन माह अयोध्या में व्यतीत।

1915 आर्य मुसाफिर विद्यालय आगरा में प्रवेश लेकर संस्कृत, अरबी की शिक्षा प्राप्त की तथा पूरी तरह से आर्यसमाज से प्रभावित। मेरठ से प्रकाशित भास्कर मासिक में पहला लेख प्रकाशित होने से लेखन के प्रति अभिरुचि।

1916 लाहौर में संस्कृत अध्ययन, आर्यसमाज प्रचार के सन्दर्भ में भ्रमण, लखनऊ में बौद्ध साहित्य से परिचय, वाराणसी में पिता का अन्तिम दर्शन और पचास वर्ष की उम्र पूरी होने तक आजमगढ़ की धरती पर पैर न रखने की प्रतिज्ञा।

1917 ग्वालियर से सटे महेशपुर गाँव में जन सहयोग से वैदिक विद्यालय की स्थापना, रूस की समान अधिकार वाली गतिविधियों के प्रति सहानुभूति, परसा मठ की व्यवस्था में कुछ दिन सहयोग।

1919-20 लाहौर, जालन्धर, हरिद्वार, कानपुर आदि स्थानों पर विचरते हुए अन्य स्थानों पर स्थित हिन्दू एवं बौद्ध धर्मस्थलों का अवलोकन, तिरुमिशी में दुबारा आगमन एवं धर्मगन्थों का अध्ययन।

1921 चार महीने मद्रास के कुर्ग में, वहाँ पर पिता के देहान्त की सूचना, छपरा को केन्द्र बनाकर राजनीति में प्रवेश, कई स्थानों पर भाषण

1922 राजनीतिक गतिविधियों में भाग लेने के कारण गिरफ्तार, बक्सर जेल में 9 अगस्त तक बन्द, 29 अक्टूबर 1922 को जिला कांग्रेस कमेटी के मन्त्री चुने गये।

1923 नेपाल भ्रमण के बाद छपरा वापस आने पर गिरफ्तार, बाँकीपुर, बक्सर, हजारीबाग के जेलों में बन्दी का जीवन।

1925 18 अप्रैल, 1925 को दो वर्ष की सजा पूरी कर हजारीबाग जेल से मुक्त।

1926 मेरठ में हरिनामदास, जो बाद में भिक्षु आनन्द कौसल्यायन के नाम से जाने गये, से प्रथम भेंट, दिल्ली के ऐतिहासिक स्थानों का अवलोकन, श्रीनगर, कारगिल, लद्दाख, तिब्बत, बुशहर आदि हिमालयी स्थानों की रोमांचक यात्रा, छपरा की राजनीतिक सभाओं में भोजपुरी में भाषण, दरभंगा, समस्तीपुर आदि स्थानों पर कांग्रेस उम्मीदवारों के पक्ष में भाषण, गौहाटी कांग्रेस अधिवेशन में उपस्थिति।

1927-28 6 मई, 1927 को लंका पहुँचकर 1 दिसम्बर, 1928 तक लगभग उन्नीस मास लंका में व्यतीत, 3 सितम्बर, 1928 ई. को विद्यालंकार

परिवेण द्वारा त्रिपिटिकाचार्य की उपाधि, दिसम्बर, 1928 में भारत वापस आकर विविध स्थानों पर भ्रमण।

1929-30 तिब्बत में सवा वर्ष बिताकर 7 जून, 1930 को कलकत्ता पहुँचे, 20 जून को पुनः लंका 22 जून को प्रव्रज्या, जिसमें बौद्ध भिक्षु बनने पर नया नामकरण राहुल सांकृत्यायन हुआ, 15 दिसम्बर, 1930 को भारत वापस।

1931 कराची कांग्रेस अधिवेशन में सम्मिलित, हड़प्पा मोहनजोदड़ो के अवशेषों का अवलोकन, छपरा की राजनीति से सम्बद्ध, 24 नवम्बर, 1931 को पुनः लंका प्रस्थान।

1932-33 यूरोप के देशों में भ्रमण, लंका होते हुए पुनः हिन्दुस्तान, कश्मीर, लद्दाख की यात्रा तत्पश्चात् लाहौर, भागलपुर, पटना, सारनाथ, बड़ौदा आदि स्थानों के ऐतिहासिक पुरातात्त्विक स्थलों का अवलोकन एवं अध्ययन।

1934 बिहार के भूकम्पग्रस्त क्षेत्रों में सेवा कार्य, 20 मार्च को तिब्बत की दूसरी यात्रा।

1935 जापान, कोरिया, मंचूरिया, सोवियत रूस, ईरान आदि की सभ्यताओं का अवलोकन।

1936 नेपाल होते हुए तीसरी तिब्बत-यात्रा।

1937 डॉ. काशीप्रसाद जायसवाल की मृत्यु की सूचना, पटना, बनारस, प्रयाग, दिल्ली में समय बिताते हुए पुनः सोवियत भूमि में प्रवेश, लोला से घनिष्ठता और विवाह।

1938 26 जनवरी से 8 फरवरी तक अफगानिस्तान में, फरवरी-मार्च माह भारत में तथा अनेक प्रमुख साहित्यकारों से भेंट, मई में तिब्बत की चौथी यात्रा, अक्टूबर में कलकत्ता वापस, 27 से 30 दिसम्बर तक बिहार हिन्दी साहित्य सम्मेलन राँची अधिवेशन का सभापतित्व।

1939 अमुवारी में किसानों पर हुए जुल्म का विरोध, गिरफ्तारी और छपरा हजारीबाग की जेलों में बन्दी जीवन, 13 जुलाई को जेल से मुक्ति, पुनः किसान हित के लिए संघर्षरत, रूसी पत्नी लोला को पुत्र (ईगोर) होने की सूचना मिली।

1940-42 मोतिहारी में आयोजित प्रान्तीय किसान सम्मेलन के सभापति, किसानों, छात्रों, मजदूरों के समर्थन में अनेक स्थानों पर भाषण, भारत रक्षा अधिनियम के अन्तर्गत गिरफ्तार, 22 जुलाई, 1942 तक हजारीबाग

| | |
|---|---|
| | जेल एवं देवली बन्दी शिविर में, जेल-जीवन में कई पुस्तकों का लेखन, जेल-जीवन के बाद सामाजिक, राजनीतिक, साहित्यिक गतिविधियों में भागीदारी। |
| 1943 | बम्बई, आगरा, पटना से घूमकर, पचास वर्ष पूरे होने पर अपनी धरती पर पैर रखने की प्रतिज्ञा के दृष्टिगत 34 वर्ष बाद अपने गृह जनपद में बाबा नागार्जुन के साथ आगमन, उत्तराखण्ड की यात्रा, भिन्न-भिन्न स्थानों से जीवनी लेखन के लिए सामग्री का एकत्रीकरण। |
| 1944 | भिन्न-भिन्न स्थानों पर घूमने, पुस्तकों के लेखन में समय का उपयोग, 29 सितम्बर को सोवियत का बीजा मिलने पर सोवियत की ओर। |
| 1945-47 | 2 जून, तक ईरान में, 3 जून को मास्कों पहुँचे, लेनिनग्राड यूनिवर्सिटी में संस्कृत के प्राध्यापक, पत्नी लोला एवं पुत्र ईगोर के साथ रूस में पच्चीस मास, 17 अगस्त, 1947 को स्वदेश वापसी, सितम्बर, 1947 में आयोजित प्रगतिशील लेखक संघ के प्रयाग सम्मेलन के सभापति, देश भ्रमण, दिसम्बर, 1947 में आयोजित अ. भा. हिन्दी साहित्य सम्मेलन के बम्बई अधिवेशन के सभापति। |
| 1948 | हिन्दी सा. स. के सभापति के नाते साहित्य यात्रा, परिभाषा निर्माण के कार्य में संलग्न, हिमाचल प्रदेश एवं अन्य स्थानों की यात्रा। |
| 1949 | कलिपोङ के धर्मोदय बिहार में, तत्पश्चात् किराये के मकान में निवास, कमला पेरियार से निकटता, हैदराबाद में आयोजित अ.भा. हिन्दी साहित्य सम्मेलन के अधिवेशन में सम्मिलित। |
| 1950 | प्रभाकर माचवे के साथ कुमायूँ क्षेत्र में पर्यटन, मसूरी में स्थायी निवास हेतु बँगले की खरीद, दिसम्बर में कमला से विवाह। |
| 1951 | राष्ट्रभाषा प्रचार समिति वर्धा की साहित्य योजना से सम्बद्ध, गढ़वाल यात्रा। |
| 1952 | मसूरी मजदूर संघ के सभापति, निजी प्रकाशन केन्द्र राहुल प्रकाशन की स्थापना। |
| 1953 | नेपाल-यात्रा, पुत्री जया का जन्म। |
| 1954 | हिमाचल प्रदेश की यात्रा के दौरान हुई एक दुर्घटना में बाल-बाल बचे, सरहपाद की पुस्तक दोहाकोश का सम्पादन। |
| 1956 | देश भ्रमण, अनेक परिचितों से भेंट। |

1957 आजमगढ़ गजेटियर समिति के सदस्य के रूप में आजमगढ़ की पुरातात्त्विक यात्रा।

1958 मसूरी का बँगला बेचकर, मसूरी में ही किराये पर निवास, मध्य एशिया का इतिहास पर साहित्य अकादमी का पुरस्कार, पुनः पन्दहा कनैला की सपरिवार यात्रा, कश्मीर रंगून होते हुए चीन, चीन के ऐतिहासिक पुरातात्त्विक स्थानों का अवलोकन।

1959-60 श्रीलंका विश्वविद्यालय में दर्शनशास्त्र के अध्यक्ष, दार्जिलिंग में पत्नी और बच्चों का निवास।

1961 दार्जिलिंग वापसी, जुलाई दूसरे सप्ताह में पुनः श्रीलंका को, एक माह बाद वापस, दिसम्बर में स्मृति लोप का आघात, कलकत्ता अस्पताल में उपचार के बाद पुनः दार्जिलिंग में।

1962-63 चिकित्सा के लिए मास्को ले जाये गये, कोई लाभ नहीं, 29 मार्च, 1963 को भारत वापस, 14 अप्रैल, 1963 को महाप्रयाण।

## सम्मान

- विद्यालंकार परिवेण श्रीलंका द्वारा 3 सितम्बर, 1928 ई. को त्रिपिटिकाचार्य की उपाधि।
- काशी पण्डित सभा द्वारा बसन्त पंचमी सं. 1986 को महापण्डित की उपाधि।
- अ.भा. हिन्दी साहित्य सम्मेलन, हैदराबाद अधिवेशन द्वारा दिसम्बर, 1949 में साहित्य वाचस्पति।
- 26 जनवरी, 1963 को भारत सरदार द्वारा पद्मभूषण की उपाधि।
- भागलपुर विश्वविद्यालय द्वारा डी. लिट.।
- विद्यालंकार विश्वविद्यालय द्वारा साहित्य चक्रवर्ती।

❐

# महापण्डित राहुल-सांकृत्यायन का रचना-संसार

| क्र. | पुस्तक का नाम | लेखन-वर्ष | प्रकाशन-वर्ष | प्रकाशक का नाम | अनुवाद |
|---|---|---|---|---|---|
| 1 | बाईसवीं सदी (उपन्यास) | 1924 | 1931 | किताब महल, इलाहाबाद | गुजराती, मराठी, मलयालम, बर्मी, उर्दू |
| 2. | जीने के लिए (उपन्यास) | 1939 | 1940 | किताब महल, इलाहाबाद | बंगाली |
| 3. | सिंह सेनापति, (उपन्यास) | 1944 | 1945 | किताब महल, इलाहाबाद | मराठी, गुजराती, बर्मी, तेलुगू, बंगाली |
| 4. | जय यौधेय (उपन्यास) | 1944 | 1944 | किताब महल, इलाहाबाद | मराठी, गुजराती, बंगाली, तेलुगू |
| 5. | मधुर स्वप्न (उपन्यास) | 1949 | 1950 | आधुनिक पुस्तक भवन, कलकत्ता | गुजराती, बंगाली |
| 6. | राजस्थानी रविवास (उपन्यास) | 1953 | 1953 | राहुल प्रकाशन, मसूरी | तमिल |
| 7. | विस्मृत यात्री (उपन्यास) | 1954 | 1955 | किताब महल, प्रयाग, राहुल प्रकाशन, मसूरी | बंगाली |
| 8. | दिवोदास | 1961 | 1963 | किताब महल, इलाहाबाद | बंगाली |
| 9. | सतमी के बच्चे, (कहानी-संग्रह) | 1935 | 1939-46 | इण्डियन प्रेस, इलाहाबाद किताब महल, इलाहाबाद | बंगाली |

| | | | | | |
|---|---|---|---|---|---|
| 10. | वोल्गा से गंगा (कहानी-संग्रह) | 1942 | 1942 | किताब महल, इलाहाबाद राहुल प्रकाशन, मसूरी | सिन्धी, मराठी, गुजराती, तेलुगू, मलयालम, उड़िया, कन्नड़, तमिल, उर्दू, बर्मी, अंग्रेजी, रूसी, नेपाली, बंगाली |
| 11. | बहुरंगी मधुपुरी (कहानी-संग्रह) | 1953 | 1954 | राहुल प्रकाशन, मसूरी किताब महल, इलाहाबाद | |
| 12. | कनैला की कथा (कहानी-संग्रह) | 1955-56 | 1957 | किताब महल, इलाहाबाद | बंगाली |

**अनुवाद**

| | | | | | |
|---|---|---|---|---|---|
| 13. | शैतान की आँख | 1923 | 1937 | किताब महल, इलाहाबाद राहुल प्रकाशन, मसूरी | |
| 14. | विस्मृति के गर्भ में | 1923 | 1937 | किताब महल, इलाहाबाद | गुजराती, तेलुगू, रूसी, बंगाली |
| 15. | जादू का मुल्क | 1923 | 1938 | छात्र हितकारी, पुस्तकमाला, इलाहाबाद | गुजराती, मलयालम |
| 16. | सोने की ढाल | 1923 | 1937 | छात्र हितकारी, पुस्तकमाला, इलाहाबाद | |
| 17. | दाखुंदा | 1947 | 1955 | किताब महल, इलाहाबाद राहुल प्रकाशन, मसूरी | मलयालम |
| 18. | जो दास थे | 1947 | 1950 | राहुल पुस्तक प्रतिष्ठान, पटना | |
| 19. | अनाथ | 1947 | 1956 | किताब महल, इलाहाबाद | |

| | | | | |
|---|---|---|---|---|
| | | | | राहुल प्रकाशन, मसूरी |
| 20. | अदीना | 1951 | 1951 | राहुल पुस्तक प्रतिष्ठान, पटना<br>राहुल प्रकाशन, मसूरी |
| 21. | सूदखोर की मौत | 1951 | 1952 | राहुल पुस्तक प्रतिष्ठान, पटना |
| 22. | शादी | 1952 | 1965 | हिन्दी प्रचारक पुस्तकालय, वाराणसी<br>राहुल प्रकाशन, मसूरी |
| 23. | निराले हीरे की खोज | 1995 | | किताब महल, इलाहाबाद |

**भोजपुरी नाटक**

| | | | | |
|---|---|---|---|---|
| 24. | तीन नाटक | 1942 | 1949 | किताब महल, इलाहाबाद |
| 25. | पाँच नाटक | 1942 | | अच्युतानन्द सिंह छपरा |

**आत्मकथा, जीवनियाँ**

| | | | | |
|---|---|---|---|---|
| 26. | मेरी जीवन-यात्रा भाग एक | 1944 | 1951 | आधुनिक पुस्तक भवन, कलकत्ता |
| 27. | मेरी जीवन-यात्रा भाग दो | 1944 | 1954 | किताब महल, इलाहाबाद |
| 28. | मेरी जीवन-यात्रा भाग तीन | 1956 | 1967 | राधाकृष्ण प्रकाशन, दिल्ली |
| 29. | मेरी जीवन-यात्रा भाग चार | 1956 | 1967 | राधाकृष्ण प्रकाशन, दिल्ली |
| 30. | मेरी जीवन-यात्रा भाग पाँच | 1956 | 1967 | राधाकृष्ण प्रकाशन, दिल्ली |

| | | | | | |
|---|---|---|---|---|---|
| 31. | नये भारत के नये नेता | 1942-43 | 1943 | राहुल पुस्तक प्रतिष्ठान, पटना | |
| 32. | बचपन की स्मृतियाँ | 1957 | 1957 | किताब महल, इलाहाबाद | |
| 33. | अतीत से वर्तमान | 1953 | 1956 | हिन्दी प्रचारक पुस्तकालय, वाराणसी राहुल प्रकाशन मसूरी | |
| 34. | स्टालिन | 1953 | 1956 | पीपुल्स पब्लिशिंग हाउस, दिल्ली | |
| 35. | लेनिन | 1954 | | पीपुल्स पब्लिशिंग हाउस, दिल्ली | |
| 36. | कार्ल मार्क्स | 1954 | | किताब महल, इलाहाबाद | |
| 37. | माओत्सेतुंग | 1957 | | किताब महल, इलाहाबाद | |
| 38. | सरदार पृथ्वी सिंह | 1944 | 1955 | ज्ञानमण्डल वाराणसी | मराठी, गुजराती |
| 39. | घुमक्कड़ स्वामी | 1956 | | किताब महल, इलाहाबाद | |
| 40. | मेरे असहयोग के साथी | 1956 | | किताब महल, इलाहाबाद | |
| 41. | जिनका मैं कृतज्ञ | 1956 | 1957 | किताब महल, इलाहाबाद | |
| 42. | वीरचन्द्र सिंह गढ़वाली | 1957 | 1957 | किताब महल, इलाहाबाद | |
| 43. | सिंहल घुमक्कड़, जयवर्द्धन | 1960 | 1960 | राजपाल एण्ड सन्स, दिल्ली | |
| 44. | सिंहल के वीर पुरुष | 1961 | 1961 | किताब महल, इलाहाबाद | |
| 45. | कप्ताल लाल | 1961 | 1961 | राजपाल एण्ड सन्स, दिल्ली | |

**हिमालय-दर्शन, यात्रा-विवरण**

| | | | | | |
|---|---|---|---|---|---|
| 46. | दार्जिलिंग परिचय | 1949-50 | | आधुनिक पुस्तक भवन, कलकत्ता<br>राहुल प्रकाशन, मसूरी | |
| 47. | कुमाऊँ | 1950 | | ज्ञानमण्डल, वाराणसी,<br>राहुल प्रकाशन,<br>मसूरी | |
| 48. | किन्नर देश में | 1948 | 1956 | किताब महल, इलाहाबाद<br>राहुल प्रकाशन, मसूरी | बंगाली |
| 49. | गढ़वाल | 1950-52 | 1953 | ला जर्नल प्रेस, इलाहाबाद<br>राहुल प्रकाशन, मसूरी | |
| 50. | नेपाल (अप्रकाशित) | | | | |
| 51. | जानसार-देहरादून | 1955 | | विद्यार्थी ग्रन्थागार, इलाहाबाद | |
| 52. | हिमाचल प्रदेश | 1954 | 1994 | वाणी प्रकाशन, दिल्ली | |
| 53. | मेरी लद्दाख-यात्रा | 1926 | 1939 | किताब महल, इलाहाबाद | |
| 54. | लंका | 1927-28 | 1935 | किताब महल, इलाहाबाद | |
| 55. | तिब्बत में सवा वर्ष (प्रथम यात्रा) | 1931 | 1933 | किताब महल, इलाहाबाद | बंगाली |
| 56. | मेरी यूरोप-यात्रा | 1932 | 1935 | किताब महल, इलाहाबाद | |
| 57. | मेरी तिब्बत यात्रा (तीसरी यात्रा) | 1934 | 1934 | विद्यापीठ पत्रिका, वाराणसी | |
| 58. | जापान | 1935 | 1936 | अच्युतानन्द सिंह, छपरा | |

| | | | | | |
|---|---|---|---|---|---|
| 59. | ईरान | 1935-36 | 1937 | इण्डियन प्रेस, इलाहाबाद | |
| 60. | रूस में पचीस मास (मेरी जीवन-यात्रा) भाग तीन | 1944-47 | 1952 | आलोक प्रकाशन, बीकानेर | |
| 61. | यात्रा के पन्ने | 1934-36 | 1952 | साहित्य सदन, देहरादून | |
| 62. | एशिया के दुर्गम भूखण्डों में | 1956 | 1956 | नवभारती प्रकाशन, प्रयाग | |
| 63. | चीन में कम्यून | 1959-60 | 1960 | पीपुल्स पब्लिशिंग हाउस, नयी दिल्ली | |
| 64. | चीन में क्या देखा | 1959-60 | 1960 | पीपुल्स पब्लिशिंग हाउस,नयी दिल्ली | |
| 65. | सोवियत भूमि | 1938 | 1938 | किताब महल, इलाहाबाद | |
| 66. | सोवियत मध्य एशिया | 1947 | 1948 | यूनिवर्सल प्रेस, प्रयाग राहुल प्रकाशन, मसूरी | |
| 67. | घुमक्कड़शास्त्र राजनीति/साम्यवाद | 1949 | 1949 | किताब महल, इलाहाबाद | |
| 68. | साम्यवाद ही क्यों? | 1934 | 1935 | किताब महल, इलाहाबाद | मराठी, तमिल, बर्मी, उर्दू |
| 69. | दिमागी गुलामी | 1937 | 1938 | किताब महल, इलाहाबाद | |
| 70. | क्या करें? | 1937 | 1939 | साम्यवादी पुस्तक प्रकाशन मन्दिर, दारागंज, प्रयाग | |
| 71. | तुम्हारी क्षय | 1937 | 1953 | किताब महल, इलाहाबाद | |
| 72. | आज की समस्याएँ | 1944 | 1945 | किताब महल, इलाहाबाद | |
| 73. | आज की राजनीति | 1949 | | आधुनिक पुस्तक भवन,कलकत्ता | |

| | | | | | |
|---|---|---|---|---|---|
| 74. | भागो नहीं दुनिया को बदलो | 1944 | | किताब महल, इलाहाबाद | गुजराती |
| 75. | कम्युनिस्ट क्या चाहते हैं (पैम्फलेट) | 1653 | | राहुल प्रकाशन, मसूरी | |
| 76. | रामराज्य और मार्क्सवाद | 1959 | 1964 | पीपुल्स पब्लिशिंग हाउस, नयी दिल्ली | |
| 77. | संविधान का मसौदा (अनुवाद) | 1948 | | पीपुल्स पब्लिशिंग हाउस, नयी दिल्ली | |
| 78. | राहुल का अपराध | 1939 | | त्रिवेदी प्रकाशन, छपरा (अमवारी काण्ड पर केन्द्रित इस पुस्तक को राहुल जी ने लिखा है, किन्तु सम्पादक के स्थान पर किसी अन्य व्यक्ति का नाम दे दिया है। | |
| 79. | सोवियत का न्याय (अनुवाद) | 1939 | 1953 | वाणी मन्दिर, छपरा | |
| 80. | सोवियत कम्युनिस्ट पार्टी | 1939 | | पीपुल्स पब्लिशिंग हाउस, नयी दिल्ली | इतिहास |
| 81. | विश्व की रूपरेखा | 1942 | 1954 | किताब महल, इलाहाबाद | मलयालम |
| 82. | मानव समाज | 1942 | | आधुनिक पुस्तक भवन, कलकत्ता | बंगाली, गुजराती, मलयालम |
| 83. | मानव की कहानी (जया-जेता को पत्र) | 1959-61 | | | |
| 84. | दर्शन-दिग्दर्शन | 1942 | 1947 | किताब महल, इलाहाबाद | बंगाली, मलयालम, बर्मी |
| 85. | वैज्ञानिक भौतिकवाद | 1942 | 1945 | आधुनिक पुस्तक भवन, कलकत्ता | बंगाली, मलयालम |

## पुरातत्त्व

| | | | | | |
|---|---|---|---|---|---|
| 86. | पुरातत्त्व निबन्धावली | 1936 | 1937 | इण्डियन प्रेस, इलाहाबाद | |
| 87. | आजमगढ़ की पुरा कथा | 1957 | | अप्रकाशित | |
| 88. | आजमगढ़ के ग्रामनामों में इतिहास | 1957 | | अप्रकाशित | |

## बौद्धधर्म व संस्कृति तथा इस्लाम धर्म

| | | | | | |
|---|---|---|---|---|---|
| 89. | बुद्धचर्या | 1930 | 1931 | महाबोधि सभा सारनाथ | |
| 90. | धम्मपद (पालि-संस्कृत-हिन्दी) | 1933 | 1933 | बुद्ध विहार, लखनऊ | |
| 91. | मज्झिम निकाय (अनुवाद) | 1933 | 1936 | महाबोधि सभा सारनाथ | |
| 92. | विनय पिटक (अनुवाद) | 1934 | 1935 | महाबोधि सभा सारनाथ | |
| 93. | दीघ निकाय (अनुवाद) | 1935 | 1937 | महाबोधि सभा सारनाथ | |
| 94. | बौद्ध संस्कृति | 1949 | | आधुनिक पुस्तक भवन, लखनऊ | |
| 95. | बौद्ध दर्शन | 1942 | 1944 | आधुनिक पुस्तक भवन, लखनऊ | |
| 96. | महामानव बुद्ध | 1956 | 1956 | बुद्ध विहार, लखनऊ | |
| 97. | तिब्बत में बौद्ध धर्म | 1935 | 1935 | किताब महल, इलाहाबाद | |
| 98. | इस्लाम धर्म की रूपरेखा | 1923 | | किताब महल, इलाहाबाद | |

## इतिहास

| | | | | | |
|---|---|---|---|---|---|
| 99. | मध्य एशिया का इतिहास भाग एक | 1951-52 | 1956-57 | बिहार राष्ट्रभाषा परिषद, पटना | अंग्रेजी |

| | | | |
|---|---|---|---|
| 100. मध्य एशिया का इतिहास भाग दो | 1951-52 | 1956-57 | बिहार राष्ट्रभाषा परिषद, पटना |
| 101. भारत में अंग्रेजी राज के संस्थापक (अनुवाद) | 1957 | | करेण्ट बुक डिपो, कानपुर |
| 102. ऋग्वैदिक आर्य | 1956 | 1956 | किताब महल, इलाहाबाद |
| 103. अकबर | 1956 | 1956 | किताब महल, इलाहाबाद |

## साहित्य

| | | | |
|---|---|---|---|
| 104. साहित्य निबन्धावली | 1949 | 1954 | किताब महल, इलाहाबाद |
| 105. राहुल निबन्धावली (साहित्य) | | 1970 | किताब महल, इलाहाबाद |
| 106. हिन्दी काव्यधारा (अपभ्रंश) | 1944 | 1945 | किताब महल, इलाहाबाद |
| 107. आदि हिन्दी की कहानियाँ और गीतें | 1950 | 1953 | राहुल पुस्तक प्रतिष्ठान, पटना |
| 108. दक्खिनी हिन्दी काव्यधारा | 1952 | 1959 | बिहार राष्ट्रभाषा परिषद्, पटना |
| 109. सरहपाद दोहाकोश (हिन्दी छायानुवाद सहित) | 1954 | 1957 | बिहार राष्ट्रभाषा परिषद्, पटना |
| 110. हिन्दी साहित्य का वृहद इतिहास भाग 16 सम्पादन | 1957 | 1958 | नागरी प्रचारिणी सभा, काशी |
| 111. पालि साहित्य का इतिहास | 1961 | | हिन्दी समिति, लखनऊ |
| 112. तुलसी रामायण | 1957 | | भारत सरकार के शिक्षा मन्त्रालय के लिए |

## कोश

| | | | |
|---|---|---|---|
| 113. शासन शब्दकोश | 1948 | 1948 | हिन्दी साहित्य सम्मेलन, प्रयाग |
| 114. राष्ट्रभाषा कोश | 1951 | 1953 | राष्ट्रभाषा प्रचार समिति, वर्धा |
| 115. तिब्बती-हिन्दी कोश भाग 1 | 1961 | 1974 | साहित्य अकादमी, नयी दिल्ली |
| 116. तिब्बती-हिन्दी कोश भाग 2 | | | |
| 117. तिब्बती-संस्कृत कोश | 1930 | | अप्रकाशित |

## तिब्बती शिक्षा

| | | | |
|---|---|---|---|
| 118. तिब्बती बाल शिक्षा | 1933 | | महाबोधि सभा सारनाथ |
| 119. पाठावली भाग 1, 2 व 3 | 1933 | | यंगमैन असो. लद्दाख |
| 120. तिब्बती व्याकरण | 1933 | | महाबोधि सभा, सारनाथ |

## संस्कृत, पालि, प्राकृत (संकलन, अनुवाद, सम्पादन)

| | | | |
|---|---|---|---|
| 121. संस्कृत पाठमाला पाँच भाग | 1928 | | चौखम्बा संस्कृत सिरीज, वाराणसी |
| 122. संस्कृत काव्यधारा | 1960 | | किताब महल, इलाहाबाद |
| 123. पालि काव्यधारा | 1960 | | अप्रकाशित |
| 124. अभिधर्मकोश (वसुबन्धु) टीका (शान्तरक्षित) | 1930 | 1930 | काशी विद्यापीठ, वाराणसी |
| 125. वादन्याय (धर्मकीर्त्ति) | 1935 | | बिहार रिसर्च सोसाइटी, पटना |
| 126. प्रमाणवार्तिकम् (धर्मकीर्त्ति) | 1935 | 1943 | बिहार रिसर्च सोसाइटी, पटना |

| | | |
|---|---|---|
| 127. अध्यर्धशतक (मातृचेट) | 1935 | बिहार रिसर्च सोसाइटी, पटना |
| 128. विग्रह व्यावर्तिनी (नागार्जुन) | 1935 | बिहार रिसर्च सोसाइटी, पटना |
| 129. वार्तिकालंकार (प्रज्ञाकर गुप्त) | 1953 | बिहार रिसर्च सोसाइटी, पटना |
| 130. प्रमाणवार्तिक भाष्य | 1935-36 | जायसवाल रिसर्च इन्स्टीट्यूट, पटना |
| 131. प्रमाणवर्तिक वृत्ति | 1936 | बिहार रिसर्च सोसाइटी, पटना |
| 132. प्रमाणवार्तिक (स्ववृत्ति टीका) | 1937 | किताब महल, इलाहाबाद |
| 133. हेतु बिन्दु (धर्मकीर्त्ति) | 1944 | बिहार रिसर्च सोसाइटी, पटना के जर्नल में प्रकाशित |
| 134. विज्ञप्ति मातृता सिद्धि | 1934 | बिहार रिसर्च सोसाइटी, पटना |
| 135. विनय सूत्र (गुणप्रभ) | 1943 | भारतीय विद्या भवन, बम्बई |
| 136. सम्बन्ध परीक्षा (धर्मकीर्त्ति) | 1944 | जायसवाल रिसर्च इन्स्टीट्यूट पटना |
| 137. निदान परीक्षा | 1951-52 | बुद्ध विहार, लखनऊ |
| 138. सूत्र कृतांग (सम्पादित) | 1960 | गुड़गांव |
| 139. महापरिनिर्वाण सूत्र | | |
| 140. सेलेक्टेड एस्सेज ऑफ राहुल सांकृत्यायन (अंग्रेजी) | 1984 | |

❒

# सन्दर्भ-पुस्तक


| क्र.सं. | पुस्तक का नाम | लेखक का नाम | प्रकाशक का नाम |
|---|---|---|---|
| 1. | अकबर | राहुल सांकृत्यायन | किताब महल इलाहाबाद |
| 2. | अदीना | राहुल सांकृत्यायन | किताब महल, इलाहाबाद |
| 3. | आजमगढ़ की पुरातात्त्विक यात्रा | राहुल सांकृत्यायन | अप्रकाशित |
| 4. | आजमगढ़ के ग्रामनामों में इतिहास | राहुल सांकृत्यायन | अप्रकाशित |
| 5. | इस्लाम धर्म की रूपरेखा | राहुल सांकृत्यायन | किताब महल, इलाहाबाद |
| 6. | एशिया के दुर्गम भूखण्डों में | राहुल सांकृत्यायन | भारतीय प्रकाशन संस्थान, अंसारी रोड, नयी दिल्ली |
| 7. | क्या करें? | राहुल सांकृत्यायन | साम्यवादी पुस्तक प्रकाशन मन्दिर, इलाहाबाद |
| 8. | कनैला की कथा | राहुल सांकृत्यायन | किताब महल, इलाहाबाद |
| 9. | कार्ल मार्क्स | राहुल सांकृत्यायन | किताब महल, इलाहाबाद |
| 10. | किन्नर देश में | राहुल सांकृत्यायन | किताब महल, इलाहाबाद |
| 11. | घुमक्कड़शास्त्र | राहुल सांकृत्यायन | किताब महल, इलाहाबाद |
| 12. | घुमक्कड़ स्वामी | राहुल सांकृत्यायन | किताब महल, इलाहाबाद |
| 13. | जय यौधेय | राहुल सांकृत्यायन | किताब महल, इलाहाबाद |
| 14. | जीने के लिए | राहुल सांकृत्यायन | विद्यार्थी ग्रन्थागार, इलाहाबाद |
| 15. | जौनसार देहरादून | राहुल सांकृत्यायन | विद्यार्थी ग्रन्थागार, इलाहाबाद |
| 16. | तिब्बत में बौद्ध धर्म | राहुल सांकृत्यायन | किताब महल, इलाहाबाद |
| 17. | तीन नाटक | राहुल सांकृत्यायन | किताब महल, इलाहाबाद |
| 18. | तुम्हारी क्षय | राहुल सांकृत्यायन | किताब महल, इलाहाबाद |

| | | | |
|---|---|---|---|
| 19. | दर्शन-दिग्दर्शन | राहुल सांकृत्यायन | किताब महल, इलाहाबाद |
| 20. | दिमागी गुलामी | राहुल सांकृत्यायन | किताब महल, इलाहाबाद |
| 21. | दिवोदास | राहुल सांकृत्यायन | किताब महल, इलाहाबाद |
| 22. | नागार्जुन : संकलित निबन्ध | सं. शोभाकान्त | नेशनल बुक ट्रस्ट, दिल्ली |
| 23. | निराले हीरे की खोज | राहुल सांकृत्यायन | किताब महल, इलाहाबाद |
| 24. | प्रेमचन्द : विविध प्रसंग | सं. अमृत राय | हंस प्रकाशन, दिल्ली |
| 25. | पालि साहित्य का इतिहास | राहुल सांकृत्यायन | वाणी प्रकाशन, दिल्ली |
| 26. | पुरातत्त्व निबन्धावली | राहुल सांकृत्यायन | किताब महल, इलाहाबाद |
| 27. | बच्चन रचनावली भाग 6 | सं.अजित कुमार | राजकमल प्रकाशन, दिल्ली |
| 28. | बाईसवीं सदी | राहुल सांकृत्यायन | किताब महल, इलाहाबाद |
| 29. | बौद्ध दर्शन | राहुल सांकृत्यायन | किताब महल, इलाहाबाद |
| 30. | भागो नहीं दुनिया को बदलो | राहुल सांकृत्यायन | किताब महल, इलाहाबाद |
| 31. | भारतीय साहित्य के निर्माता : राहुल सांकृत्यायन | प्रभाकर माचवे | साहित्य अकादमी, दिल्ली |
| 32. | महापण्डित राहुल सांकृत्यायन | गुणाकर मुले | नेशनल बुक ट्रस्ट, नयी दिल्ली |
| 33. | महामानव महापण्डित | कमला सांकृत्यायन | राधाकृष्ण प्रकाशन, नयी दिल्ली |
| 34. | माओ चे तुंग | | राहुल सांकृत्यायन किताब महल, इलाहाबाद |
| 35. | मानव समाज | राहुल सांकृत्यायन | लोक भारती प्रकाशन, इलाहाबाद |
| 36. | मेरी जीवन-यात्रा भाग 1 | राहुल सांकृत्यायन | राधाकृष्ण प्रकाशन, नयी दिल्ली |
| 37. | मेरी जीवन-यात्रा भाग 2 | राहुल सांकृत्यायन | राधाकृष्ण प्रकाशन, नयी दिल्ली |
| 38. | मेरी जीवन-यात्रा भाग 3 | राहुल सांकृत्यायन | राधाकृष्ण प्रकाशन, नयी दिल्ली |
| 39. | मेरी जीवन-यात्रा भाग 4 | राहुल सांकृत्यायन | राधाकृष्ण प्रकाशन, नयी दिल्ली |

| | | |
|---|---|---|
| 40. मेरे असहयोग के साथी | राहुल सांकृत्यायन | किताब महल, इलाहाबाद |
| 41. यात्रा के पन्ने | राहुल सांकृत्यायन | साहित्य सदन, देहरादून |
| 42. राजस्थानी रनिवास | राहुल सांकृत्यायन | किताब महल, इलाहाबाद |
| 43. राहुल निबन्धावली | रामशरण शर्मा मुन्शी | पीपुल्स पब्लिकेशन्स हाउस, दिल्ली |
| 44. राहुल रचनामृत | सं. प्रभात शास्त्री | हिन्दी सहित्य सम्मेलन, प्रयाग |
| 45. राहुल वाङ्मय प्रथम खण्ड | | राधाकृष्ण प्रकाशन, नयी दिल्ली |
| 46. राहुल वाङ्मय द्वितीय खण्ड | | राधाकृष्ण प्रकाशन, नयी दिल्ली |
| 47. राहुल वाङ्मय तृतीय खण्ड | | राधाकृष्ण प्रकाशन, नयी दिल्ली |
| 48. राहुल वाङ्मय चतुर्थ खण्ड | | राधाकृष्ण प्रकाशन, नयी दिल्ली |
| 49. राहुल सांकृत्यायन | डॉ. कन्हैया सिंह | चित्रसेन प्रकाशन संस्थान, आजमगढ़ |
| 50. राहुल सांकृत्यायन | प्रभाकर माचवे | राजपाल एण्ड सन्स, दिल्ली |
| 51. राहुल सांकृत्यायन और प्रगतिशील साहित्य | डॉ. कैलाश देवी सिंह | पाण्डुलिपि प्रकाशन, दिल्ली |
| 52. राहुल सांकृत्यायन का सर्जनात्मक साहित्य | डॉ. सुदेश धाम | निर्माण प्रकाशन, शाहदरा, दिल्ली |
| 53. विनय पिटक | राहुल सांकृत्यायन | बौद्ध आकर ग्रन्थमाला, काशी विद्यापीठ, वाराणसी |
| 54. विस्मृत यात्री | राहुल सांकृत्यायन | किताब महल, इलाहाबाद |
| 55. विस्मृति के गर्भ में | राहुल सांकृत्यायन | किताब महल, इलाहाबाद |
| 56. वीर चन्द्रसिंह गढ़वाली | राहुल सांकृत्यायन | किताब महल, इलाहाबाद |
| 57. वैज्ञानिक भौतिकवाद | राहुल सांकृत्यायन | लोकभारती प्रकाशन, इलाहाबाद |
| 58. वोल्गा से गंगा | राहुल सांकृत्यायन | किताब महल, इलाहाबाद |

| | | | |
|---|---|---|---|
| 59. | संस्मरण और श्रद्धांजलि | रामधारी सिंह दिनकर | उदयाचल प्रकाशन, पटना |
| 60. | साम्यवाद ही क्यों | राहुल सांकृत्यायन | किताब महल, इलाहाबाद |
| 61. | साहित्य निबन्धावली | राहुल सांकृत्यायन | किताब महल, इलाहाबाद |
| 62. | सिंह सेनापति | राहुल सांकृत्यायन | किताब महल, इलाहाबाद |
| 63. | सूदखोर की मौत | राहुल सांकृत्यायन | किताब महल, इलाहाबाद |
| 64. | सोने की ढाल | राहुल सांकृत्यायन | किताब महल, इलाहाबाद |
| 65. | सोवियत मध्य एशिया | राहुल सांकृत्यायन | किताब महल, इलाहाबाद |
| 66. | हिमाचल : एक सांस्कृतिक यात्रा प्रथम भाग | राहुल सांकृत्यायन | वाणी प्रकाशन, दिल्ली |
| 67. | हिमाचल : एक सांस्कृतिक यात्रा द्वितीय भाग | राहुल सांकृत्यायन | अरुणोदय प्रकाशन, दिल्ली |
| 68. | ऋग्वैदिक आर्य | राहुल सांकृत्यायन | किताब महल, इलाहाबाद |


## सन्दर्भ पत्र-पत्रिका


| | | | |
|---|---|---|---|
| 1. | आजकल | अप्रैल, 2018 | राहुल सांकृत्यायन 125वीं जयन्ती पर विशेष |
| 2. | उत्तर प्रदेश | अप्रैल-मई, 1993 | राहुल सांकृत्यायन अंक |
| 3. | सम्मेलन-पत्रिका | भाग 76 सं. 304 | राहुल विशेषांक |
| 4. | हिन्दुस्तानी | जनवरी-दिसम्बर 1994 | राहुल विशेषांक |
| 5. | अभिनव कदम प्रथम | दिसम्बर 2006 से नवम्बर 2007 | राहुल साहित्य : स्वप्न और संघर्ष |
| 6. | अभिनव कदम द्वितीय | दिसम्बर 2007 से नवम्बर 2008 | राहुल साहित्य : मूल्य और मूल्यांकन |
| 7. | साप्ताहिक हिन्दुस्तान | 30 अगस्त, 1992 | राहुल स्मृति अंक |


□□□